U0603791

艾俊川 著

E考据故事集

从清初到民国

中华书局

图书在版编目（CIP）数据

E 考据故事集：从清初到民国/艾俊川著. —北京：中华书局，
2023.2
ISBN 978-7-101-15921-9

Ⅰ.E…　Ⅱ.艾…　Ⅲ.文史-中国-清代-民国-文集　Ⅳ.C53

中国版本图书馆 CIP 数据核字（2022）第 186160 号

书　　名	E 考据故事集：从清初到民国
著　　者	艾俊川
责任编辑	李世文
装帧设计	毛　淳
责任印制	管　斌
出版发行	中华书局
	（北京市丰台区太平桥西里 38 号　100073）
	http://www.zhbc.com.cn
	E-mail:zhbc@zhbc.com.cn
印　　刷	河北新华第一印刷有限责任公司
版　　次	2023 年 2 月第 1 版
	2023 年 2 月第 1 次印刷
规　　格	开本/880×1230 毫米　1/32
	印张 13　插页 2　字数 230 千字
印　　数	1—5000 册
国际书号	ISBN 978-7-101-15921-9
定　　价	78.00 元

目　录

弁言　享受E考据带来的思维乐趣

互联网、数字化、信息社会，给我们这一代人带来很多快乐，E考据就是其中之一。

按照"义理、考据、辞章"的说法，在中国人的精神创造中，考据三分天下而有其一，代表着传统学术研究。考据重在以实证解决难题，建立在深厚的知识储备和专业修养基础之上，研究者只有大量阅读图书、积累知识，才能在需要时依靠记忆串联证据，归纳分析，得到答案。考据也因此一直是专门之学，非硕学鸿儒、博闻强识者不能胜任。

E考据（E是英文词electronic的首字母）通过数据库、互联网搜索，让学者有可能跳过积累环节和专业壁垒，直接搜寻到证据线索，节省大量时间精力，极大提高考据效率和准确性，同时为普通人参与考证提供了机会，拓展了学术边界。

E考据伴随新世纪到来，短短二十多年，已成为文史研究的重要工具，现在完全不使用E考据的学术论文大概不多见了。对这一工具的利钝，应用者各有心得，我在2014年也曾写过一篇短文《浅谈E考据》(收入《且居且读》，广西师范大学出版社2021年版)，其中说：

> 虽然大家对E考据的印象好像就是进行数据库检索或网络搜索，但我认为E考据的内涵远非检索所能覆盖。通过网络阅读电子图书、图像，是E考据的重要一环，尤其是对藏书无多、利用图书馆不便的业余研究者更为重要。有一些信息未必能检索出来，但我们知道从哪些书中可能找到；还有一些信息的检索结果是模糊的甚至错误的，需要阅读原文来进一步研究。这时电子图书就变得非常重要，居于学术庙堂的可以使用图书馆的数据库，而江湖人士就要充分利用网络资源。通过寻找、阅读电子图书进行考据，应是E考据的重要内容。另外，在网络世界结识同好，在网上交流中充分辩难，互相启发，也是新时代考据的重要特点。

几年过去，我的考据实践多了，认识仍未改变。与传统考据一样，E考据也建立在大量阅读基础之上，只是不必把有关书籍全部预先读过，可在考据过程中"补课"。搜索是E考据的核心环节，也是初级环节，后面还有很多工作需要运用E资源来完成。E考据是数字时代、网络时代的考据，凡是通过数字化、互联网进行的工作，都是E考据的组成部分。

本书收集了我近年写的与历史人物有关的文章。作文的初衷，是披露或释读稀见文献资料，提供一些新史料，但落点均为人物和事件，期望能揭开历史的隐秘一角。写作中很多时候借助了E考据工具。与过去常做的词义、词源、人名、版本等方面的考据相比，我觉得对历史人物、历史事件的E考据相对复杂，因为考证词语名物，一般检索词明确，检索之后的分析、归纳、推理也都围绕主题进行，容易得出结论，完成考据。而考证一位人物较长时期的活动、一个事件的来龙去脉，那就牵涉广泛，检索的不是一个点，而是一条线、一个面。检索点多，处理的信息量大，需要"补课"的地方多，阅读量也随之增加，而且由于头绪纷杂，线索往往中断，无法得出确切结论的考据意味着失败。E考据虽然高效，也不是一敲键盘就出结果那么简单。

E考据的搜索环节，或可比作查阅一部超大型词典，考据者希望的答案，有时能找到，有时找不到。找不到答案，考证进行不下去；找到完美答案，等于说问题已被别人解决，自己就不必再考了；有时搜索到的答案是错误的，如果轻信，结论也会跟着出错，这个考据还不如不做。所以E考据要成功，需要运气，更需要严谨。

搜索只是考证的过程，不是目的；搜索结果，只是考证的线索，不是结论。网络与词典不同的地方，是词典有专家把关，错误较少，绝大多数答案可以采信，互联网上的信息则鱼龙混杂、泥沙俱下，搜索出的信息需要仔细甄别，否则容易被带错方向。如本书考证清末德龄公主的生年，搜索出好几个年份，其中一个来自墓碑碑文，但考证下来，这些说法全是错的，真正答案不在其中。这是搜索结果不可尽信的例子，也是通过搜索发现问题的例子：互联网将各种信息杂陈于前，人们若能发现其矛盾龃龉之处，便可循此找到研究课题。E考据能帮助我们勘破历史迷局，也能制造信息迷局，成败得失，在乎运用。

E考据让寻找证据变得容易，分析线索、设定检索词则成为关键。对此，我的体会是要能"识文断字知书达礼"。

识文，是说要准确理解文义。古文有的字句简省，有的文风浮夸，又多喜欢使用成语套话，想表达的意思往往不在明面上。这就需要保持对文言的敏感，善于从只言片语中抓住线索。书中《两罍轩往来尺牍中的一个谜》一文，考证化名写信者"时术"的本名，从信中"于月初幸晋一阶"、"退直后即杜门养静"二语，意识到他是需要上朝入直的高官，职务变动肯定要由皇帝决定，可到《清实录》中寻找线索。果然，在实录中发现户部右侍郎温葆深符合条件，为接下来的考证找到支点。这种方法，我在《对小莽苍苍斋藏札的几则E考证》（收入《且居且读》）和《庞虚斋藏札中的若干收信人》（见《澎湃新闻·上海书评》，2017年10月23日）等文中有较多应用。

断字，是说E考据的对象往往是尺牍、书稿、字画，会遇到难认的字，要尽量把它们认出来。如辨识草书落款、印章篆字对考证书画作者就很关键，平常文章有些线索也会隐藏在不认识的字里面。书中《乾隆年间的一段跨国恋情》考证的龚恪中，以前的研究说他号"秋墅"，"墅"实为"野"字误认。通过"秋野"，我们检索出沈大成所作《哭龚秋野文》，知道了龚恪中去世的年月。如果未能重新辨识"野"字，就会与这项关键材料失之交臂。

知书，是说熟悉史籍，具备一定的目录知识和版本意识。要了解常用史籍和工具书的基本内容，这样，发现了考据线索，可以有的放矢，到这些书中先碰一下运气。本书《孝伶沈宝珠》一文考证为宝珠殉情自尽的"甘太史"，太史是翰林的别称，我们到专记清朝翰林姓名的《词林辑略》中略一翻检，便找到与此人年代相当的翰林院编修甘守先，然后展开搜索。如果上手就用"甘太史"搜索，未必能有满意答案。传统考据注重选择版本，因为同一部书版本不同，往往内容有异，选用不慎，有时会错过重要信息。电子时代同样有版本问题，特别是现在的古籍数据库，文字识别都有一定差错率，如果检索时恰好遇见误字，就会影响考据结果。因此在搜索出结果之后，一定要对照原文、引用原文。还是那句话，搜索出来的材料只是线索，不是结论。

达礼，是说要对旧时官场制度、社会风俗乃至人情世故有所了解。如果我们看到或搜到的内容与礼俗制度不合，这个材料就可能存在问题，有必要进行考证。本书《陈寅恪〈论再生缘〉补证》一文的起因，是我在读《论再生缘》时，感觉陈先生对戴佩荃去世时间的论证与当时官场实情不尽相符，遂产生补证想法。再如《邓廷桢并不存在的三封信》一文，从怀疑江宁人邓廷桢不应担任同省的松江知府入手，考出书信的真正作者。

当然，文史考据需要掌握的技巧和知识，并非上述几个方面所能涵盖，如此说法也只为方便举例说明。E考据降低了专业门槛，同时提升通识门槛，需要考据者对语言文化、历史社会等有全面了解。

考据其实是一种智力游戏。在E考据的助力下，专业学者如虎添翼，非专业的文史爱好者也得以一试身手，做网络侦探，破百年疑案，其乐何如。展望E考据的前景，一定是E成分越来越多，考据效率越来越高，那时考据者获得的快乐是多了还是少了？现在尚难断言。我们还是把握当下，尽量享受E考据带来的乐趣吧。

傅山书信中隐秘的古代社会刑案细节

《丹崖墨翰》由傅山写给友人魏一鳌的十八封书信组成，并由魏一鳌整理装裱成长卷。在上世纪90年代，白谦慎先生对它进行深入研究，揭示出此组作品在傅山生活和创作中的重要性，它也成为世所公认的傅山书法代表作。

魏一鳌字莲陆，是直隶新安人。顺治二年（1645）九月，他出任山西平定州知州，一年后降任山西布政使司经历，直到顺治十年丁父忧去职。顺治十三年十月，他又出任忻州知州，转年正月引病辞职。魏一鳌任平定州知州时，慕名结识了傅山，此后二人交往亲密，十几年间书问不绝，现存傅山致魏一鳌手札共有三十四通，除了《丹崖墨翰》十八通外，上海图书馆还藏有十五通（辑入《庞虚斋藏清代名贤手札》），对它们我曾略为编年，指出《丹崖墨翰》作于二人交往前期，大致在顺治三年至八年之间，上图藏札作于后期，止于顺治十四年正月（见《傅山致魏一鳌书札编年》，《且居且读》，第66页）。此外天津市艺术博物馆还藏有一通（即

《霜红龛集》卷二十三《寄义兄》之二），作于前述两宗手札之间。

2019年11月，《丹崖墨翰》出现在嘉德拍卖公司。拍卖的预展和推广活动，让更多人有机会近距离领略傅山这一重要作品的风采。在预展期间，我又仔细通读《丹崖墨翰》，对书札反映出的"傅山的世界"有了更真切理解。

"栖栖三年，以口腹累人。一臆闵安邑，辄汗浃背。"

《丹崖墨翰》的文字，已录入《傅山全书》第二册（山西人民出版社2016年版），对照原迹，可发现录文存在一些讹误，有的错误影响到对文义的理解。试举两例。

第一札，是傅山与魏一鳌相识后的首次通信。《傅山全书》录文说："栖栖三年，以口腹累人。一臆闵安道，辄汗浃背。"我原来对"一臆闵安道"不得其解，看了手迹才明白，录文将"闵安邑"误认成"闵安道"了。按《后汉书》卷五十三：

> 太原闵仲叔者，世称节士……客居安邑。老病家贫，不能得肉，日买猪肝一片，屠者或不肯与。安邑令闻，敕吏常给焉。仲叔怪而问之，知乃叹曰："闵仲叔岂以口腹累安邑邪？"遂去。

仲叔是闵贡的字。傅山与闵贡同是太原人，同客居他

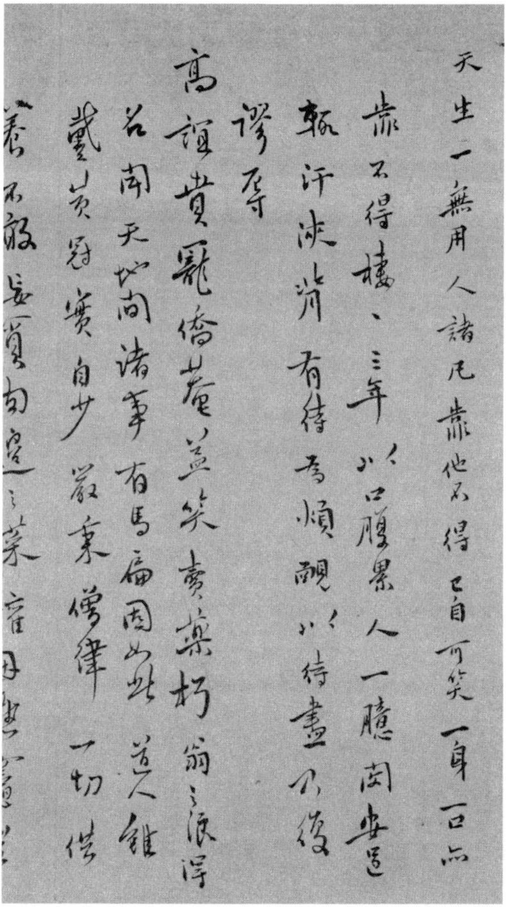

天生一無用人諸尾�他不得已自可笑一身一口云
鼎不得樓、三年以口腹累人一臆固安邑
輙汗浃背有待為順醒以待盡不復
謬辱
高誼貴罷儕菴盍笑責寞朽翁之浪浮
名甫天地尚諸事有馬屆固以弘茫之雄
戴亥罰賓自少嚴束儕律一切併
茶不服長賃甫邃之某窞丏書當豊籃

《丹崖墨翰》第一札（局部）

乡，魏一鳌作为客居地的知州，来看望他并赠送肉食，与安邑令礼遇"节士"闵贡相似，所以傅山用"闵安邑"典故客套一番，文章做得恰到好处。信中说，"道人虽戴黄冠，实自少严秉僧律，一切供养，不敢妄贪。肉边之菜，权因热灶，岂复无知，忍以土木，冒饕檀惠，润溢生死，增长无明"（《全书》标点有误，今以己意调整），声明自己严守戒律，并不食肉。魏一鳌还向傅山母亲赠送银两，傅山又说其母用度甚少，并不需要银子，如果真要帮助，可以像施舍僧尼一样给点盐米。虽然傅山并未退回肉和银两，也不排斥接受盐米，但这封信的主旨，仍是辞谢魏一鳌馈赠贵重礼物，而非像尹协理先生《新编傅山年谱》说的那样，"青主也毫不客气地向魏求助"（山西人民出版社2016年版）。试想，傅山侨居平定州，又以高士自许，怎会在州长官折节下交、首次来访时，就"毫不客气地"开口求助呢？

又如第十五札，《全书》录文"台下至此为令，弟辈无所为护庇，此非弟之耻也"，"至此为令"四字费解。细审原迹，"为"字实乃"而"字之误，全句应为"台下至此，而令弟辈无所为护庇，此非弟之耻也"。当时魏一鳌正帮助傅山处理棘手的朱四命案，此言带有激将色彩，透露出傅山咄咄逼人的态度。

正如上例，《丹崖墨翰》真实反映了傅山和魏一鳌交往的过程，是了解入清初期傅山为人处世的一手文献，也有助于从整体上了解明遗民和清官员的社会生活。这些书札多有傅山请托魏一鳌办理各种公私事务的内容和线索，下文即拟对其中与清官府有关的请托内容略作梳理，为相关研究提供一份材料。

"万一有言，凡道、府、县衙门，统渎门下鼎容力持之。"

《丹崖墨翰》的十八封信，有九封与朱四命案有关。这本是一起意外事件，但各方势力的参与，让事态变得十分复杂，最后在傅山的坚持下，魏一鳌动用权力处置案件，惩处了对立方的乡约和死者家属，保护了傅山的亲友。

朱四案件发生在顺治七年（1650）下半年。当时傅山侨居在阳曲县友人杨尔桢的庄园，他的弟弟傅止、内侄张孺子（名张仲）等亲友一起到杨家集会，不料张孺子的女婿朱四在邻居家贪玩秋千，意外猝死。这使傅山的亲友们顿时面临一场人命官司，陷入惊恐。恰好一直在太原做闲散官的魏一鳌，此时正署理太原府同知，负责刑案审理，于是亲友们托傅山转求魏一鳌提供帮助。(对案件发生时间和魏一鳌任同知的考证，见《傅山致魏一鳌信札编年》)

《丹崖墨翰》第十札是有关朱四案件的第一封信，傅山说：

> 无端怪事奉闻：昨州友过村侨小集，孺子之婿朱四适来贪嬉。邻舍有秋千，朱四见而戏之，下即死于架下。山所侨实为尔桢杨长兄之庄。庄乡约与桢兄不善，恐从兹生葛藤。若事到台下总捕衙门，求即为多人主张，一批之。事虽无他，而乡约既欲修郤（"郤"，

《傅山全书》误作"却"），朱四之兄则无赖凶顽人也。万一有言，凡道、府、县衙门，统渎门下鼎容力持之。且县衙无人可依，不知门下曾与交否？即交，厚否？须仗台力一为细心周旋，省一时穷友乱忙也。

从信中可知，朱四之死是个意外事件；乡约和杨尔桢交恶，朱四之兄无赖凶顽，均可能借机生事。傅山希望，如果事件可控，由魏一鳌的衙门处理，即由他为众人做主，结案了事；如果发生诉讼，希望魏一鳌去道、府、县等衙门请托关说，帮助他的朋友们打赢官司。

第二天，乡约果然报案，傅山写信说：

> 所云乡约地方果尔得意，报官司矣。万恳速为镇结。此村乡约素称毒蚩，若非仗台下了此，一伙穷项乞儿友弟拖累无日矣……心绪如焚，翘首望命。（第九札）

他要求魏一鳌尽快结案，但当时一鳌别有公事，这让傅山十分着急，接连又写两信：

> 前事两次启矣。闻台即有接按君之行，恐亦出门延蔓无日矣。令弟辈焦劳，将安所图？即求诒阳曲令君一字，真切真切，求速埋葬耳。且其岳丈孺子及其兄皆到作主张矣。县差一出，便有多少刁难。穷途之人无许多物力打发。恳求命一役至村，押勘施行。若县役可以

不出，方免目下须索。（第十二札）

　　即此三两夜累人极矣。万一台下有接按君之行，此事诚不知几时才有结局。若孺子说行，须得借鼎一到上司讲请之，仍烦威旌一临村中，先相之，付乡约地方看守便也。不然天热一坏，口尚有既耶？再请尊命。（第十三札）

此时傅山等人担忧的，还是阳曲县差人来村勘验，不免敲诈勒索，无力打发，因此只求从速验尸埋葬。他们提出的方案，先是由魏一鳌派员查验，后是请他亲自来村查验，目的都是绕过阳曲县，由魏一鳌直接处理。想办成这些事，还需要他到上司和阳曲县处关说通融。

　　按明律和清律均规定，府州县官遇有催办事务，必须依律发遣信牌，分级办理，不得到下属处直接处理，否则杖责一百，但又规定若干免除事项，"检尸"恰在其内。因此作为府同知的魏一鳌，可以越过知县，亲自或直接派人去村里验尸。

　　随后，应是魏一鳌派差持票来村查验，朱四尸体顺利装殓。正在大家要松一口气时，事情突然反转，发生了傅山等人极力想避免的刑事诉讼，进入复杂的第二阶段。

"台下至此，而令弟辈无所为护庇，此非弟之耻也。台下以为何如？"

傅山在第十五札中说：

昨事极承台爱。其兄顽劣，既已买棺装殓矣，而忽变无赖，为多人唆起谋告，所告者以王舍亲鹏起为尤。事既如此，不得不先鸣之台下。村人与杨兄作敌者，又群起而图之。若非鼎力弹压，妙为区处，累舍弟不浅，且令弟无以谢舍弟矣。事本无他，而时势至此，不良之人实多。台下至此，而令弟辈无所为护庇，此非弟之耻也。台下以为何如？弟处此中，万难于友朋兄弟之间，千祈为我善谋之。

此札又透露出几个重要情况：魏一鳌已经办完验尸装殓之事；朱四的兄长突然翻脸，要去官府控告，杨尔桢的敌人也伺机行动；事情牵连到傅山之弟傅止；此案对傅山的影响，是"万难于友朋兄弟之间"，他一再向魏一鳌请托，乃是为亲友帮忙。

此时事态已超出魏一鳌的权力范围。不知是他此前表示过为难，还是怕他以后为难，傅山说出"台下至此，而令弟辈无所为护庇，此非弟之耻也"这样的话。

事情继续恶化，案情愈形复杂，满人势力若隐若现，官司也牵连到傅山。在接下来的信中，傅山不断向魏一鳌介绍新情况，并要求镇压对方势力：

凶顽党羽一时嗾射打吓，且恃其衙门中有谁有谁（此须孺子口道），势必餍饕而后止。适间尊票押乡约之说到村，其兄云"必不干休"，以人命告两院臬司为主，想当明日有词矣。孺子深虑，将先呈其打吓于上司……而弟辈所恃惟在台下，若台下还用大法力杜此凶计，亦不须别用弟辈委曲。倘此辈吞诈之心不已，孺子袖中已具有呈文，将先发制之。或抚或司道，总求指示而先容之，并为审处宜如何如何，期于镇压惩创此辈。此时弟等居乡实难，无妄之愆，幸遇台下在此，定当能为我二三弟兄一挥宝杵也。（第十一札）

魏一鳌驳回乡约状书，朱四之兄不肯罢休，扬言要告到"两院臬司"。傅山等人怕对方状子递上去对己方不利，又提出两个方案：一是魏一鳌用"大法力"镇压，让对方打消告状念头；二是由张孺子先发制人，率先到省里呈文，由魏一鳌到巡抚和按察使、道台等衙门先行疏通，并提供指导意见。从后来的信中看，他们用的是呈文的办法。

孺子至村，道台意，即骨肉自为未必至此。但所云红溪者，毒计当益炽，恃与满人狎昵，谋必遂欲，深可恨也。尚有凶党亦镇宇者，续将从他县至。此物素称凶狠棍宗，闻已唤去，当来。痛求台下惩创之。且彼已有词阳曲，前票既蒙台命已撤，若再一准，仍中彼计，郡辈立见齑粉矣。还求一查询之，恐彼朦胧其词，但希见准，而阳曲令君亦不细阅其词，遂差人耳。千万千万。不知臬司呈子能如前所云批下否？若未批下，则其中仍有红溪之说中之矣。又当奈何？为人为

彻，统求裁酌施行。(第十四札)

魏一鳌的态度令傅山满意，但对方势力也不断聚集，代表人物红溪（第十六札作"洪溪"，不知是否即乡约）在魏一鳌撤销阳曲县的差票后，再次赴县诉讼，傅山深恐阳曲知县又一次派人下乡办案，要求魏一鳌"为人为彻"，干涉到底。

昨词闻又到案下，未知果否？果尔，亦求速一验看。昨才知朱二已于隐处割破图诬，临时大荷包老之镜。此中机宜，要刻刻虑及阳曲，闻县差欲夺而逮之，先厅一审。又闻洪溪特状将告弟及家弟于臬司，此狭狗必至穷势也。统求镇杜之。洪今在逃未获。即终不获，亦须作案听获正罪，庶可惩于将来。既恃爱有年，而此时不切切结此无端之局，复将谁赖耶？又渎求鉴。(第十六札)

官司又打到魏一鳌手里，他将下乡验尸。傅山提供了几个新情况：朱四之兄将尸首隐处割破，以图诬陷；阳曲县的县差想抢在同知衙门之前审理案件；洪溪将去按察使司状告傅家兄弟，并且已经逃跑。对立方全面出击，事态已经白热化。傅山还提出一个新问题：如果此时不能切实终结案子，一旦魏一鳌不再署任同知，他和亲友们还能依靠谁呢？为此傅山建议，即使不能抓获洪溪，也要立案给他定罪，这样才能免祸于将来。

"乃今复有此鞶带之锡，又徒一王孙，使人心恶。"

魏一鳌开始行动，让事件进入第三阶段：结束案件，惩罚缠讼不已的乡约和朱四之兄。傅山第十七札说：

> 前事似结耶？终始荷鼎。杨、王舍亲诵义，梦寐不忘，无由自达，俾山恳恳致之。大都此事，彼此蔓萦，使一无是非之乞士即离离即于其间，非莲盟累劫之旧适游戏人间，何以得此痛快？然凶狡百端，加以此辈素习无良，复令乡党自好者不忍太下惨毒，自居忠厚。彼安得知两舍亲真实为彼哉？后须有言，当出自死者之父，然已铸铁案于兹矣，或当无奈何耶？可恨此辈，贤淑者皆离祸不留，而纷纷禽兽尚率而食人，使君子不欲以平常仇雠较之，诚不知当何以处此。向亦有一王孙为宦者，无端一舍亲以素恨告之，径坐站徒，窃尝懊责之。乃今复有此鞶带之锡，又徒一王孙，使人心恶。至今杨、王舍亲怜而慰之，不似当钧两造时也。然又不无忧计老猾之意。台下谓何以处此后也？今遣舍弟入城，躬叩道意。其中前后，俾口缕之。村乡约十五之责，复几以老命拼。今尚未起，其实时刻不忘情于杨舍亲昆玉及舍弟，而谋吞饕之也。弟止细道，万须一听。不欲台下以事既结，而置后端。知为我忠谋，故一一商之耳。

案件终结，杨、王二位亲友委托傅山向魏一鳌表示感谢。信中透露出此案最终结果：朱四之兄朱二，被判徒刑；乡约被打十五大板，朱氏兄弟的父亲可能不服，但已铸成铁案，他只能无可奈何。惟一可担忧的是乡约，他被打得卧床不起，却时刻不忘报复。为此，傅山提出关于此案的最后一个要求：魏一鳌不能"以事既结，而置后端"，需要拿出杜绝后患的切实办法。

傅山信中还透露，被判刑发配的朱二，其实是明宗室，一个真正的"旧王孙"。

"若怀不肖，以利起见，自不敢唐突。一族一亲，无他染指，会当神炤。"

以上是《丹崖墨翰》中所见朱四案件的全貌。不过，傅山请魏一鳌帮助亲友打的官司，并非只有朱四案一桩。

《丹崖墨翰》第八札，傅山说："不知平定之行当在几时。若刑尊且不来，还须丐一言于县也，何如？"需要刑尊（按察使）、知县办理的事情，自然是刑案。

庞虚斋藏札第一、第八两札，还透露出傅山请托太原府清军同知的信息，清军同知掌管军务、巡捕等事宜。顺治十三年（1656）十月，魏一鳌赴任忻州，路过太原，傅山带领弟弟傅止、亲戚张古度和朋友孟氏兄弟，来太原与他相会。这次会面，傅山又请托了好几件事，其中一件与清军同知有关。第一札说："古度所白事由封上。其意尚须与军厅一禀，写成留古度处，待见时亲投之，便容谒也。"军厅是清军同知衙门的别称。傅山请魏一鳌给太原府清军同知写信，由张古度拿着信前往求见。此事办得很成功，傅山在第八札中报告说："古度事借重军衙，痛快无比。"

除了请魏一鳌帮助办理刑案，傅山还和山西前后几任按察使来往密切。《丹崖墨翰》第八札说："此中原无可羁留，但为刑尊写屏子一事未完，了此即东矣。"此刑尊或为张儒秀。庞藏第六札说："本拟旦暮即晤，而为臬司作一画册，不得即就。实欲借廉署为方丈，息心数日，便尔多违，惆怅如何。"庞藏第八札说："弟为候送臬司，而不得遽然即去。"（"遽"，《全书》误作"邀"）此臬司乃杨思圣。他们都能为傅山办理请托事项。

清政府与人民直接相关的政务，除了法律事务，还有赋税和科举，所以在每省设立按察使、布政使和提督学政。在屡次请托办理刑案之外，傅山也请魏一鳌办理进学与免赋等事。

带领张古度去见魏一鳌那一次，傅山请一鳌帮助古度的孩子张颡通过府、道考试。庞藏第一札说："张童名颡，卷子急促不就，但求册中一名可尔。"这位张颡未交卷子，但要求列入名册（可能是准予参加府试的名册）。

庞藏第八札又说：

　　前以刑尊不在，有亲友见托童生数名，俱不得行，而府尊格峻，极无夤缘之巧（"夤"，《全书》误为"寅"）。族弟傅涵、古度郎张颡（"颡"，《全书》误为

"颖"），皆荷炉锤，得与府试矣。此关艰度，仍欲邀恩
为水源木本。若怀不肖，以利起见，自不敢唐突。一族
一亲，无他染指，会当神炤，一为介绍，俾得与道试。
即不宜径作禀于府，或商之军厅，再有道台相善者，益
稳。事且在旦暮发，即求赐命。

与傅山交好的按察使杨思圣不在，无法提供帮助，太
原知府又不通关节，幸好魏一鳌及时到来，让傅涵和张颙通
过了府试。此时，傅山又请魏一鳌去找同知或道台出面，帮
助他们参加道试。频繁请托，还多是为别人办事，傅山也怕
魏一鳌生疑，以为他居中牟利，于是跟着解释："若怀不肖，
以利起见，自不敢唐突。"不过，据庞藏第六札："前借重童
生名字，承慨奖，书来时事已误，还诸记室矣。"此事因时
间错过，没能办成。

傅山还请魏一鳌帮助其家族免除租粮。《丹崖墨翰》第
十七札，在感谢完魏一鳌办理朱四案后，又提出一个请求：

寒家原忻人，今忻尚有薄地数亩。万历年间曾有
告除粮十馀石，其人其地皆不知所从来，花户名字下书
不开征例已八十年矣。今为奸胥蒙开实在粮石下，累族
人之催比，累两家弟包陪，苦不可言。今欲具呈于有
司，求批下本州，查依免例，不知可否。即可，亦不知
当如何作用，统求面示弟止。弟甘心作一丝不挂人矣，
而此等事葛藤家口，不得了了。适有粮道查荒之言，或

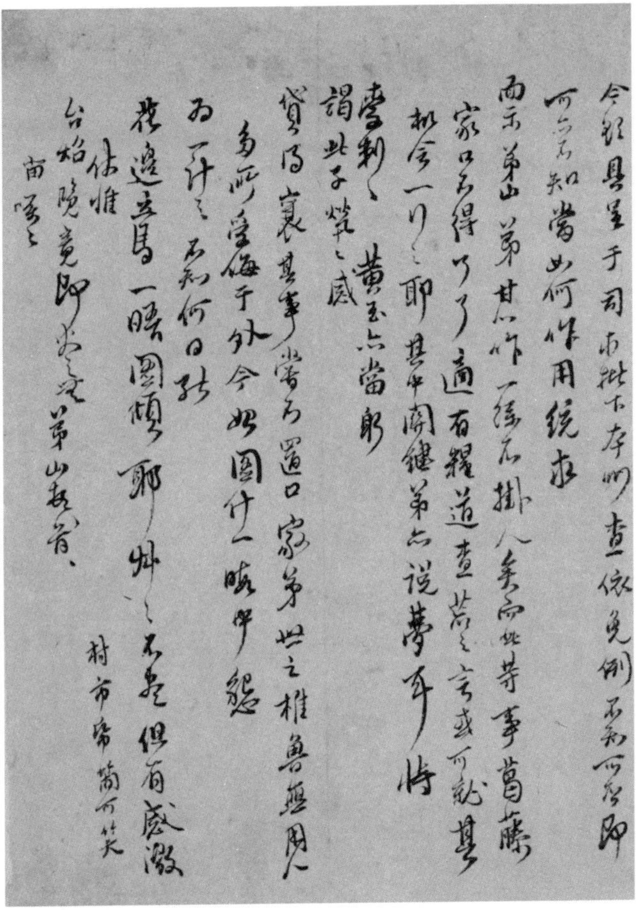

《丹崖墨翰》第十七札

可就其机会一行之耶？其中关键，弟亦说梦耳。恃爱刺刺（下"刺"字，《全书》误作"之"）。

明代绅衿享有免赋特权，即所谓"优免"，易代后被革除。顺治三年（1646）四月，清廷下谕："将前代乡官监生名色尽行革去，一应地丁钱粮杂泛差役，与民一体均当。"（《清实录》顺治三年四月壬寅）傅山家族的"告除粮"大概就在此时被革除。顺治五年，清朝又颁布优免条例，有所恢复，但傅家原来的优免"其人其地皆不知所从来"，并不对应实际土地，优免取消容易，恢复却无从着手，所以需要魏一鳌帮忙。此事不知结果如何。

可见，傅山对魏一鳌的请托既频繁又全面，要办好这些事，必须动用官府权力，而非仅靠朋友义气。《丹崖墨翰》等书札反映出来的，与其说是傅山与一位仕清官员的交往，不如说是他与清官府的交往。

《丹崖墨翰》等傅山书信，提供了难得的古代社会史研究资料，特别是那些刑案办理过程中的请托细节，尤属罕见。打官司请托官府，在古代习以为常，但事属隐秘，细节很难为外人所知。傅山写信给魏一鳌，交流案情，指授机宜，也要求"览竟即火之无留"，并"嘱嘱"，幸而魏一鳌没有烧掉这些信，给今人留下一笔资料。

这些来自当事人的讲述，对知人论世大有裨益。如对"明遗民"现象及遗民傅山就可以多一些思考。明遗民历来受人崇敬，不与清政府合作应是一个重要标准。傅山是备受尊崇的明遗民，康熙十八年（1679），年逾古稀的他拒不参加博学宏词科考试，表现出坚定的不合作态度。但从《丹崖墨翰》中这些请托事项看，难说他在顺治年间已是一位主动的"不合作者"。

再如魏一鳌顺治二年（1645）、十年两次出仕，都是被强迫的。那么，像他这样的汉族地方官，在政务处理中究竟有多大的自由裁量空间？从魏一鳌办理傅山的请托事项看，他基本满足了傅山的各项要求，说明拥有一定的行政权力和被信任度。

《丹崖墨翰》透露出的诸多细节，还有助于加深理解当时人民面临的真实法律、社会环境。明顾宪成《泾皋藏稿》卷十三《题同生许明府册》云：

> 吴下多假人命之讼，最是祸事。初状行，差人谋牌，业有费已；或委衙官、挟件作往相，上下请求，又有费。总视被告家贫富为多寡耳，往往至于破家。久之纠缠无已，亦自破其家，而讼者卒不悟也。

太原与吴下并无二致，顾宪成所言，差可为朱四案件添加注脚：官员衙役的大肆勒索，傅山及亲友对事态的极端恐惧，人命案以原告被惩罚而告终，都是大社会中的真现实。

乾隆年间的一段跨国恋情

明治四十二年（1909）六月，日本的收藏家团体集古会举行雅集，七十七岁的中川得楼（中川德基，1833–1915）带来一张"清人聘妓请愿书"，令众人一时称奇。集古会发起人也是会刊《集古》的编辑林若树（林若吉，1875–1939，号若树），在当年第五期《集古》杂志上撰文介绍：

> 左题之物，乃因有关"恋爱"之课题，由中川得楼翁所提供。此件为宽延四年（此年改元宝历元年，距今百五十七年）于长崎县由二十名清商联名签署的请愿书。其大意为，出入长崎唐馆的妓女一旦期满即须歇业，不再允许出入，据此规定，与沈草亭、赵景清、刘端谦、林君绩交游的中叶、鸣户、鹤香、夕荣等人皆因期满之故，此后难期再会。草亭诸人之悲愁，令人不堪目睹。彼四人皆巨商，非一般之清商，（清商二十人）情愿准许四人出入唐馆一如从前。那样的话，应该

是仅此四人得格外开恩吧。训读非后人手笔，实为珍品。（原系日文，承布衣书局网友finiboy君翻译，谨致谢忱）

林若树并录下"请愿书"的文字：

具公呈：午未各港船主康五一、魏宏士，客顾振生等，为公恳准顺情再会事切。五等来贩贵国，在馆寂寞，各有妓女相伴，如沈草亭之中叶、赵景清之鸣户、刘端谦之鹤香、林君绩之夕荣，皆系多年交好，客中借以解愁，朝夕不离，情意相孚。今因奉例，年满之妓，不许进馆，但草亭等四人俱系老本船主，不比平常者。五等目睹伊四人因妓分离，情绪愁闷，为此公同恳求恩准，格外准此四人之妓报名进馆，以伴旅处寂寥，五等公保其出入遵令守法。后不多渎，伏乞本馆街主、五甲头中转启王上恩准所求，不特沈草亭等四人感激，即五等亦均感体恤远商之德于无涯矣。宽延四年闰六月 日。具公呈：午三番厦门船主康五一、高隆大，全四番广东船主李介庵、吴采若，全五番宁波船主施日新，全六番宁波船主林宝山，全七番暹逻船主唐桐文，全八番广东船主高鲁斋，全九番宁波船主王文均、洪绍彬，全十番南京船主王奕登、高长师，未一番宁波副船主魏宏士、全二番暹逻船主杨兴公、孙尔诏，全三番宁波船主黄直清、黄虚谷，全四番宁波船主赵金章，客顾振生、龚恪

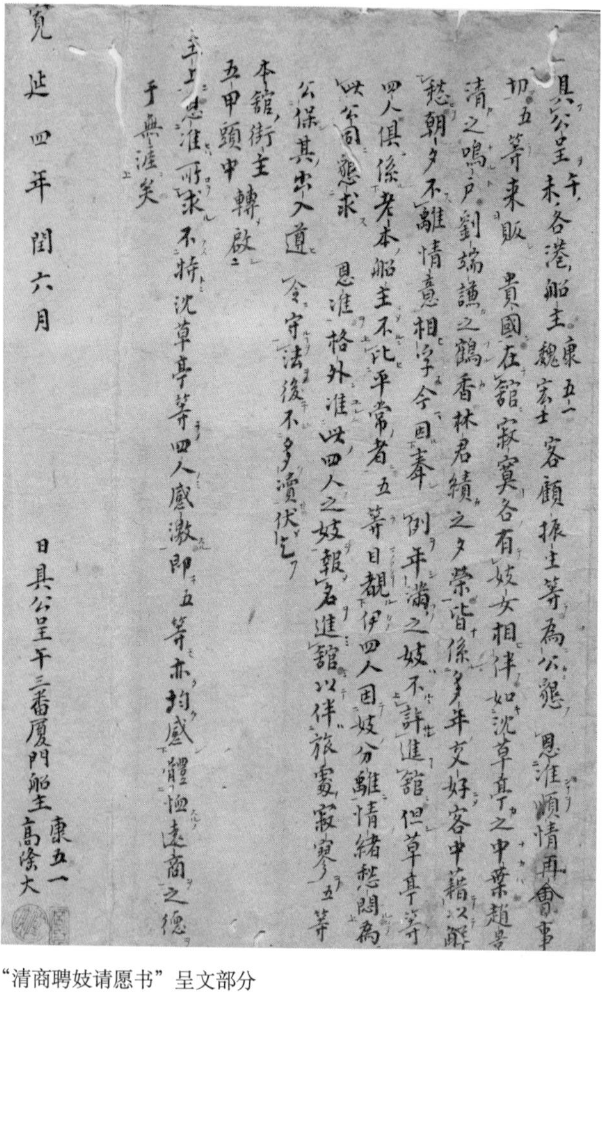

具公呈千末谷港船主魏宏主容顔振主等為公懇　恩准順情再會事

初五等東販　貴國在舘寂寞各有妓女相伴如沈草亭了之中葉趙景

清之鳴戸劉端謹之鶴香林君績之夕榮皆係多年交好客中藉以解

愁朝夕不離情意相孚今回奉　到年滿之妓不許出舘但草亭等

四人俱係老本舘主不比平常者五　等日觀伊四人因妓分離情緒愁悶為

公保其萁出入道　令守法後不多漬伏乞

　恩准格外准此四人之妓報名進舘以伴旅寞寂寒　五等

本舘銜主轉啟

五甲頭中轉啟

壬上懇准所求不將沈草亭等四人感激即五等亦均感體恤遠商之德

于無涯矣

寛延四年閏六月

日具公呈千三番厦門船主高淺大

"清商聘妓请愿书"呈文部分

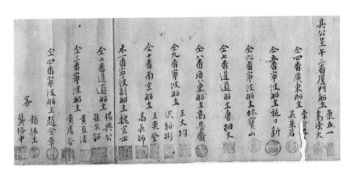

"清商聘妓请愿书"具呈人署名部分

中。(林若吉著、森铣三等编《林若树集》，青裳堂书店1983年版，第263页。录文误字据原件校订，标点按中文习惯调整。文间原有假名训读，具呈人名下注印章方圆，今皆删去)

中川得楼展示的这件"清商聘妓请愿书"，实为居留在长崎的清朝商人向当地官府递交的公呈。它被视作珍品，除了是百年故物，题材有趣，大概也因为是沈草亭爱情故事的证物。在长崎的历史上，沈草亭与中叶恋爱可称是一个"事件级"的故事，有了这张公呈，故事就变成了事实。

江户幕臣、狂歌作者大田南亩（1749-1823，别号蜀山人），文化元年至二年（1804-1805）在长崎担任了一年管理日清贸易的下级官员。在任期间，他作《长崎丸山町游女千代菊が画菊の花に》和歌三首，其三云"いにしへの沈草亭が中葉にもおとらぬ千代の菊のひと本"，试译为"千代

这株菊花，不输于华年时的沈草亭的旅伴中叶姑娘"。南亩未加说明，直接把沈草亭与千叶写进和歌，说明在长崎，至少在他的读者圈子里，草亭与中叶的恋爱广为人知。（[日] 塚本哲三编《太田南亩集》，有朋堂书店大正七年〔1918〕版，第262页。本文写作过程中承蒙高山杉、林鸣宇等先生大力帮助，所引《太田南亩集》、《游仙枕上ノ一梦ナルカナ》、《丸山游女と唐红毛人》和《长崎名胜图绘》诸书文字由林先生代检复印，谨致谢忱）

文化七年（1810），日本汉诗人柏木如亭（1763–1819）在长崎旅行访古，看到沈草亭留赠女郎中叶的诗卷，并题写跋语：

> 偶读沈草亭《留赠女郎中叶》诗卷，唐人馆中光景可想。吾谓是一韵事，不得不跋，乃举笔欲书，客曰："夫黯然销魂，非宴席娱乐之时。纵令彼此情趣相同，语言殊东西。女郎非冠山，定知当是着急时，只把瞠目呆口诀别耳。"余不觉失笑，拂袖而起，瓶花为之散然。（[日] 新谷雅树《游仙枕上ノ一梦ナルカナ——柏木如亭の〈吉原词〉について》，《冈晴夫教授退任纪念论文集》〔《艺文研究》第87卷〕，2004年，第278–300页）

此时去二十名清朝商人"请愿"的宽延四年，刚好一个甲子。如亭认为沈草亭以诗赠别，是一件韵事，值得题跋，他的朋友们则以为，中日男女之间言语不通，二人纵然情趣相投，中叶也领略不了草亭用诗文表达的深情。如亭接受了他们的意见，遂搁笔不书。这也说明，虽然沈草亭的故事尚在流传，但人们已不能道其细节。

沈草亭《留赠女郎中叶》诗卷早已不知所踪，上述"请愿书"即公呈，成为见证这场数百年前的跨国恋情和清朝商人在长崎唐馆感情生活的难得资料，也更显珍贵。而且幸运的是，这份公呈流传至今，回到中国。

历史上中日贸易的亲历者，为唐船和唐馆制度留下不少史料，现代学者对相关问题也多有论述，有助于研读这份公呈文书，了解其所涉事件、人物和背景。

安徽商人汪鹏在乾隆间从事中日贸易，曾久居长崎唐馆，于乾隆甲申（三十年，1764）著《袖海编》，对长崎各项通商事务和制度有着详细记载。书中说：

> （长崎）有使院，秩视二千石，自日本都会奉使而来，专司通商之事，带理崎政，一年更代，例止三任，一仕而已者多。操权极重，故通称曰王家。（［清］汪鹏《袖海编》，《丛书集成续编》第二二四册影印清《昭代丛书》本，新文丰出版公司1988年版）

据此，公呈递交的对象"王上"，是德川幕府派驻长崎管理通商和地方事务的最高官员，日名"长崎奉行"，与外商有关的重大事项均须经他批准。中间转递文书的"本馆街主"和"五甲头中"，则是唐馆的日本管理人员。《袖海编》说：

> 长崎七十二街，街各有名，又曰町，殊复近古。町有町长……町长即街官也。

又说：

> 公堂之外，有街官房，其为官三，次第入直。又有五甲头副之，皆所以弹压防御，而通客之款曲。

"街主"即"街官"，"五甲头中"是街官的辅佐，他们负有传达客商要求的职责。

"午、未各港船主"，是当时停泊在长崎的持有"庚午（宽延三年）"和"辛未（宽延四年）"信牌的唐船船主。《袖海编》说："唐船维缆之后，当年司事者示期上办，上办即以货贮库……犹曰到办，到办则专事此番交易也，故曰某办船，又曰某番，以年之次第计之，如申年首到，则为申一番，次到则为申二番。"在公呈结尾具名的各船主，其船如"午三番""未一番"等，均按此方法编号。唐船出发的港口，则有厦门、宁波、广东、南京、暹罗等处。

"船主"是清朝商船即日人所称"唐船"的船长，"商"是置办货物、雇用海船的清朝商人。领衔上呈的顾振生，是乾隆时清廷指定的从事日本贸易的十二名额商之一（见刘德有、马兴国主编《中日文化交流事典》之"'棹铜'官商与'额

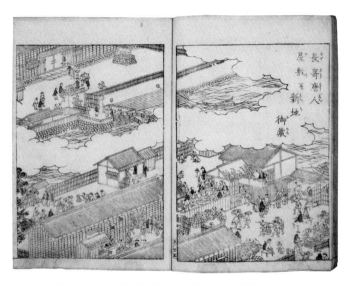

《日本山海名产图会》中的"长崎唐人屋敷"即"唐馆"图

商'"条，辽宁教育出版社1992年版，第453页。参见［日］松浦章著、李小林译《清代海外贸易史研究》中的相关研究，天津人民出版社2016年版，第152页），最后一名具呈人龚恪中，则至少三代人从事中日海上贸易。

十八位唐船船主和两位清商上具的公呈，载明一段缠绵的异国恋情，也揭开了时代的无奈现实。江户后期，日本只开放长崎一地与清朝和荷兰进行有限贸易，并对外商严格管理。对清朝商人，长崎专门划定街区，修筑封闭的唐馆，清商登岸即须入馆居住，并派人看守，形同监禁。唐馆禁止女性出入，但妓女不受限制，故商人和水手为解寂寥，招妓之风盛行，妓女入馆陪伴唐商，也成为当地一项产业。

同样成书于乾隆时期的《长崎纪闻》记录此事说：

> 女闾七八百，名曰花街。居楼上者以奉唐商，楼下以待水手。妓至商馆，终年不去。从婢一二人，或三四人，皆鲜衣美食，取给于商。商船濒行，司计者筹其日用并夜合之资，一妓动需五六百金，又索赠一二百金，求商本无亏，不可得矣。商人冒风涛、弃家室，以竞锥刀之利，乃日与此辈为伍，言语不通，疮毒易染，资财性命委之异域，岂不可惜。倭妓年十三四以上至二十一二而止，无夫，以客为夫，生女仍为妓，生男送南寺学唐书，习为译司。年二十三以上不复见客，始嫁，名为出花楼，富贵家娶为妻妾，以其粗识礼文，善酬应也。既嫁之后，遇旧商至岛，仍往款候，留数宿而去，其男子不禁也，利其必有所得以归耳。（[清] 童华《童氏杂著·长崎纪闻》，《北京图书馆古籍珍本丛刊》第 79 册影印清乾隆刻本，书目文献出版社 1998 年版）

《袖海编》则说：

> 花街，妓女所居，曼声善歌，弓腰善舞。杜牧诗云："百宝妆腰带，真珠络臂韝。笑时花近眼，舞罢锦缠头。"盖谓是也。本国富商大贾，恒为倾动，其入唐馆也，什之一耳。进馆皆以申刻点名，出亦如之，名曰

应办。予有诗云："红绡队队雨丝丝，斜挽乌云应办时。蜀锦尚嫌花样拙，别将金片绣罗襦。"

又说：

> 妓多聪明慧辩，捷于应对，工于修饰，蝤首蛾眉，铢衣彩袖，最重玳瑁梳，一梳有值至百馀金者。十四五为妙龄，即可应客，二十五例得出楼择配，三十成老妇矣。客纳妓名曰太由（华言大夫也），太由雅善事客，惟意所欲，趋承悉当。茗粥蔬果而外，能为谨出入握筹算，若将终身焉。以此妓风寖盛，因而有义妓、痴妓，亦有骄悍之妓，大抵居客馆，俨然伉俪。与客亲善者，率无轻视之，赠遗多厚。章台里巷，名曰花街，主者丽之以楼，楼或数十人，或十馀人，亦有大小之别，碧桃逞艳，红药舒芳，不屑与玫瑰辛夷等也。同楼而分客者，其情最密，馈送往来，如女弟兄。又恒遣侍婢出馆，觅名花佳果珍食以媚客，客之惑也滋甚，故围朱拥翠，无吝挥金；遗珥坠簪，差堪倚醉。人非河汉，乡号温柔，昔人诗云："谁道五丝能续命，却令今日死君家。"虽有智者，恐未能超然欲海，脱此樊笼也。

《长崎纪闻》的作者童华曾任苏州知府，与前往日本采办铜斤的商人有公私交往，根据商人们的口述著成此书，故曰"纪闻"。《袖海编》作者汪鹏本人就是唐商，长期居住唐馆，所记事物均系亲身见闻，理应更为准确。对长崎妓女的记载，二人有所不同，如童华说花街妓女均奉侍唐商，至二十三岁出馆嫁人，汪鹏则说侍奉唐商的妓女只占总数的十分之一，要到二十五岁方始出馆。凡此种种，当以《袖海编》为是。

从长崎的妓女制度来看，中叶等四人"今因奉例，年满之妓，不许进馆"，是她们已年满二十五岁，必须出馆，而沈草亭等与她们日久情深，不忍分离，才引发各船主、客商向长崎官方求情之举。

对长崎妓女和外国商人的关系，日本学者做过专门研究。古贺十二郎所著《丸山游女と唐红毛人》搜集了众多个案，其中也有沈草亭和中叶的故事，主要引述大田南亩的和歌，说明二人的恋爱事实而缺乏细节。根据古贺十二郎搜集的资料，沈璠，字鱼石，一字草亭，姑苏人，是著名的"唐医"。延享至宝历间往来中日，曾因医好福济寺主持唐僧大鹏和尚的疑难病症而赢得声誉。他又是一位诗人和书法家，《长崎名胜图绘》中录有多首诗作，《元明清书画人录》有简短小传，说他擅长行楷书。（[日] 古贺十二郎《丸山游女と唐红毛人》前编，长崎文献社1968年版，第651-652页）时至今日，拍卖市场仍可见到自日本回流的沈草亭书作。

乾隆三年（1738），沈草亭在长崎馆为《古梅园墨谱》作序，留下旅日早期行迹。此年为日本元文三年，实在延享之前。杭世骏《道古堂诗集》(清乾隆四十一年刻本) 卷十九《岭南集》四有《送沈璠自日本还吴门》诗，诗云：

长崎归后意无聊，更驾鼋鼍海上桥。万里壮心劳想象，五湖生计转萧条。惊看笔底波澜集，难得胸中块垒消。风雨仙城快携手，为君坚坐话春朝。

此诗作于乾隆十九年（1754）春，时当日本宝历四年，迄于此时，沈草亭仍往来于中日之间，相去乾隆初，从事海外贸易近二十年。

杭世骏诗中吟咏的沈草亭事迹，"万里壮心"就不必说了，"生计萧条"、"笔底波澜"、"胸中块垒"，均有他自己的诗文为证。《和看菊感怀十首》之一云：

自怜沦落类泥沙，安得闲情去种花。且喜相依陶处士，满楼秋色吐光华。

之三云：

徒将馋眼对黄花，樽酒难求暗自嗟。欲待典衣寻一醉，怕人指点说豪奢。

之七云：

常年为客苦思家，忘却人间有岁华。今把霜容频细看，无如老眼又昏花。

《和秋夜旅怀》之二云：

> 海上遥山叠崔嵬，怒涛触响巨如雷。君缘奉命辞乡至，我为何因到此来。造化弄人诚可笑，英雄不遇肯徒哀。欲将佳句漫相和，且把闲愁暂放开。（上引沈草亭诗均见长崎史谈会编纂《长崎名胜图绘》卷之二下，1931年）

在长崎的沈草亭，老眼昏花，穷愁潦倒，连典衣寻醉都需要踌躇一番，由此看来，中叶对他恋恋不舍，自有寄托，应非仅为缠头之锦，而柏木如亭以中叶不能领会汉语而放弃题跋，未免辜负了一段韵事。

公呈中其他三位清朝商人与长崎妓女的恋情，并未产生沈草亭和中叶这样的影响，但《丸山游女と唐红毛人》一书记载的唐商龚允让与妓女樱路的爱情故事，同样堪称韵事，而龚允让正是公呈的具呈人之一商人龚恪中之子。

古贺十二郎所述龚允让故事，源自田能村竹田的《竹田庄诗话》：

> 明和中，肥前国长崎镇有妓樱路者，声色俱妍。清人龚允让相得甚洽，教词令，一授了了，艳楚动听。允让惊诧曰："吾杭州妓称善歌者不及也。"西归日，临别凄婉，扇头书二绝赠之。琴山翁游镇闻其事，特邀见，因征歌，初不肯，既而唱毕，悲悼欲绝。把诗扇出

示，纸墨新鲜尚如故，诗云："浮云流水两情联，曾许贞心待十年。早识欢情难再卜，有缘不若竟无缘。""斑管新诗志别愁，多情敢信属青楼。侬心若体萧郎意，珍重花枝莫浪投。"允让字兴让，恪中子，克贤弟也。父兄俱通商崎港，颇善书涉文词。允让性喜华侈，衣帽鲜丽，时必更换，日以为常。琴山翁为余言如此。（古贺十二郎《丸山游女と唐红毛人》前编第652页所引《竹田庄诗话》文字简省，此《竹田庄诗话》原文，据黎思文《清商龚恪中及其与日人的文艺交流》转引，载《福建师范大学学报》2018年第6期，第63—71页）

临别赋诗，龚允让与沈草亭同此多情。

从康熙至乾隆，近百年间，龚氏家族至少有三代人从事海上贸易，其中以龚恪中最为知名。恪中身为巨商，又善诗书，在中日两国多与名流交往，如乾隆间著名文人沈德潜、惠栋、韩骐、沈大成等与他都有诗文投赠之作。近年黎思文《清商龚恪中及其与日人的文艺交流》一文对其人其事发掘甚深，然亦偶有失察之处，因愿借本文写作机会，就搜检所及略作补充。

龚恪中的父亲龚玉也，黎文据惠栋《书龚孝子传后》所记事迹，推断即《晋江县志》所载之龚时璜，甚是。不过，乾隆《泉州府志》有其更为详细的传记：

> 龚时璜，字渭臣，一字玉也，晋江人。少读书，

通经摄史，为诗古文词，自出机杼。播迁后游粤东，为人治笔札，藉得养亲。时道路阻塞，岁积锱弗能达，辄募健儿越山谷间道，或经重洋日本，转帆鹭江以至家，甘旨常继。在吴门，一日心动，亟驰归，值父病亟，得亲舍殓。兵燹后，嗣母及伯兄咸散失，间关粤中，各求得之。自高曾以下，购茔营葬，心力交瘁。异母弟漂泊姑苏，召至粤，为娶室生子。叔永登癸巳恩科乡荐，族叔某以尚藩事株连，破家谪塞外，时璜携资走万里，为营救，卒翊护以归。族中婚丧、戚友缓急多赖其助，家产自此中落。平生游燕赵齐鲁吴楚瓯越，足迹几遍，而于粤尤久，四方大吏争敬礼之，泉士大夫亦相推重，孝友之称，郡邑无间言云。吴中、东粤及泉中诸名公，俱为之传，并赠以诗。（〔清〕怀荫布修《泉州府志》卷六十"国朝笃行二"，清同治九年〔1870〕刻本）

"为人治笔札"即做幕友能有多少收入，何至于"岁积锱弗能达，辄募健儿越山谷间道，或经重洋日本，转帆鹭江以至家"呢？显然这是在禁海时期违禁从事中日贸易的隐晦说法。龚氏家族的海上生涯，自龚时璜时应已开始了。

陈恭尹《独漉堂诗集》卷八有《正月三日过潘子登所寓江楼龚渭臣载酒与潘木公诸君雅集赋潮平两岸阔分得涯字》和《次韵答龚渭臣》二诗。诗作于康熙庚辰（三十九年，1700）正月。

在日本，龚恪中以善书法著称，载入《元明清书画人录》：“龚季肃，字恪中，一字中父，号秋野，福建人。”黎文误将“秋野”识为“秋墅”。在中土，龚恪中与沈大成、惠栋三人为至交，恪中去世后，沈大成作《哭龚秋野文》，略云：

> 维乾隆二十有四年岁次己卯秋七月己酉朔十一日己未，平舆沈大成洒泪为文，哭奠亡友秋野龚七兄之灵。乌乎！我自六月二十日过吴别兄，二十二日抵家，日望兄之至，久而寂然。闰月十九日下春，舟子送书来，持语家人，以为兄将至矣，讵意阅其封，乃伯氏手笔，读其中所云，则兄于别我之夕疾作，甫十日而没矣。掩书拊膺，一恸失声……我过吴时方病，兄语我曰：君年老，明岁不必远去，可馆谷于此，吾将徙

早稻田大学图书馆藏《长崎港南京贸易绘图》中的唐馆清商与游女饮宴图

大宅，当首辟一斋以庋君手校之书。又曰：吾即日往东瀛，初冬归，当至广陵，即招君南下。又曰：君归强饭，吾往东瀛，当访君于泖水之滨，宜预为诗以送吾行。乌乎！孰知我尚病而兄已没，诗未成而讣遽来，临分数语，竟为终古之永诀乎！（〔清〕沈大成《学福斋文集》卷二十，清乾隆三十九年〔1774〕刻本）

据此，龚恪中卒于乾隆二十四年（1759）六月底，当时正准备再次航海赴日。黎文考出龚恪中通商日本最早的记录，是享保十六年（即雍正九年，1731），龚恪中作为船员随十三番船主陆南坡抵达长崎。从1731年到1759年，龚恪中冒涉风涛，从事中日贸易垂三十年，也得说是一份难得的长情了。

陈寅恪《论再生缘》补证

《论再生缘》是陈寅恪先生晚年转向明清文学研究后的名作。"著书唯剩颂红妆",这篇长文细致考证《再生缘》作者陈端生的生平和写作过程,分析这部弹词巨制的艺术价值,对作者和作品都给予高度评价。历史考证是《论再生缘》的基础,陈先生运用"以诗证史"等手法,让略显繁琐的考证过程变得趣味横生,对陈端生丈夫姓名和她卒年的推断尤其引人入胜。(本文所据《论再生缘》,见《寒柳堂集》,上海古籍出版社1980年版)

对陈端生的婚姻家庭,清人所记只有陈文述一条极为简略的诗序,说她"适范氏。婿诸生,以科场事为人牵累谪戍……婿遇赦归,未至家,而□□(原阙)死"([清]陈文述《西泠闺咏》十五,《绘影阁咏家□□》诗序)。陈先生的研究,就是把此文的每句话考实。他敏锐地抓住范氏"以科场事为人牵累谪戍"这一线索,考出乾隆四十五年(1780)顺天乡试舞弊案中被遣戍伊犁的范菼,极有可能就是陈端生的丈夫；又考出范菼遇赦，当是乾隆五十五年和嘉庆元年（1796）两次大赦中的一次。从后来的研究看，有直接材料支持这些观点，但陈先生在撰写《论再生缘》时尚未读到，他根据间接材料旁征博引，加以合理推测，给出了准确答案，考据功夫令人钦佩。

在陈先生提出上述观点后，又有多位学者进行补充证明，使对陈端生身世的研究愈加细密，这一过程历时半个世纪之久。

今天，文献资料之丰富、检索利用之便利，远非七十年前所能比较。与陈端生有关的资料也不断出现，如其父系《陈氏宗谱》、母系《汪氏世谱》尚在人间，相关人的碑传诗文也时有发现，为了解她的家世提供了更多材料，也可弥补过去研究条件不足造成的缺憾。本文拟根据新见史料，对《论再生缘》提出的与陈端生有关的问题，作一些补充研究。

一、对陈端生生平考证的学术接力

《论再生缘》作于1954年，书成后油印行世。1961年，郭沫若读到此书，连写多篇文章讨论相关问题，形成当年一个学术热点（郭沫若讨论《再生缘》和陈端生身世的文章，陆续发表于1961–1962年的《光明日报》上，集中见南京师范学院学报编辑部、南京师范学院中文系资料室编《郭沫若与〈再生缘〉研究》〔文教资料简报丛书之四〕，南京师范学院1980年版）。对陈端生的丈夫，他认可就是范菼，但认为并非"秀水范葵"，而是"会稽范秋塘"。他还认定陈端生就是给范秋塘写《寄外诗》的（陈）云珍。其间，其他学者也加入讨论，如勉仲（即黄裳）根据陈长生《绘声阁续稿》，确定陈端生字春田，卒于嘉庆元年大赦之后（勉仲《关于陈端生二三事》，原载《文汇报》1961年12月16日，后收入黄裳《榆下说书》，北京三联书店1982年版）；敬堂（即卞孝萱）提出陈云贞并非陈端生（敬堂《陈端生是"陈"云贞吗》，原载《文汇报》1961年12月16日，后收入卞孝萱《冬青书屋文存》，陕西人民出版社2008年版）；张德钧搜集了陈端生母系亲属的资料（张德钧《陈端生的母系对她文学成就的影响》，原载《光明日报》1961年7月25日，后收入《郭沫若与〈再生缘〉研究》，第97页），等等。陈寅恪于1964年写成《论再生缘校补记》，对这些讨论给予回应，根据新证据加强或修改了自己的一些观点。

半个世纪后，杨镰在《流放的诗人》一文中，通过对王大枢《西征录》的研究，证实"陈端生之夫即范葵一说可以成立；而云贞不是陈端生，范秋塘亦非范葵"（《文学遗产》2000年第4期，第112—113页）。

王大枢是安徽太湖人，乾隆四十三年（1778）举人，五十三年拣选知县，以事流戍伊犁，嘉庆四年释归。王大枢将他往来伊犁期间的诗文编成《西征录》，卷七为"跫音"，收录伊犁诗友的作品。杨文说：

> 《西征录》卷七"跫音"录有陈范氏诗，小传则

明言"钱塘陈端生。范菼之妻"。所以范菼不是范秋塘……王大枢密友陈中骐《送别范菼》诗,有"武陵公子人中豪,长头大鼻雅而骚";"我与吴门大范好,伊当少年我未老。冰署花晨叙家世,久知惠远非庸獠"之句。(按,杨镰所据《西征录》为民国十一年〔1922〕石印本,啜菽庐藏版。国家图书馆藏《西征录》抄本,卷七卷端题"空谷跫音","陈范氏"下仅注"钱塘人",无"陈端生"、"范菼之妻"等字)

这一发现证实了"范氏即范菼"的结论,又可知范菼家在"武陵""吴门",是苏州人。

杨镰指出,范秋塘并非范菼。史国强《〈再生缘〉与范秋塘》一文,则根据另一位伊犁流人张锦《新西厢》的作序人和评定人均署"济南范建果秋塘",指出范秋塘即范建果,济南人,给他写《寄外诗》、《寄外书》的云珍并不是陈端生(《文献》2018年第4期,第179页)。至此,经过大半个世纪的接力研究,陈端生的丈夫和卒年等问题,终于真相大白。

回过头看,陈寅恪在衰年病目,依靠助手帮助读书且未看到直接材料的情况下,仅根据对清乾隆乡试舞弊案等有限史料的分析,就得出范氏即范菼、陈端生有可能卒于嘉庆元年(1796)的论断,其高度的学术判断力堪称典范。

二、陈端生的父族与母族

陈寅恪先生据零散材料，考出陈端生的基本家世情况：祖父陈兆仑，父亲陈玉敦，母亲汪氏，外祖父汪上堉。陈氏家族除了陈兆仑系乾隆朝大臣，有文集和年谱传世，事迹较详外，其馀人皆不甚知名，陈先生考证所得也较为有限，对此他不无遗憾，在书中表示，只有找到陈氏、范氏的家谱，方能解决相关问题。

现在可以告慰陈先生的是，陈端生父系、母系的家谱均尚在人间，虽然与她直接相关的记载仍然简略，但也有助于解决部分问题。

台北文海出版社编印的《清代稿本百种汇刊》，内收《陈氏宗谱》一部（第36册，文海出版社1974年版），正是陈端生父系家谱。此谱抄本，前后字迹不一，内容有详略不同的重复，应是在家族中不断转抄增订的稿本，主体为由余姚云柯眉山迁居杭州的陈兆仑一支的谱系。

迁杭支谱又分两部分，首为《陈氏迁杭宗谱略》，内有陈兆仑及其子孙的简略谱文（从陈兆仑父子皆未书卒年，谱中时见兆仑跋语，推知此谱为兆仑所续。谱中记陈兆仑官至通政副使，其任此职在乾隆二十七年〔1762〕。谱中未记玉敦子芝生，而此子生于乾隆三十一年二月，可知《陈氏迁杭宗谱略》续成于此数年之间），记陈玉敦云：

> 玉敦，幼名问，长名玉敦，字受粜。雍正四年月日

生，乾隆庚午同榜举人，内阁中书。娶汪氏，生一子华生，殇；二女，端儿、庆生。妾施氏，生一女，长生。

因知端生之母为汪氏，长生之母为施氏，非如陈先生猜测的那样，二人乃同母所生（《论再生缘》，第14页）。

《陈氏迁杭宗谱略》之后为《陈氏迁杭族谱》，续至道光间，谱文详细。对陈端生的父母，族谱载明：

> 第八世玉敦，幼名问，字受槑，号菊泉。娶汪氏。生一子，芝生。二女，适范，适叶。乾隆庚午科举人，甲戌内阁中书，山东登州府同知，诰授奉政大夫，历任江南江宁、云南各府同知。生于雍正四年丙午三月初十日卯时，逝于嘉庆六年辛酉七月十一日午时，寿七十六岁。妣汪，诰授宜人，生于雍正四年丙午七月初八日巳时，逝于乾隆三十五年庚寅七月初四日卯时，年四十五岁。侧室施氏，生于雍正十三年乙卯十月初八日寅时，逝于嘉庆十二年丁卯八月二十八日丑时，寿七十三岁。

陈端生丈夫确为范姓，可惜未知其名字出身。陈玉敦的卒年，《论再生缘》本文曾考而未明，《论再生缘校补记》说"范菼赦回时，玉敦已死"（《论再生缘》，第86页），实则卒于嘉庆六年（1801），在范菼遇赦和端生去世之后。母汪氏，卒于乾隆三十五年（1770）七月初四日，与《再生缘》第十七卷卷首所言"庚寅失恃新秋月"正合。玉敦妾施氏未能扶正，陈先生所论甚是（《论再生缘》，第86页）。

陈玉敦以举人官内阁中书，外任登州同知，旋丁父忧，复起后任苏州、松江、扬州、江宁等府同知，具见各府志。他最后任职为云南临安府同知，据嘉庆《临安府志》卷十一秩官志，时在乾隆四十九年至五十一年之间。

端生有一弟芝生，幼名顺，字序堂，号小眉，生于乾隆三十一年二月二十九日，由监生任广东灵山县林墟司巡检。陈长生《绘声阁稿》有《与序堂弟泛舟西湖》诗（诗题《论再生缘》第90页引）。

由《陈氏宗谱》还可知，端生伯父陈玉万，生于雍正元年（1723），卒于乾隆四十四年。玉万第三子桂生，即后来持陈兆仑《紫竹山房集》求王昶作序者，生于乾隆二十六年。陈先生曾判断端生于乾隆三十三年创作《再生缘》时，桂生年龄不能超过十岁，尤属卓见。

对陈端生的母系，陈先生也有考证，他根据道光十五年（1835）修《云南通志》秩官志一条简略的记载，推测汪氏的父亲为汪上堉，恰得其实。后来张德钧作《陈端生的母系对她文学成就的影响》，从清人所撰汪氏祖孙五代人碑传中，辑得若干资料，丰富了对汪氏家族的认识。

汪氏原籍休宁，后迁秀水，是浙江望族，今有汪淮所修《汪氏世谱》存世（十二卷，嘉庆刻本。国家图书馆和上海图书馆均有收藏）。将家谱资料与碑传资料结合，有助于平息陈端生研究中的若干争论。

陈端生的外高祖汪森与本生外高祖文桂，与弟文柏并称"汪氏三子",皆工诗文,喜著述,家有裘杼楼藏书。汪森（1653–1726）字晋贤,号碧巢,曾任广西桂林府通判,官至户部郎中,著《粤西诗载》、《粤西文载》、《粤西丛载》等书,又与朱彝尊合辑《词综》,刊刻行世。外曾祖汪继璟（1677–1728）,康熙戊子举人,历官御史,巡视台湾,改补吏科给事中。陈端生的外祖父汪上堉,沈大成《学福斋文集》卷十六撰有《奉直大夫云南大理府知府汪君墓志铭》（此文代作,从"奉丧过皖,来告哀"、"余曩藩于浙而君元贯徽"等语,可知所代之人乃由浙江布政使升任安徽巡抚的潘思榘）。

汪上堉官终大理知府。他的云南经历,是一个讨论相对集中的问题。因为《再生缘》开头的故事场景设定于云南府,且《再生缘》书中地理错误甚多,独于云南不然,而道光《云南通志》说汪上堉官云南府知府,陈寅恪先生因推测端生之母或曾随宦云南,并将当地风土告知端生,写入弹词（《论再生缘》,第14页）。实际上,这是一个陈端生母亲汪氏是否去过云南的话题。

陈兆仑在为其母沈氏撰写的行述中,说儿媳范氏为"原任云南大理府知府起岩公女"。汪上堉的墓志铭说"出守大理府,逾年遂卒",在云南的经历很短暂。钱载撰汪孟铜墓志铭（《国朝耆献类征初编》卷一四二,《清代传记丛刊》第151册,第395页）,则说"考上堉,历官大理府知府……乙丑大理出守,遭家归",都只说汪上堉做过大理知府。钱传还特地说明他去云南时未带家眷。因此张德钧认为,《云南通志》

记载错误，陈端生的母亲未去过云南，她写《再生缘》时，云南地理知识是从舅父汪孟锅或其他亲属那里得到的。

陈寅恪则认为，汪氏为汪上堉次女，有可能为侧室所生，清代官员有偕妾赴任的习惯，如此，汪氏仍有可能随父前往云南（《论再生缘》，第90—93页）。

如今资料渐多，可对此公案再作梳理判断。

《汪氏世谱》中前后有三篇汪上堉的传记，说到他的云南经历，均只及大理府，未及云南府。"迁浙支代表二"汪上堉谱文说：

> 上堉，字绮岩，一字谢谷。秀水籍附贡生。任盛京刑部员外郎，调户部山东司员外郎，升刑部河南司郎中，出知云南大理府事。诰授奉直大夫，晋赠朝议大夫。康熙壬午九月十九日生，乾隆丙寅八月十九日卒，葬海盐屿城山茶花漾。配秀水祝氏上舍大复女，诰封宜人，晋赠恭人。副室赵氏苦节，请旨旌表。皆祔。子孟锅，次仲钤，次又辰，次彝铭。女适云南临安府同知钱塘陈玉敦，次适乾隆庚辰举人秀水祝矗，次适上舍秀水杨锦。

于谱中可见，汪上堉有三女，端生之母居长。陈兆仑《显考皋亭府君行述》谓汪氏为上堉次女（《论再生缘》，第92页引），则另有长女夭逝。雍正十年（1732），方楘如撰汪继璟墓志铭（《国朝耆献类征初编》卷一三五，《清代传记丛刊》第150册，第463页），谓上堉有子三人、女一人，此女当即端生之母，此时长姊已亡，二妹未生。

钱载撰汪孟锔墓志铭，内云"大理惟及为冢子娶妇，其诸子女，皆君于父殁后为弟昏而嫁其妹者也"，则汪上堉去世时，端生之母尚未婚嫁。她生于雍正四年，若父丧服除后出嫁，年在二十三岁以上，时在乾隆十三年（1748）以后。

无论《汪氏世谱》还是清人碑传，都没有说汪上堉出任过云南府知府。对他独身赴任问题，除了钱载说的"乙丑大理出守，遣家归"，其孙汪如洋有更详细的追述。如洋《葆冲书屋集》卷二《述祖德》诗序说：

> 先大父谢谷公，乾隆十年乙丑六月自刑部出守大理，明年丙寅八月卒于官，莅任不一年而善政咸举。于时先大父年力方富，先考兄弟四人皆不听随侍。（汪如洋《葆冲书屋集》卷二，《续修四库全书》第1476册影印清刻本，第419页）

汪上堉去大理时，只有四十四岁，年富力强，不需要家人服侍，四个儿子都没带去，从情理上说，更不会让已到婚嫁年龄的女儿单独万里随行。若云侧室赵氏可以随侍，但赵氏子彝铭生于乾隆七年正月，此时实岁才三岁半，甫离怀抱，既然留在家乡，就需要母亲照顾，另外还有两个小女儿也需要母亲照料，因此"遣家归"，应是全家都回到浙江。又据光绪《嘉兴府志》卷七十"列女·秀水节妇"，汪上埠去世时，其妾赵氏"闻讣悲号"，未在云南。(参见周清澍《〈再生缘〉作者的母族桐乡汪氏》，《国学研究》第十二卷，第188页)

汪上埠在大理没有家人跟随，还产生了一个后果。《述祖德》诗序说：

> 先考兄弟四人皆不听随侍，凡政事梗概列诸行状以传者，多出于帷幕中二三先生所记述。

因无亲人在侧，汪上埠在大理的事迹，家人难以知晓，只能听二三幕友讲述，如果有侍妾或成年女儿在身边，总会告诉家人一些。从此也能看出，端生之母不在云南。

汪上埠生有五子，成立者四人，即孟锔、仲钤、又辰、彝铭。孟锔与仲钤同为乾隆庚午（十五年，1750）举人，一时称艳。仲钤年未三十而卒。孟锔著有《厚石斋诗》十二卷，仲钤著有《桐石草堂诗》九卷，皆有刻本行世。馀二弟亦擅诗文，有名于时。

汪孟锔是桐乡汪氏家族的第一个进士，他的四个儿子中，如藻、如洋、如渊三人皆中进士。孟锔还有一个特殊身份，即岳父金甡为乾隆七年状元，次子如洋为乾隆四十五年状元，堂姑丈金德瑛为乾隆元年状元，说起来也算空前了。

与陈端生年龄相若的母家表兄弟，汪如藻（1741—1797）字彦孙，号鹿园，乾隆乙未进士，授翰林院编修，官终山东督粮道。乾隆开四库馆，汪如藻进献家藏书，得著录者一百

三十七种，奉旨褒奖。汪如洋（1755-1794）字润民，号云
壑，出继叔父仲铅。乾隆庚子恩科会试、殿试均第一，授翰
林院修撰，上书房行走，乾隆五十一年任云南学政，回京后
仍入直。汪如洋中状元之年，正是范棻因科场弊案被遣戍那
一年。

据《陈氏迁杭族谱》，陈兆仑之孙桂生为乾隆己酉科
（五十四年，1789）优贡，考取教习。陈桂生在京任教时，
曾持祖父《紫竹山房集》请人校订，并请王昶作序。乾隆五
十八年，皇十一子成亲王永瑆在书后题诗：

> 读句山先生《紫竹山房诗集》，有《粥鼓》一首（川
> 按：《粥鼓》诗，刻本《紫竹山房诗集》中未见，"鼓"
> 或"豉"字之误），序中谓余尝以戒僧目先生，故属赋
> 此题云。盖其时余年十九也。先生以葬亲乞假还浙，事
> 毕复官，不数月而卒于京师，命也。当年侍坐，恃奖
> 爱而进谑辞，光景如昨，孰意廿四年后得斯语于遗文
> 耶？乃用原韵，缀之集末。

> 间关暮景亦何因，负米深情到累菌。江水不归枫
> 树梦，夜舟终谢木兰身。山藏事业千篇赋，蓬翳风流万
> 古尘。谁谓黄鹂啼别后，春风湖上失诗人。

> 神方纵检驻无因，座对桓荣旧赐菌。骑省刚成除
> 夜咏，中书真有坐龛身。苍华渐渐稀前辈，宏奖殷殷负
> 后尘。倘是知云问遗集，不教埋恨振奇人（集终于《守
> 岁》诗）。（[清]永瑆《诒晋斋集》卷五，《续修四库全

书》第1487册影印清道光二十八年刻本，第179页）

陈兆仑在上书房行走多年，与皇子们感情深挚，集中多有唱和之作。乾隆四十年（1775），永瑆曾作《八怀诗》，所怀第二人即为陈句山。

成亲王题诗时，汪如洋也在上书房行走，遂有和诗：

谨次皇十一子题太仆陈句山先生遗集后原韵

含毫三叹渺何因，仿佛龙楼坐接茵。一日未忘师友分，半生虚现宰官身。定文辛苦秋窗雨，感旧苍茫月榭尘。神理青山如可作，只应合掌向天人。（《葆冲书屋集》卷四，《续修四库全书》第1476册，第438页）

成亲王与汪如洋相知亦深。唱和次年，如洋即辞世，成亲王哀其遗诗，刊印行世。

当乾隆末年，陈、汪两家仍不绝往来。汪如洋是王昶的学生，而且乾隆五十一年至五十三年任云南学政，正值王昶任云南布政使，二人关系亲近。王昶为《紫竹山房集》作序，或由如洋之介，亦未可知。

陈、汪二氏家族资料，所见大略如此。遗憾的是，记载范蓉和陈端生生平的直接资料如吴门范氏族谱尚付阙如，期待未来能有新的发现。

三、戴佩荃卒年续考

陈先生提出的与陈端生家族有关的问题，现已基本解决。不过，《论再生缘》中有一些细节问题，凭借今天更丰富易得的资料，还可略作补释。

陈端生的妹妹长生曾绘《织素图》，友人戴佩荃在图上题诗三首（《论再生缘》以为是戴佩荃绘图，经施蛰存指出，实为陈长生所绘，见施舍《〈织云楼诗合刻〉小记》，《中华文史论丛》1980年第1辑，第292页）。后来戴佩荃早逝，陈长生挽之以诗，第三首云：

> 尺幅生绡点染新，十行锦字为传神。而今留得清吟在，说与图中织素人。（此处和下文与戴佩荃有关的诗作俱转引自《论再生缘》）

陈先生判断，"图中织素人"舍陈端生莫属，此诗是陈端生在世时间的证明。于是，陈先生对戴佩荃的卒年展开考证。

戴佩荃死后，其父戴璐在《湖州诗话》中介绍她的诗，谓"余女佩荃字苹南，幼慧学吟，长工书画。适赵日照。随翁鹿泉先生西江使署，忽画《长亭分别》，神貌如生，并系以诗。未几殁，年仅二十三"。鹿泉是赵佑的号，陈先生据《清国史列传》，考得赵佑在乾隆"五十四年六月充江西乡试正考官，旋授江西学政"，而诸人悼挽戴佩荃的诗句多有

"桂花香满月圆初"、"秋月满轮人遽去"等意象，遂认为"佩荃随佑赴江西任所，不久逝世"，"是佩荃殁于五十四年秋季也"，并由此判断乾隆五十四年秋冬时陈端生尚在人间。

现在看，陈先生在考证时忽略了一个细节，遂使结果有所差池，也影响到接下来的研究。这就是赵佑担任江西学政的具体时间。

检《清实录》，乾隆五十四年六月己巳，以大理寺卿赵佑为江西乡试正考官。八月己巳，"谕：各省学政现届应行更换之期……江西学政着赵佑去"（《清实录》第25册，中华书局1986年版。六月己巳上谕见第1039页，八月己巳上谕见第1119页）。

八月己巳是十五日，朝旨传达到省，尚需时日。赵佑是在二十天后收到上谕的。他在《万寿恩科江西乡试录序》中写道："臣于九月六日闱事届竣之先，奉到恩纶，即留江西视学。并蒙谕令：以出闱后接印任事，不必来京请训。"（[清]赵佑《清献堂集》卷九，《清代诗文集汇编》第360册影印清刻本，第668页）此时离出闱尚需数日，等他接学政印并移居学署，大概已到九月底，秋天就要过去了。

这条时间线说明，戴佩荃不可能在当年秋天住进江西学署并死在那里。赵佑任主考，本是临时出差，没想到朝廷让他留任江西。就主考来说，他不会为这个临时差事带上老妻弱媳往来奔波，而且带了家眷也无从安顿。赵佑做主考，所居在南昌贡院。他在《戊己两科江西闱墨合刊小序》（己酉）中说：

两主豫章闱……住奎宿之堂，苦心兼七十馀日；登龙门之榜，接踵合二百廿人。（赵佑《清献堂集》卷九，《清代诗文集汇编》第360册，第671页）

按乾隆五十九年（1794）徐午等所修《南昌县志》卷之四，"贡院在东湖之东……其制，周围缭以棘垣，前立头门、二门、龙门，中为明远楼，楼北为至公堂，堂间以墙为簧门，门内为至明堂，旧名协一堂，公阅试卷处。后奎宿堂，旧名联璧堂，居两主司。两翼列屋，东十七间，西十八间，居分校同考官……"（[清] 徐午等《南昌县志》卷之四，第九至十页，乾隆末刻本），可见贡院内的房屋主要供考官们阅卷办公之用，难供家眷生活。

戴佩荃和其婆母来到南昌生活，必在赵佑接印学政、移居学署之后。考虑到路途遥远，乾隆五十四年年内她们能否到达，也是未知之数。因此，从"五十四年六月充江西乡试正考官，旋授江西学政"这句简略记载，其实大致可知戴佩荃不会死于当年秋天。

那么她卒于何时呢？实为两年后的乾隆五十六年（1791）中秋。

赵佑《清献堂集》是编年的，卷二辛亥年下，有《赋得八月断壶》诗，接下来即为陈先生引用的《伤介妇戴示日照》诗，首联云：

不堪老泪频伤逝，怪见华年又悼亡。（《清代诗文集

汇编》第360册，第507页）

"老泪伤逝"，"怪见悼亡"，说的都是眼前之事。这本是戴佩荃卒于乾隆辛亥（五十六年）八月的证明，陈先生却认为是两年后的追忆之辞。然而除了赵佑的诗，佩荃母家也留下相关记录。其父《湖州诗话》引杨知新（拙园）题诗云："仙游正值月团圆，扶病萱堂泣岁寒。隔岁九泉重见母，魂依膝下不愁单。"是佩荃之母沈芬在次年去世。检《新安戴氏支谱》卷二："（戴璐）配沈氏，生乾隆壬戌十一月初六日午时，卒乾隆壬子六月十五日亥时。"（[清] 戴士衡修《新安戴氏支谱》，光绪七年〔1881〕刻本）壬子正是辛亥的下一年。戴佩荃卒于五十六年中秋确凿无疑，比陈先生的推定晚了两年。

据《清献堂集》，还可解决《论再生缘》中两个细小问题，一是《清国史列传》记赵佑之子日熙为前任江苏长洲县知县，"日熙"乃"日煦"之误。赵佑有二子成年，长日煦，次日照。赵日熙实为赵佑之堂侄；二是赵日照先娶沈氏，继娶戴氏，陈先生怀疑沈氏乃佩荃之母沈芬的侄女。按《清献堂集》卷九有《缵献堂稿序》，系为戴佩荃外祖沈作霖而作，内云"君女为鲍斋长公菔塘鸿胪淑配，所生女为余介妇，弥相亲近"，可见两位沈氏并无姑侄关系。

现在我们知道，陈端生卒于嘉庆元年（1796）之后，从戴佩荃卒年推算出的她在乾隆朝的生存年份，早两年晚两年已无关紧要，但对《论再生缘》来说，这一年份是会影响到研究结论的。因为陈先生根据范菼赦归之年来推断陈端生的逝世之年，可能的年份有两个，即曾分别大赦的乾隆五十五年（1790）和嘉庆元年。陈先生更倾向于前者，认为范菼归家之日，应在乾隆五十五年或五十六年的上半年。他反复申说："若范某援乾隆五十五年清高宗八旬万寿庆典赦归，则端生之寿当为四十岁或四十一岁。鄙意此期限之可能性最大也。""鄙意端生之逝世，似不应迟至此年（嘉庆元年），而以在此前四五年为最合事理也。""端生之年寿……总以四十岁或四十一岁为最可能也。"等等，并为此做了很多外围考证工作。

如陈先生以很大篇幅，论证王昶为《紫竹山房诗文集》作序之年（《论再生缘》，第32–36页）。王昶在序文中说，他在十馀年间多次向陈家索阅诗文集而不得，陈先生认为，这说明陈家"必具不得已之苦衷及难言之隐"，"范某之案在当时必甚严重，以致家属亲友皆隐讳不敢言及，若恐为所牵累"。后来陈家请王昶作序，则因范菼遇赦，避讳解除。他又从王昶与陈桂生的行迹考出，嘉庆元年为王昶最有可能作序之年，并称此时"端生已死，范某已归，自不待论"，"但范某赦归之年，即端生逝世相近之年，则似距嘉庆元年较前，而与乾隆五十五年甚近"。陈先生立论的基础，乃是陈端生卒于乾隆五十五年或五十六年上半年，故此他一方面提出范菼在嘉庆元年遇赦的可能性，一方面又寻找各种证据来排除这种可能性。

《紫竹山房诗文集》的刻本有诗十二卷、文二十卷，书前王昶序也说"句山先生诗十二卷、文二十卷",而收入《春融堂集》的《紫竹山房诗文集序》作"诗四十四卷、文三十二卷",卷数变动甚大。陈先生认为,"兰泉当日所见之稿本,其诗文卷数多于刊本,则桂生所删削者,必甚不少。其所删削者,当与端生婿范某之名有关也"。此论似求之过深。按陈兆仑在世时,陈端生尚未出嫁,现在难知陈范两家是否议亲。即使亲事已定,陈兆仑与尚为少年的未来孙婿之间也不会有很多文字来往,何至于有三十四卷诗、十二卷文"与端生婿范某之名有关"而被删除?从上引成亲王题诗看,《紫竹山房诗集》定稿确有删削,如稿本中的《粥鼓》、《除夕》两诗,就不见于刊本,但均与范葵无关。《紫竹山房集》的卷数变化,还应另寻原因。

陈先生当时若考出乾隆五十六年年底陈端生仍然在世,也许他的研究思路会有所调整。

四、"秀水范葵"并非陈端生丈夫的新证据

陈先生在《论再生缘》中,用很多笔墨考证了范葵其人。除了推定范某即范葵这一卓见外,他还发现一位与陈家相识的范葵,很有可能是陈端生的丈夫。

曾任工部侍郎的秀水人范灿,被陈端生祖父陈兆仑称为前辈,有公务和文字往来。他的次子范葵是一名贡生。陈先生认为:"陈兆仑与范灿既同朝雅故,复同乡里,门户匹对……复与贡生之资格相符及乡试科场有关,则范葵即陈端

生之范某，其可能性甚大。"从一般生活经验看，陈先生的分析确有道理。

不过，要说秀水范葵是陈端生的丈夫，也有若干疑点。根据陆燿撰范灿神道碑，范灿卒于乾隆三十一年（1766），年已八十七岁，范葵兄弟又早于其父去世。这带来好几个问题：陈端生在乾隆三十八年前后出嫁，而范葵早在三十一年之前就已去世，他怎能娶陈端生，并因更晚时的科场案而遭戍伊犁呢？另外陈端生婚后翁姑在堂，与范灿家的情形也完全不同。对此，陈先生也持怀疑态度，说："未见陈范二氏家谱以前，端生夫婿问题实一悬案，不能满意解决也。"（《论再生缘》，第45页）

但陈先生还是想解决这一悬案，他提出两个假设，即一，范灿神道碑说范葵早卒，是因为他后来获罪遭戍，家人讳言其事，在请人撰写碑文时将他改为早卒；二，他是次子，可能被过继给别人，故陈端生婚后也会与翁姑一起生活。如果满足这两个假设，秀水范葵仍有可能是陈端生的丈夫。

1964年，陈寅恪作《论再生缘校补记》，对秀水范葵进行更深入考证。此时他又得见沈树德撰《范太学传略》。这篇传记说，范葵"卒于乾隆乙丑（十年）五月十五日，存年三十五岁，配赵氏。子男三，培、阶、台，培嗣伯氏"。

陈先生看了范葵的传略，觉得"如堕五里雾中，疑窦百端"，与陆燿所撰神道碑对比，《传略》有两处实质不同，一是范葵三子的名字，陆文作"墀、城、墫"，沈文作"培、阶、台"。二是范葵的功名，陆文说是贡生，沈文说是监生。沈树德是范灿的幕僚，与范菼相熟，怎会出现这样的歧异呢？陈先生认为，这是故意作伪的结果：

> 既欲解脱与科场案之关系，止言菼先灿死，尚嫌不足。故必须别有一人为菼作一详悉之传，以证明其非犯罪之范菼。此沈文中菼之生卒年月及享年之数，自不可信。端生适范氏时，年二十三，菼年当已四十馀矣。故寅恪疑端生为继室。沈文言"配赵氏"，当为菼之原配。培、阶皆为赵氏所出，台即端生子蓉洲欤。(《论再生缘》，第81页)

至此，陈寅恪所疑已非范陈之事，而是陆沈之文。在此基础上，他做了种种推测，把所有矛盾归结为范家伪造文献，对秀水范菼即陈端生之夫，由存疑转为渐信。

然而，今天能看到的范氏家族碑传，尚不止于范灿父子二人。钱载《箨石斋集》卷十二有《赵孺人家传》，传主乃是范菼妻子赵氏：

> 孺人赵氏，吴江望族。考讳廷相，乡饮宾。母顾氏。明成化辛丑会元赵宽，其七世祖也。孺人年二十二而归同县范菼，工部侍郎讳灿之次子。少司空长子理则蚤世无子，孺人以始生子墀为之子，今之请孺人传刻垂家谱以征其本生母之德于不忘者，即墀也。墀生甫九岁，孺人称未亡人。少司空以甲辰进士，改翰林院庶吉

士，外而历官，两膺巡抚，三十年间孺人之恪勤子妇职也，布素操作，虽无专于家事，而巨细丰约合其宜。既痛其夫之抱才蚤世，抚其诸孤，教训成立，奉翁姑之疾病医药丧葬，盖有范氏之家风。持己以严，待人以恕，宗族之不足者赒之，乡党之待举者助之，而视夫之妾王氏体恤尤至。其没也，呼子孙而告之曰：我家以读书登胈仕，若无惭祖德，即无负国恩矣。是皆墀谨述母氏之行，以愿征诸不忘云。孺人生康熙五十年月日，卒乾隆五十一年月日，享年七十有六。子三，孺人生墀、城，王氏生垲。孙十一。子孙多为国学生、县学生，皆孺人之所教以承少司空之令绪者已。（［清］钱载《箨石斋文集》卷十二，《续修四库全书》第1443册影印清乾隆刻本，第424—425页）

这篇传记内容详实，与陆燿撰范灿神道碑、沈树德撰范葵传略对读，其称范灿长子名"理"，与神道碑称"仪薰"不同；范葵三子之名，与神道碑相同，与传略不同。其馀细节契合，不能说是编造出来的。三篇传记均应为范墀请人撰写，如果有关范葵的内容全是为掩人耳目伪造的，那么他要让健在的生父早死四十年，给生母加上数十年寿数，抹去在堂的继母陈端生，添加一位庶母王氏……为父母作传，本为显扬先德，这样一通操作下来，能达到什么目的？而且这些传记是为修族谱准备的，若伪造，瞒得过外人，又怎能瞒过族人？真需要作伪，还不如将"范葵"之名直接改用字号为好。范氏几篇传记在记录人名时确实混乱，需要探究原因，但整体不会像陈先生推测的那样，全是伪造的。

秀水范茨死后六年，陈端生才诞生，他不可能是端生的丈夫。（本文完成后，复见王汎森《陈寅恪的历史解释——以〈柳如是别传〉及〈论再生缘〉胡适眉批本为例的讨论》一文〔《北京大学学报》哲学社会科学版第54卷第4期，2020年7月，第62—74页〕，引述钱载《赵孺人家传》，指出"陈端生的先生应该不是秀水范茨"。）只是在不长的几十年里，陈兆仑家族竟与两位"范茨"有关系，也确实太凑巧了。

五、范茨东归和陈端生辞世

读过国家图书馆藏抄本《西征录》，未发现有对范茨的详细记录。不过，从陈中骐《送别范茨》诗中，我们还是能更多了解一些他的情况。

诗中说："武陵公子人中豪，长头大鼻雅而骚。运落风波毛锥在，倚马草檄傲枚皋。"是范茨在伊犁充任文幕。"我与吴门大范好，伊当少年我未老。"是二人年纪相仿，初见时都还年轻。一言"少年"，一言"未老"，陈中骐年似稍长。中骐《寿王白沙先生六十》诗说"我初到此未四十"，则遇见范茨时，范茨也只有三十多岁。

陈中骐初到伊犁的年份，史无明载。民国《醴陵县志》卷八有陈中骐传，略云：

陈中骐，字逸群，号峻峰……冠年游黉序，文誉洋溢。已由例入监，授佐府，签发江苏。初署丹阳尉……寻升署吴江令，邑被其化。又升署海防同知，以廉明公溥称。李廉访重其才，命暂署按察司司狱事，旋以狱中重犯越逸，褫职发往新疆效力。留新疆八载，大将军保宁延主西席，中骐固擅诗赋古文之长，与观察高晴溪辈唱酬广益，时有八才子之目。尝著《竹枝词》数百首、《塞外曲》数十卷。后以将军保宁奏，得释归，携稿至潼关，被肱筐者卷去。以嘉庆二年旋里。（陈鲲等修《醴陵县志》十卷，民国三十七年〔1948〕铅印本）

检《清代职官年表》，李庆棻于乾隆四十六年（1781）十一月十九日任江苏按察使，于四十八年七月十九日去职。继任者李廷扬，于十月五日去职（钱实甫《清代职官年表》第三册，中华书局1980年版，第2086—2088页）。让陈中骐署按察司司狱的，以李庆棻可能性为大。无论是二李中的哪一位，陈中骐因重囚逃逸而被遣戍伊犁，都是乾隆四十七、四十八年内的事。《送别范葵》诗说"日月逝矣年五十，不衫不履尚儿戏"，则嘉庆元年（1796）遇赦之时，中骐年五十，范葵尚不到五十，其乾隆四十五年被遣戍时，只有三十岁出头，与陈端生年纪相若，二人少年夫妻，宜乎感情深挚。

知道吴门范葵的年龄，对辨明他与秀水范葵并非一人也有帮助。因为后者祖籍吴江，其父范灿死后归葬木渎，也是广义上的苏州人。现在我们知道秀水范葵死时，吴门范葵尚未出生，二人同名、同籍，但不可能是同一个人。

《送别范葵》诗又说：

> 赤谷城边才逢君，心如浩月气如云。不堪同唱关山调，雪深千尺泪沄沄。沄沄泪落胡为者，欣逢丹诏自天下。林叟园放一枝春，博望星驰千里马。日昨觞飞怀抱开，单骑双僮故人来。七言古歌长吉才，八行错落红玫瑰。

他们得到大赦消息，喜极而泣，此时"雪深千尺"，园花开放，春天虽至，天气犹寒。再后来即范葵东归道别之时，"单骑双僮"，有仆人随侍，尚未至穷极之境。二人饮酒赋诗，就此分别。

这些诗句证实范葵确因嘉庆元年（1796）大赦而东归。那么，他何时回到江南呢？恩赦谕旨颁于正月初一嘉庆帝登基之时，京师和伊犁相距遥远，快马急递也需要二十多天，伊犁官府接旨后，先要统计登记各处符合赦免条件的人，再汇集到首府，列出名单奏报朝廷，朝廷批准后，批件递送回伊犁，被赦之人才能启程入关（《醴陵县志》称陈中骐"以将军保宁奏，得释归"，可见嘉庆元年大赦需要办理的手续）。这一套程序走下来，几个月就过去了，同时遇赦而晚行的陈中骐，第二年才到家。据《西征录》，王大枢遣戍时，于乾隆五十三年（1788）三月十八日从安庆出发，十月十一日到达伊犁，走了近七个月；东还时，于嘉庆四年八月二日从伊犁出发，次年四月十一日回到太湖家中，走了八个多月。范葵的家乡远过太湖和安庆，因此，即使他在遇赦当年能赶回家乡，大概也在年底了。

陈长生《绘声阁续稿》有《哭春田大姊》诗二首，其二云：

> 素食频年礼辟支，玉关人返鬓先丝。可堪宝镜重圆日，已是瑶钗欲折时。机畔尚馀新织素，箧中应贮旧吟诗。河干分袂成千古，泪洒西风酒一卮。

"宝镜重圆，瑶钗欲折"，研究者据此断定陈端生死在丈夫到家之后，而不是像陈文述说的那样，死于到家之前。诗末句云"泪洒西风"，陈长生得到凶讯是在秋天，端生去世的时间更早。赦还手续复杂，伊犁路途遥远，嘉庆元年（1796）夏秋之时，范葵回到家乡的难度很大，而且"瑶钗欲折"，也未必就是旬日之间的事，考虑到这些情况，陈端生卒于嘉庆二年的可能性更大一些。

陈长生笔下的陈端生

陈端生的著作，除了弹词《再生缘》还有诗集，但未能流传下来，要了解她的生平，主要依靠对《再生缘》中自述性文字的钩稽分析，这在陈寅恪先生的《论再生缘》中已充分体现。但《再生缘》是陈端生早年作品，能提供的材料有限，特别是对研究其后期经历无能为力，因而其妹陈长生的《绘声阁稿》正续二集，在陈端生研究中就变得十分重要。

陈长生成年后，嫁给归安叶绍楏，于乾隆四十二年（1777）离家随宦，后在乾隆五十四年有一次归宁探亲之行。在生活中，陈长生与陈端生聚首无多，但她的诗作多处记录下与姐姐的来往和感情，可称一手材料，如人们确定端生卒于嘉庆元年（1796）大赦之后，根据的就是《绘声阁续稿》中《哭春田大姊》一诗透露的信息。

在上世纪60年代，学界已展开对《绘声阁稿》和《续稿》的研究，黄裳、施蛰存、郭沫若、陈寅恪等先生均有撰作，挖掘蕴含其中的陈端生史料。进入新时期，陈长生作为清代著名女诗人，也受到文学史研究的重视，但这些研究并未对其诗集中有关诗作进行详尽分析，为陈端生勾勒出更细致的人生轨迹，实际上，这也是陈长生研究的一个缺憾。

叶绍楏于乾隆五十六年刊刻《织云楼合刻》，收入其母周映清《梅笑集》、继母李含章《繁香诗草》、妹叶令仪《花南吟榭遗草》和妻陈长生《绘声阁稿》，后又于嘉庆间再刻，增入陈长生《绘声阁续稿》。《续稿》中诗作涉及广西风物，又有嘉庆丁丑朱方增序，内云"铜鼓丛祠之地，持节方来"，书当刻成于叶绍楏任广西巡抚（嘉庆二十二年，丁丑）之后。

《绘声阁稿》和《续稿》中的诗作，凡年代可考者均以时间为序，惟《绘声阁稿》嘉庆本中《题沈恭人课绣图遗照（戴菔塘太常室）》一篇，次于乾隆四十三年随宦蒲州诸诗之间，而戴璐（菔塘）之妻沈芬卒于乾隆五十六年。持与乾隆本对校，可知原本此处为《以红绫绣芙蓉作镜罩寄外并绣小诗其上》诗，嘉庆重刻时抽换，并不影响全书的编年体例，这让我们可以利用二书资料，对陈氏姐妹生平经历略作考释，看一看陈长生笔下的陈端生。

一、苏州结婚及姊妹分别

《绘声阁续稿》第二首诗为《忆旧诗十章》，前有小序：

> 屏烛销红，惊回昔梦；砚花写绿，吟入深秋。长生家本西泠，生依北阙。忆自探奇屐海，低鬟而甫胜金

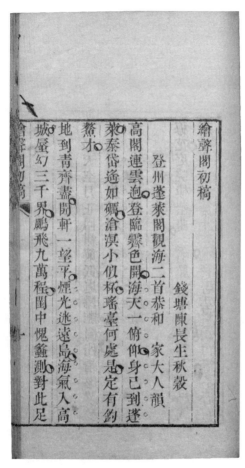

繪聲閣初稿

登州蓬萊閣觀海二首恭和　　錢塘陳長生秋穀
　　家大人韻

高閣連雲迥登臨靉色開海天一俯仰身已到蓬
萊泰岱遙如礨滄溟小似杯瑤臺何處是定有釣
鰲才

地到青齊盡朋軒一望平煙光迷遠島海氣入高
城屋幻三千界鵬飛九萬程閬中慚釜測對此足

乾隆五十六年（1791）刻本《繪聲閣初稿》

钗；索句鱼城，转扇而始调绿绮。既则维扬听月，白下看山，历方晋之关河，绘潇湘之烟雨。或慈闱问字，痴争咏絮之名；或官阁奉觞，轻试调羹之手。固已花间翠阁，处处妆楼；水上红旌，年年画舫矣。迨夫虎林遄返，问寝依然；雁里言归，承欢不再，遂乃重辞乡国，三上京华。结庐于红杏坊头，贳酒于绿杨市上。琴书四座，细熏郎署之香；刀尺三更，代听金门之漏。今者班清玉笋，君换头衔；座拂菱花，侬惊鬓影。金堤尘土，认他马迹重重；锦瑟华年，数到鱼鳞六六。抚今追昔，似露如烟，写我清襟，借兹彩笔云耳。

将此序与《绘声阁稿》合读，可略知陈长生前半生经历。

叶绍楏原官内阁中书，后以乾隆五十八年（1793）癸丑科二甲第三名进士，选翰林院庶吉士，故诗序云"今者班清玉笋，君换头衔"。此诗的下一首为《汪夫人花烛词》，题下注"适潘芝轩殿撰"，芝轩即潘世恩，为癸丑科一甲第一名，授翰林院修撰，于九月请假归娶，次年正月与汪氏完婚。因此，《忆旧诗十章》可确定为乾隆五十八年所作。

下文云"锦瑟华年，数到鱼鳞六六"，黄裳已指出，这是作者自书年岁为三十六岁，可知陈长生出生于乾隆二十三年即1758年。郭沫若《陈端生年谱》谓"乾隆二十二年，三妹陈长生生"，稍有差池。按陈长生诗中对自己的年龄另有说明。乾隆四十二年，她离开父母前往夫家蒲州官舍，途中作《江浦旅夜》诗，云"征路三千里，深闺二十春"；年底到达叶家，又作《恭题先姑周太夫人月明林下遗照》诗，内云"二十执箕帚，敬戒归南阳。椿萱方正茂，榛栗肃以将。再拜具卮酒，眉寿介高堂。拜起问前姑，渺隔十五霜……"，可见她来到叶家时的年龄为二十岁。据《吴中叶氏族谱》卷三十九，叶绍楏生母周氏于乾隆癸未七月十三日卒，年三十三。癸未乃乾隆二十八年（1763），下推十五年，正是四十二年，由此再上溯二十年，陈长生的生年仍为乾隆二十三年。

《忆旧诗》第一章忆登州官署，写陈长生幼时随父之任登州时的生活。第二章忆姑苏官署，诗云：

> 阊阖城下泊轻航，银烛光中促理妆。翠幕千重红菡萏，锦屏七十紫鸳鸯。平安排就金钱字，意可烧残玉鼎香。尽说绿窗春正好，彩衣犹喜侍高堂。

在苏州官舍，陈长生与叶绍楏结婚。从诗的末句看，婚礼在春天举行，而且不必离开父母，她当时居住在自己父亲的官署，新郎属于入赘。据道光《苏州府志》卷五十六，陈玉敦在乾隆间两任苏州府同知，第一次是在三十八年至三十九年之间，曾署任管粮同知；第二次是乾隆四十年八月至次年四月，任总捕同知。陈长生随任、招赘，当在他正式任职拥有官署之后（钞本《绘声阁续稿》此处眉批："陈夫人外祖官苏州总捕同知，琴柯公入赘官署"，可证）。陈长生结婚，时在乾隆四十一年春天。

第三章所忆扬州官署，也是同知署。陈长生婚后不久，随父亲离开苏州前往扬州。嘉庆《重修扬州府志》卷三十八"秩官四·同知"："陈玉敦，钱塘人，四十一年任。程宗洛，桐城人，四十二年任。"长生诗云"邗上停桡落叶纷，一江秋水正沄沄"，移家时在深秋；又云"花下琴书供索句，樽前姊妹惜离群"，自此与陈端生分别。这从侧面说明，陈端生的夫家确在吴门，她虽已出嫁，但与在苏州做官的娘家时有往来，故姊妹有聚首之欢，无离群之恨。

第四章忆金陵官署。乾隆四十二年，陈玉敦转任江宁府同知。在这里，陈长生于九月重阳告别父母，随丈夫前往山西，年底到达。叶绍楏的父亲叶佩荪时任山西河东兵备道，衙署在蒲州。

《忆旧》诗接下来的五、六、七三章，分别忆蒲州、济南、长沙官署，追随的均是叶佩荪宦迹。叶佩荪由山西河东道升任山东按察使、湖南布政使，护理湖南巡抚。乾隆四十七年，因山东巡抚国泰贪赃案，叶佩荪牵连去职，降为知府，后以校对《四库全书》自效，全家定居京师。《忆旧》诗第十章所忆"都门旧寓"，即在此时此地。

二、回乡之旅与姊妹团聚

《忆旧》诗的第八、九两章，回忆的是一次还乡之行。忆钱塘故居云：

碧窗曾记绾双鬟，行遍天涯又重还。裙钗绿溯沿岸水，镜台青借隔江山。开奁姊觅吟馀稿，略鬓亲怜病后颜。底事牵衣愁远别，罗襟犹染泪痕斑。

忆吴兴故居云：

　　骆驼桥畔忆维舟，古宅曾经两载留。效织敢夸云五色（所居名织云楼，故云），读书羞问菊千头。宜男草绿长依砌，及第花香正入楼。解说清门滋味好，此身合住白苹洲。

　　"迫夫虎林遄返，问寝依然；雁里言归，承欢不再，遂乃重辞乡国，三上京华"，陈长生此行，既回钱塘探望父母，又到吴兴陪伴婆母，并与姐姐陈端生重聚。其后婆母去世，陈长生回到京师。返乡前后，陈长生在多首诗中记录下陈端生的踪迹。

　　从《绘声阁初稿》诸诗看，陈长生先回到位于归安骆驼桥旁马军巷的叶氏祖宅，再去杭州与父母和陈端生见面，然后又返回归安，"古宅曾经两载留"，总共在浙江居住两年。她回杭州省亲的时间，郭沫若《陈端生年表》定为乾隆五十六年（1791），实则不然。

　　叶佩荪在乾隆四十九年九月八日去世，他承担的校书一万卷的任务，只完成七千馀卷，剩下的由叶绍楏继续校对。第二年夏秋间，叶家始扶柩归里，李含章与儿子们回到归安，陈长生并未同行，仍然住在京师，并与李含章诗束唱和。

也在乾隆四十九年，陈玉敦出任云南临安府同知，最初传来的消息是任丽江知府，故陈长生作《闻家大人守丽江》和《寄序堂弟时随任滇南》诗。陈玉敦在滇两年，于五十年或稍后去职，长生作《闻家大人乞病旋里感赋》，诗云：

> 宦情萧散瘴江滨，不为莼鲈也乞身。去郡定多遮道吏，还山已是丈乡人。路穷炎海浑忘远，袖有清风不患贫。羡杀归宁欢阿姊，捧觞能侍白头亲。

六十杖于乡，陈玉敦生于雍正四年（1726）三月初五，至乾隆五十年（1785）六十岁。《绘声阁续稿》有《初至滇南学使署感赋》诗，下注"先君子于乙巳岁摄云南府篆，旋乞病归，今隔十八寒暑矣"，乙巳即乾隆五十年。

陈寅恪《论再生缘》曾据道光《云南通志》卷十二秩官志临安府同知名录及长生此诗，考证陈玉敦在云南的经历：

> 端生之父玉敦，在乾隆四十九年至五十二年四年间，曾任职云南。随园诗话补遗叁载陈长生"闻家大人旋里"云："去郡定多遮道吏，还山已是丈乡人。"即玉敦解任归杭州时所作，大约在乾隆五十二三年，长生寓京师时也。

《云南通志》所记有疏漏，嘉庆《临安府志》于陈、龚二人之间，尚有"吴兰孙，江苏贡生，五十一年任"一则，益证陈玉敦在五十一年已经去职。

长生此诗还道及端生："羡杀归宁欢阿姊，捧觞能侍白头亲。"陈寅恪曾疑乾隆四十九年（1784）陈端生随父前往云南，说"颇疑端生亦曾随父往云南，（戴）佩荃诗所谓'西南渐有声'者，即指是言"；"寅恪更进一步怀疑佩荃诗所谓'七襄取次报章成'者，即指端生在云南所续至第壹柒卷再生缘而言"；"此年（乾隆四十九年）端生居浙江抑寓云南，虽不能确言，鄙意此年端生似已随父玉敦赴云南"，等等，实则这首诗清楚写明，端生是在父亲返乡后才归宁探望的。

陈长生回乡探亲，秋天先回吴兴，春暮再去杭州，与父母及同回娘家的陈端生团聚后，再返吴兴，中间至少跨了一个新年，其间写下若干首诗：

与序堂弟泛舟西湖

小别明湖十五年，重来偏及送春天。风回曲院花如雪，日暖沙堤柳似绵。古刹钟声修竹里，画桥人影夕阳前。依稀认得湖边树，待我归来又系船。

将返吴兴呈春田家姊并留赠嗣徽夫人

记得妆楼雁影联，碧桐花下擘吟笺。今宵风雨联床话，梦影迷离十四年。

其二

欲整归帆意转慵，登楼愁听五更钟。自怜姊妹离群久，近别而今亦改容。

其三

此去汀洲唱采苹，重来应待隔年春。何当更约寻诗伴，说与红闺赋著人。

陈长生在杭州与弟序堂（芝生）同游西湖，与姊端生联床夜话，相聚时间不长，临别约定第二年春天再来。以长生诗与陈、叶两家家事考之，可知这是乾隆五十四年（1789）的事。

首先，"古宅曾经两载留"，陈长生居浙两年，经历了归宁省亲和婆母去世两件大事。据《吴中叶氏宗谱》，叶佩荪继室李氏卒于乾隆五十三年九月九日，至五十六年已是第四年，与"两载留"诗句不符，因此不可能这么晚。长生居乡的时间，只能在乾隆五十三年前后。

其次，《将返吴兴呈春田家姊并留赠嗣徽夫人》诗云"今宵风雨联床话，梦影迷离十四年"，是姐妹分别已十四年。乾隆四十一年，陈长生离开苏州至扬州，"樽前姊妹惜离群"，下数十四年，为乾隆五十四年。又《与序堂弟泛舟西湖》诗云"小别明湖十五年"，若从乾隆五十四年上溯十五年，为乾隆四十年，正是长生随任苏州、告别杭州的时候。

其三，陈长生回到吴兴之后、重游西湖之前，曾作《灯下课茂儿》和《娇儿诗》两章。《茂儿》诗略云："阿茂颜如雪，

琅琅课旧编。庭看双桂好，家有一经传。"阿茂应即长子叶
庆熊，生于乾隆四十九年八月初六。《娇儿诗》略云："娇儿
初学语，爱汝气飞扬。忽忽殊悲喜，喁喁话短长。"这是一
个刚学说话的孩子，应即其次子叶葆勋，生于乾隆五十二年
七月初五，至次年秋天，年龄一岁多，正是喁喁学语之时。

综合以上情况，陈长生回到吴兴，应在乾隆五十三年
秋；回钱塘省亲、与端生相会，应在乾隆五十四年春末。

三、《哭春田大姊》的创作时间

回到吴兴后，陈长生在暮秋又作《寄怀春田家姊》诗，
再申明年相见之约：

> 寒砧声急奈秋何，绿鬓年华草草过。惜别每嗟人
> 异雁，重逢应待水如螺。白莲桥畔西风冷，红蓼滩前夕
> 照多。太息近来清兴减，只揩病眼颂维摩。

大约此后不久，长生夫妇即重回京师，姊妹二人是否再
见，不得而知，《绘声阁初稿》也接近尾声。其集中再见陈
端生，已是《续稿》中得闻姐姐去世凶信后的吊唁之作。

哭春田大姊

捧到乡书意转惊，尚疑恶耗未分明。牵萝不厌茹
荼苦，咏絮真同嚼雪清。久任劬劳难撒手，重亲膏沐倍

伤情。残编未了凭谁续，那得奇缘说再生。

　　素食频年礼辟支，玉关人返鬓先丝。可堪宝镜重
圆日，已是瑶钗欲折时。机畔尚馀新织素，箧中应贮旧
吟诗。江干分袂成千古，泪撒西风酒一卮。

　　学者们就是根据这两首诗，断定陈端生卒于嘉庆改元、
范菼归来之后的。

　　此诗年代上限可以确定。前隔四首，是《谷雨后八日

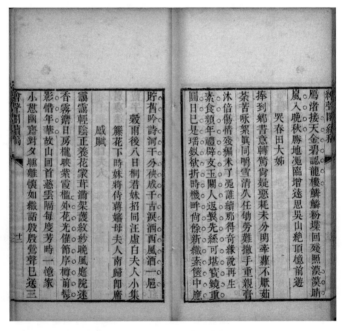

陈长生诗《哭春田大姊》（嘉庆刻本《绘声阁续稿》）

金镜清夫人汪虚白夫人蕊珠妹法源寺看海棠分赋》诗，汪虚白即山阴潘素心，詹事府少詹事汪润之的妻子，著有《不栉吟》。该集卷二《陈秋谷孺人招同金采江宜人法缘寺看海棠》即同游之作。《不栉吟续刻》卷一又有《法缘寺看花感旧抒怀》诗，其一末句"十载前踪未克寻"有注："乙卯春，秋谷夫人招同采江夫人看海棠，有'十日雨声齐把袂，一年春事又凭栏'之句。"二句正是陈长生诗中颈联。乙卯为乾隆六十年（1795），《哭春田大姊》诗居后，已入嘉庆。

《哭春田大姊》的写作时间下限是嘉庆二年（1797）秋。此诗后一首，是又一年的法源寺看花之作：《谷雨后八日桐君妹招同汪虚白夫人小集藤花下时妹将侍蒋婶母夫人南归即席感赋》。蒋婶母是陈长生堂叔陈玉衡之妻，桐君是其女儿。这次集会，潘素心未见和作，但在蒋氏启程回南时作《送陈母蒋孺人南归》诗，见《不栉吟》卷二。数年以后，陈长生邀集潘素心去法源寺看菊花，素心回忆起这次雅集，在《秋谷宜人招同法源寺看菊》其四句下注："戊午春，宜人招同陈太孺人、桐君孺人、采江宜人看海棠。"（《不栉吟》卷三）据此，这次雅集是在嘉庆戊午（三年，1798）春末。

其后，陈长生又作《镜清夫人索书谷雨后八日桐君妹招叙紫藤花下二律附书二绝句兼怀桐君并柬汪虚白夫人》诗，第一首云：

别梦迷离感岁华，空庭又见绿阴遮。今朝重检云蓝字，愁对栏前姊妹花。

从"愁对栏前姊妹花"的沉重看，此情何尝不是在怀念逝去的亲姐姐呢？此时陈长生尚未从悲痛中走出，或间接说明陈端生辞世未久，很有可能卒于嘉庆二年。

再后来，陈端生的儿子来到京师，陈长生作《喜蓉洲甥至京有怀亡姊感赋》诗：

> 轻装匹马赋游燕，话到乡关倍黯然。忆尔垂髫如昨日，感余薄鬓已中年。辛勤负笈轻千里，检点缝衣痛九泉。莫向天涯悲旅况，三馀努力课陈编。

"检点缝衣痛九泉"，这是陈长生诗中最后一次写到陈端生，时在嘉庆三年与六年之间。

嘉庆二十二年，叶绍楏官至广西巡抚，二十五年因事落职。道光帝即位，他被特授侍郎、守护昌陵大臣，在转年的道光元年（1821）三月十四日去世。根据《吴中叶氏族谱》，绍楏以正一品封典诰授光禄大夫，陈长生诰封一品夫人，亲膺封典，应卒于绍楏之后，但具体年月族谱未载，尚待继续考索。

附：钞本《织云楼合刻》批注选抄

箧藏民国钞本《织云楼合刻》，间有叶氏后人墨笔批注，多涉诗中人物关系，有利于理解诗意，选录于此。

《梅笑集》

《甲戌闻捷口占》："宫衣戏彩事何如，叹息堂前日月除。老眼不留看一笑，白云何处痛皋鱼。"

注："梧庄公殁于甲戌三月，未得闻闻沚公捷音，故有'老眼不留看一笑'之句。"

《令阿缃入学》题注："即琴柯中丞。"

《蘩香诗草》

作者题名"晋宁李含章兰贞"下注："鹤峰中丞长女。名因培，官湖南巡抚。"

《二女令嘉于归都门》题注："适竹墩沈氏坳塘方伯孙养滋孝廉。"

《三女令昭于归都门》题注："适邱方伯庭漋，时闻沚公秉臬山左。"

《桂棻两儿春闱下第诗以慰之》题注："乾隆甲辰科。"

《初归吴江感赋》"乌上桥南卜一廛"，注："乌上桥在湖城马军巷。"

《汇沮南楼呈沈太孺人》题注："周太夫人舅母。"

《周母潘太孺人寿词》题注："琴柯中丞外祖母。""宛彼女萝，施于乔松。托根虽殊，垂荫则同"旁注："周母为李太夫人前母。"

《棻儿之蜀以诗送之》题注："香海公，乾隆己亥举人，后官至福州府。"

《示驷儿应省试》题注："即筠潭方伯。"

《绘声阁续刻》

《忆旧诗十章》序"琴书四座，细熏郎署之香"，眉批："琴柯公曾官中书，值军机处。"

"忆姑苏官署"眉批："陈夫人外祖官苏州总捕同知，琴柯公入赘官署。"

"忆蒲州官署"眉批："琴柯、香海两公己亥同榜，故云'开并蒂'。"

邓廷桢并不存在的三封信

《小莽苍苍斋藏清代学者书札》（修订版）中册收录了多封写给徐渭仁的信，其中邓廷桢的三封，引人注目。

三封信中的两封，收信人都是"紫珊"，即徐渭仁的号，写信人的落款，初看似"廷桢"二字，故编者将三札径释作"邓廷桢致徐渭仁"。作者与徐渭仁在信中讨论的事，都与书法和碑帖有关。长期以来，邓廷桢以政治人物名世，如今出现他谈艺的书信，当然要好好拜读一下，但读到一半，问题就来了。

第二封信未写收信人，前半篇说：

> 手书至，领悉，领悉。张司寇书，此间亦颇难得；沈家书画，早已售尽；至横云山人家，更成广陵散矣。各邑奏销，吃力之至，接手又催上忙，文书如火。州县难作，不意知府亦难作如许也。

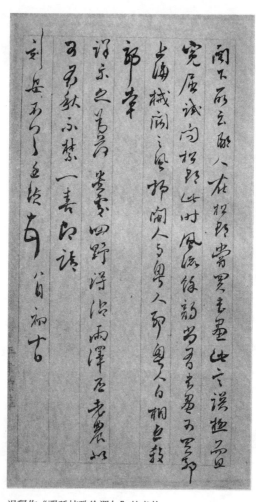

误释作"邓廷桢致徐渭仁"的书札

从"不意知府亦难作如许"可见，写信人是一位新升任的知府，居官之地是"张司寇"和"横云山人"的家乡。横云山人即康熙时大臣王鸿绪，华亭人，富收藏，与他同城的"张司寇"，当是张照，乾隆间官至刑部尚书，工书法。张照籍隶娄县，娄县与华亭同城。华亭又是松江府所在地，写信人应是一位松江知府。

按清代官制，外官同省回避，邓廷桢为江宁人，不应担任松江府的知府。据梅曾亮撰邓廷桢墓志铭，他于嘉庆六年（1801）登第后入翰林院，先后为庶吉士、编修，十五年补宁波知府，以母忧归，服阕后补陕西延安知府，历榆林、西安知府，二十五年升任湖北按察使，此后则累任巡抚、总督，确实未曾出任松江知府，由此可知三封信的作者不应是邓廷桢。

检光绪《松江府续志》卷二十职官表，嘉庆道光间知府名中有"廷"字者，惟有道光二十五年（1845）至二十九年间任职的练廷璜，细审信中原被认作"桢"的字，其实正是"璜"字。

光绪《惠州府志》卷二十二有练廷璜传：

"廷璜"二字

> 练廷璜，字立人，连
> 平人。道光乙酉拔贡，朝

考以知县用，签分江苏，历署剧县，所在有声。调补江阴，获要犯，奉旨以知州升用，旋署嘉定。值英夷犯浙苏戒严，廷璜奉檄团练，未几宝山失守，上海随陷，英夷扬言攻嘉定，幕中客皆辞去，廷璜屹不动，益激昂慷慨，昼夜登陴守御，无少懈。夷闻之，卒不敢犯。保举入都引见，蒙召对二次，天恩优渥，实异数也。升授松江府，守松四年，政尚清简，民不扰。缘事罢职，后开复原官，寻卒。

练廷璜在嘉定任职时，做了一件有名的事，即为在鸦片战争中殉国的提督陈化成收尸装殓，立祠祭祀。道光二十九年（1849）六月，因对"所属娄县乡民纠众滋事之首犯汤花头"督拿不力，练廷璜被两江总督陆建瀛参奏，十月革职。

连平县博物馆编《连平县文物志》，收录练廷璜书法屏条一副，介绍文字说练廷璜1798年生，1850年卒于苏州。该馆藏有元善镇《练氏家谱》稿本一卷，记述了练廷璜及其后代的踪迹，故所记应有确据。1850年为道光三十年，即练廷璜被革职的次年。

练廷璜以书法有名于时，且自视甚高。小莽苍苍斋藏札的第一首，即叙述自己的书法渊源，鄙弃赵孟𫖯、董其昌和刘墉的书风。他在江南历署各县知县，也曾任职上海，大约那时结识了徐渭仁。在这几封信里，他们讨论书艺，评骘人物，并交换欣赏法书碑帖。从第三札看，徐渭仁借给练廷璜的有"元静"和"续秘阁"等帖，练廷璜借给徐渭仁的则有

"国朝名人手迹"和《临江帖》，"元静"或系江南唐代名碑《李玄静碑》的拓本。此札透露出，徐渭仁欲讨还"元静"、"续秘阁"两帖，练廷璜托词不想归还，可见二人交往中也不乏委曲。

徐渭仁确有藏品被练廷璜强行换去。现藏香港中文大学文物馆的宋拓孤本《英光堂法帖》第三卷，原系徐渭仁用重值购自吴中旧家，并费两年之力，重模入石，原本后归练廷璜所有。法帖离手时，徐渭仁跋诗一首：

以《英光堂帖》归笠人太守作诗媵之

卌番故纸比球琮，痴绝常教衣带缝。几次欲留嗟赵弱，可怜临发又开封。见此诗当有黯然者。渭仁记。（见马成名《海外所见善本碑帖录》，上海书画出版社2014年版，第253—260页）

诗的前两句说徐渭仁对此帖的宝爱，后两句说宝物被夺后的不舍。"赵弱"用秦国强索和氏璧典故，透露出这一"雅事"背后的凄凉。从上引第二封信的内容看，练廷璜刚就任松江知府，即访求华亭故家张氏、沈氏（应为沈荃后人）、王氏家藏的法书名画，但均被告知"早已售尽"。或许这位风雅太守的风评，此前已久播人口了。

"邓廷桢致徐渭仁"书信并不是邓廷桢写的，这个结果也难免令人"黯然"。为此，我愿意介绍一件邓廷桢的著作来"将功补过"。

《英光堂法帖》徐渭仁跋　　　《双砚斋试帖》，清嘉庆刻本

　　我的藏书中，有一本《双砚斋试帖》，书名下署"江宁邓廷桢维周"。从版刻字体和"宁"字不避讳看，当是嘉庆刻本。民国间邓氏后人辑刻《双砚斋丛书》，收录邓廷桢的诗、词、笔记和小学著述多种，但未收入《试帖》。检索一些大型目录，如《中华古籍书目数据库》、《中国古籍总目》、《清人别集总目》等，也未见著录，所以此书虽不敢说是孤本，总可以说罕见。

邓廷桢是嘉庆五年（1800）举人，六年联捷成进士，先入翰苑，后膺封疆，史传中对他的后期经历记述得很详细，但对早年事迹着笔不多。《双砚斋试帖》应是邓廷桢登第后所刻，说明他对自己的科举努力很是满意。此书只有十五叶，可谓戋戋小册，内容也无足道，但选题造句多少也能反映一些作者的思想。下录《以不贪为宝》一首，以见一斑：

　　惟善堪为宝，贪心屏贵严。荣名箴象贿，令德学鸡廉。但使行无墨，何妨笥有缣。不淄同玉洁，受砺抵金兼。智以怀珠朗，神如抱璞恬。幅宜参布帛，味已澹斋盐。山海捐藏尽，宫墙美富添。清华争励品，奎制集贤瞻。

孝伶沈宝珠

坊间常见的《品花宝鉴》(如上海古籍出版社1990年版),第五十回有"表扬孝伶"一节。刘文泽、颜仲清、王恂等人在唐和尚的安吉堂饮酒闲话,说起伶人沈宝珠孝行可风,众人传看一篇《孝伶传》:

> 伶氏沈,宝珠其名也,吴人。业伶于京师,有声。父疾久弗愈,伶刲臂肉和药进。世俗之传,割肉疗亲也,事泄且弗效,伶裹疮甫毕,有召伶奏技者,念弗往父必疑,乃负痛往。而是夕大风沙,至宴所,疮发血溢,狼狈归,医之数旬始愈,其父疾亦竟瘳。或尤之曰:"人而伶矣则辱亲,臂而刲矣则亏体,是尚谓之孝乎?"解之者曰:"君子之论孝也严,而严之所以责贤者,《春秋》不尝药、书弑之类是也;而宽之所以励中人,前史及郡、县志所载割股、庐墓之类是也。得此于众人,犹将搜罗而表章之,况伶人乎?且伶髫自髫龄,

辱亲非其罪也。当割臂时，伶知爱其亲而已，毁誉庸所计乎？予唯灭性之良，不隔贵贱，观于此，而孝悌之心油然生矣！"为作《孝伶传》。

在此处引入《孝伶传》，用小说中人物刘文泽的话说，是为了表扬优伶中的正人奇事，但这一情节，却难说是《品花宝鉴》作者陈森的手笔。因为《品花宝鉴》最早的版本——刻于道光二十九年（1849）的幻中了幻斋刻本中并没有这段故事。而且《品花宝鉴》中人物，无论官宦还是伶人，也无论实有其人还是望空虚构，均使用化名，沈宝珠却是一位真名实姓的昆曲名旦，并不符合陈森的"书写"规则。

清末，萝摩庵老人作《怀芳记》，所记多为他在京师接触过的名伶，其中有一位沈宝珠：

> 沈宝珠，字蕊仙。仪容艳逸，神采飞腾。每入座中，竦动群客，吐属可爱，真如聪慧女郎。语山可比夏秋芙，蕊仙可比王长桂，其美皆国色，以蕊仙较语山，则蕊仙独多清气矣。扮《双拜月》、《赠剑》等戏，观者神为之往。(原注：予识宝珠，已掌四喜部矣，清气犹昔)

书中作者自言："余自庚子年，乃命俦啸侣，把酒征歌，至癸丑出都，凡十四年，所见鞠部中风华出众、令人不能忘情者，皆具于此。"庚子为道光二十年（1840），癸丑为咸丰三年（1853），则沈宝珠为道咸之间的名旦，色艺皆在一流。

《怀芳记》自光绪五年（1879）刊成，风行一时，但萝摩庵老人的姓名一直不为人所知，直至近年，始由吴钦根从谭献日记稿本中考出，其人为曾任河道总督的乔松年。为《怀芳记》作注的麋月楼主则为谭献，在注中自谓丁巳年至京师，得以结识诸伶。丁巳为咸丰七年，可知在此前后，沈宝珠已执掌著名的徽班四喜部。

乔、谭二人均未提及沈宝珠刲臂疗父之事。2010年，泰和嘉成国际拍卖公司上拍一幅"清孝伶蕊仙画兰"，原为蜀中徐氏旧藏，画轴的主体是一株兰花，墨叶绿蕊，下钤一米粒大小朱印，字曰"沈郎"。画幅下方另有题跋一纸，前后段各题诗数首。前段云：

沈宝珠画兰

甲辰八月应京兆试，初十日出闱，观剧于广德楼，蕊仙演马守真杂剧，当场写兰。次日入闱，矮屋中成四绝句：

红氍毹上手亲描，旧院重逢马月娇。侬有素心何处□，几茎芳草觳魂消。

亲见含毫吮墨初，安花放叶不生疏。如何天壤王郎在，不作螳螂打拱书。

一卷湘兰箧衍藏，绮窗遗墨暗生香。临摹若欲寻真迹，蓝本还宜问沈郎（家藏守真画册，陆润生标识曰绮窗遗墨）。

漫从局外作闲观，丹鼎犹封九转丹。争似生花彤管妙，当场挥出万人看。

蕊仙名宝，一字闰生，以歌曲擅菊部名。性豪侠，得缠头资则周穷乏，刲臂肉和药疗亲疾，遂以孝伶传。年未三十化去。曾挽以联云：佳传足千秋，争艳说刲肉疗亲燃眉济困；深情馀廿载，最难忘清宵读画落日衔杯。偶于箧中检得遗墨，装潢成轴，缀录旧作，为之黯然。翕羽巢倦鹤。

下钤"昌"与"病鹤"二印。后段跋诗为"集龚瑟人礼部己亥杂诗"，题"同治二年癸亥中元后二日录于安汉啸云饮月楼中"，与前诗为同一人笔迹。诗共六首，以无关考据，不录。

结合画作印章、题跋，可知画的作者姓沈，名宝，字蕊

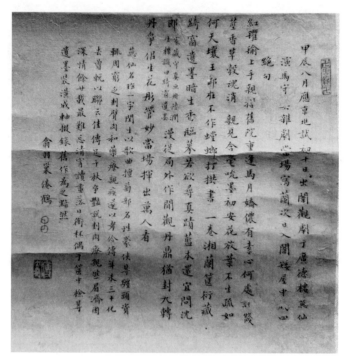

甲辰八月應童車地試初十日出闈觀劇于廣德樓萬仙演馬守山雜劇當場寫蘭次日入闈樓屋中八四

紅雪論上手親將舊院重逢馬月嬌儂有喜心何處訂盟

蕙香草毅覘清親見今宵墨初安花放荽不生瘕如何天壤王郎在不作螳螂打拱書一卷湘蘭筺行藏

綺窗遺墨暗生香臨摹若欲尋真蹟藍本還宜問沈郎宴藏守吾亞州陵洲漫從局外作閒觀丹晶猶封九轉

丹爭伴生花形管妙當場揮出萬人看

燕仙名珩一字閒生以歌曲擅蕑郎名性豪俠尋經頤資去曾蛻以聊云佳傳于秋爭豔就剒肉瘀瓤狹眉喬囷深情徐卅載最難忘讀重荼盃偶下簽中栓尋

道墨裝成軸報錄舊作為之跋焉

俞羽裳倦鶴 [印] [印]

沈宝昌跋诗

仙，擅演马湘兰，能于戏中当场作画，特别是他也以刲臂疗亲的孝行传颂于世。这位沈宝与《孝伶传》中的沈宝珠孝行相同，与《怀芳记》中的沈宝珠表字相同，但名字均相差一字，他们是否为同一人呢？

说起来幸运，为兰画题跋的"俞羽裳倦鹤"还有一册残存日记流传下来，现藏国家图书馆，并影印入《历代日记丛抄》。在仅馀百日的日记中，作者记下自己的姓名，并逐日记载与一众伶人的交往，为了解蕊仙其人提供了一手资料。八月二十一日日记云：

> 五鼓兴，黎明入朝，已刻引见于勤政殿，微末小臣得瞻天颜，不胜庆幸之至。奉旨：国子监助教着以沈宝昌补授，钦此。

据此，翕羽巢主人名沈宝昌，曾任国子监助教。按安荣权《〈翕羽巢日记〉考证》，沈宝昌字鹤樵，安徽石埭人，后定居川中。道光二十四年（1844）举人，咸丰七年（1857）任国子监助教，十一年署定远知府，同治元年（1862）署广安知州，同治十二年升任宁远府知府，光绪元年（1875）去职。《翕羽巢日记》现存部分，记于咸丰七年七月至十月。

在这几个月中，沈宝昌几乎每天都与伶人打交道，既到戏园看戏，又招伶人侑酒。他当时喜爱秋蘅即姚桂芳，而与蕊仙兄弟往来频密。

如七月日记只存下半月，沈宝昌于十六、二十、二十四日三访蕊仙，均未见到；八月，五、七、十八日，宝昌访蕊仙；八、九、十五、十六日，蕊仙访宝昌。特别是九日，沈宝昌"晨起简蕊仙、秋蘅来食蟹，少选皆至。蕊仙取架上残纸作墨兰，韶秀可观……眉生及蕊仙谈至日暮始去"，是则蕊仙善画兰花。十六日，又记"余得船山楹帖，蕊仙强携去，复为芋仙所攫。往索之，芋仙固不与"，道出二人的亲密关系和蕊仙的艺术修养。

咸丰七年九月，蕊仙之弟阿寿新婚，沈宝昌给阿寿书写屏联作礼物，蕊仙也在家中设席宴请沈宝昌。二十三日日记云：

> 晨起……独访蕊仙。阿寿新婚，书屏及楹帖赠之……蕊仙晨间约至其家晚饮，遂邀三君同往，莲生辞不赴。偕两君同至联星堂，途遇慧仙、秋蘅，招往侑酒。张灯开筵，绕座盆鞠十数种，花光四照，蕊仙、阿寿殷勤劝酒，雅当人意。且兄弟怡怡，天伦之乐自然流露。蕊仙至性过人，两君亦为叹美，非余阿所好也。初更后，慧仙、秋蘅始至，以阿寿新婚，相与偕谑，酣嬉淋漓，酒肠欢畅。二鼓宴罢，偕两君笼灯归。

是则蕊仙、阿寿兄弟同寓，堂号为"联星堂"。

按《花天尘梦录》卷七《续评花韵语上编·名花十二品》所评十二人中，有沈宝珠：

> 海红花沈宝珠，字蕊仙，联星堂。苏州人。
> 南中嘉树，新罗海红。娇姿生韵，丽华比容。
> 燕支雪染，鹤顶霞烘。宝珠名艳，独占春风。

又该书卷三《凤城花史续编》云：

> 福云堂谢韫仙、杨琴仙既别居，而兰香又殁，后

起若士红、宝香、宝珠，是亦辛丑年鼎甲之选也，皆苏州人……宝珠之《诱别》、《独占》、《跪池》、《赠剑》、《上坟》、《后亲》、《说亲回话》、《奇双会》，则又佳甚。光艳狡狯，迥非庸品。字曰蕊仙，沈姓。迄今《红霓关》仍推韫仙独步，而扮丫鬟早以蕊仙代琴仙矣。三人皆以甲辰冬出师，韫卿、蕊仙各立门户于寒葭潭，一名莲清堂，一名联星堂。

因此，《翁羽巢日记》中居住于联星堂的蕊仙，正是《花天尘梦录》和《怀芳记》中的沈宝珠。沈宝昌与宝珠相知垂二十年，乃在兰画跋文中称其名"沈宝"，个中原因，耐人寻思。

道光以来，名旦善写兰花，也是一时风气，除了这是一条与文人官员交往沟通的通道，也算是一个职业要求。如在台上扮演明代名妓马湘兰，就需要当场写兰。沈宝珠如此，其他名角也如此。《花天尘梦录》记吴桐仙善写兰，其徒范小桐"从之学，笔端濯濯有秀致，每演马湘兰《画兰》，当场挥毫，四座倾倒"。谭献记姚秋芙之侄姚云林"年十二，未登场已倾衣冠，黄侍郎字之亦秋。演《画兰》，愁蛾婉约，赋色写生，恐当时马守真无此玉貌"，又说"汤金兰能画兰，云林出，遂不敢登场演百谷故事"。百谷即明人王稚登，马湘兰所倾心用情者。《画兰》一剧，即搬演王百谷与马湘兰相会、湘兰画兰、百谷题诗的故事。沈宝珠这张兰画能留存到今天，也是难得的梨园文物了。

据兰画跋文，沈宝珠去世时年未满三十岁；据《翕羽巢日记》，咸丰七年（1857）十月他尚在世；又据《凤城花史续编》，沈宝珠在道光辛丑（二十一年，1841）已崭露头角，在道光甲辰年冬季出师自立。有了这些时间点，我们可以试着推算一下沈宝珠的生卒年。

按照最苛刻的条件，假设沈宝珠卒于咸丰七年年底，此时去道光二十四年（1844）为十三年，则宝珠出师时年龄不能大于十七岁。按《凤城花史续编》："班中蓄弟子者，率以五年为满，五年中所得财物悉归诸师，毋敢私。相知有出重资者，于年未满时赎之出，是谓'出师'，动居奇至数千金，故出师者悉别居，其满业者亦然。"沈宝珠出师后居联星堂，应有人为其出资赎身。他在道光二十一年的梨园品评中已名列"鼎甲"，随师学徒演出至少四个年头。清代伶人多在十一二岁出台，登台后又总要演出一段时间才能获得声誉，如此，宝珠出师时的年龄不应低于十五岁，上推出生年，当在道光十年（1830）前后。沈宝昌说宝珠"一字闰生"，是其出生在闰月，检《二十史朔闰表》，道光十年恰闰四月，而前后其他闰年俱不符合前设条件，沈宝珠当生于道光十年闰四月，公历1830年的5月，卒于咸丰七年（1857）十月之后、九年（1859）四月之前。

现在再看通行本《品花宝鉴》中的《孝伶传》，更可确定它是后来好事者阑入的，因为《品花宝鉴》成书于道光十七年，那时沈宝珠还是个孩子，尚未登台唱戏，"孝伶"一事无从谈起。

沈宝珠的弟弟阿寿，同为声动一时的名旦。《怀芳记》
云："沈阿寿，字眉仙，蕊仙弟也。伉爽类兄，颜色词令差
逊。扮《活捉》、《刺虎》极工。"据《菊部群英》，沈阿寿生
于道光辛丑（1841）九月，"唱旦兼昆乱"。他在咸丰七年结
婚时，年十七岁。沈宝珠去世后，阿寿成为联星堂主人。

宝珠的儿子小宝，也是梨园中人。《怀芳记》云："沈小
宝，蕊仙子，妆武生颇有英气，惜口吃。与眉仙同居，仍称
联星堂。"同据《菊部群英》，小宝正名振基，号燕香，生
于咸丰壬子（二年，1852）二月十八日，"唱昆生兼武生"，
为联星堂少主人，娶闻馨堂主人王长桂之女为妻。长桂另一
女则嫁王顺福，他们是梅兰芳夫人王明华的父母。

沈宝珠还有一个徒弟桂林。《翕羽巢日记》咸丰七年十
月二十九日记云：

> 访蕊仙，不值，与阿寿略谈。见蕊仙弟子桂林，
> 年十四，□未登场，韶秀可爱。

这是沈宝昌在日记中最后一次写到沈宝珠，也是日记的
最后一页。一年后，桂林登台演出，谭献在《怀芳记》"沈
小宝"条下附注道："联星堂当戊午、己未间，有桂林者，
仅能扮《湖船》，而以冶态倾俗目。"戊午、己未间即咸丰
八、九年之间。

关于沈宝珠，还有一个有名的掌故。谭献在给《怀芳
记》"沈芷秋"条作注时说：

余见芷秋，年已二十馀矣。其在春华堂，稚齿时有吴舍人悦之，欲购为侍史，力不能致，竟吞生鸦片以死，亦可谓情痴矣。前二十馀年，有甘太史自经死，或谓沈蕊仙致之，而殊不然。蕊仙其时已自立门户，与甘情好方深，无阻之者。其日方开筵宴客，蕊仙亦在座。入夜客去，甘约蕊仙清晨过寓，联车出游。次晨蕊仙至，室未启扉，隔窗呼之不应，抉门入视，则缢矣。其家人言：客散后得家书，无他事，特怪其用钱太多，言嗣后不复筹寄旅费。此亦何至轻生，只是醉后神昏，无端愤恚，邪鬼乘之，理或然也。

这条注文，又被辑入《清稗类钞》，流传愈广。不过，也有人说此"蕊仙"为《品花宝鉴》中的袁蕊仙。《那罗延室笔记》曾一一指出《品花宝鉴》中影射的人物，至伶人则曰："群旦中惟袁蕊仙原姓原名，即云南甘太史为之自尽者。咸丰季年，其人尚存，然门前冷落车马稀，无人过问矣。"这是将沈蕊仙误认成袁蕊仙了。袁蕊仙是《品花宝鉴》中的主要人物，伶人中第一个出场，到全书终结方退场。此书始创作于道光六年（1846），袁蕊仙人物原型活动的年代必早于此年，而据谭献的说法，甘太史因情自尽在他补注《怀芳记》之前二十馀年，那是道光末年的事。

检《词林辑略》，道光朝甘姓翰林惟庚子科甘守先一人，小传云：

甘守先，字薪圃，云南白盐人。散馆授编修，官至侍讲学士。

白盐在清时属大姚，民国后一度改称盐丰县。《盐丰县志》卷十有甘守先传：

甘守先，字薪圃，白井人。清道光庚子进士，授翰林院编修，充云南陕甘乡试大主考，著有《燕游诗选》，声腾日下，群称为旷世异才，年未四十殁于京师，遗稿散失，时论惜之。

此传比《词林辑略》略详，道光庚子是1840年，正是沈蕊仙登台唱戏的时节，如果真有一位甘太史为他殉情，那么非甘守先莫属，小传文末也透露出他的死令人惋惜的信息。检索网络，新浪博客"shenyagan（神鸦甘）"有《云南姚安甘氏——甘守先》一文，略云：

甘守先（1815-1845），字薪圃，号道传，白盐井观音箐人，甘恒之次子，生于清嘉庆乙亥年（十七年，1815），由廪生、拔贡而中道光丁酉科（十七年，1837）举人，连捷庚子科（1840）二甲三十四名进士，授翰林院庶吉士。散馆补授翰林院编修，充国史馆协修。癸卯钦命两湖副主考，甲辰年钦命陕西正主考。乙巳年（道光二十五年，1845），因得罪权贵醇亲王，畏而吞金，卒于京师武都庙，年仅而立，后奉旨扶柩回籍安葬。

此文述甘守先事迹翔实清晰，必有所据，而且也与沈蕊仙一方的情况相吻合。如谭献说"蕊仙其时已自立门户"，正是道光二十五年（1845）稍前的事。此文证实甘守先自杀确有其事，至于"得罪权贵醇亲王，畏而吞金"云云，则系掩饰之词，因为当时还没有醇亲王这一权贵。

两罍轩往来尺牍中的一个谜

　　清人写信，说到私密事往往爱用隐语，在当事人彼此心知，外人特别是后人看到，则如堕五里雾中，索解为难。

　　2019年12月出版的《枫下清芬：笃斋藏两罍轩往来尺牍》（国家图书馆出版社）中就有这样两封信，即第四十六号"佚名致吴云"和第六十二号"吴云致吴大澂"，主要内容都与办理"顶礼之文"有关。"顶礼之文"就是一个隐语，实为江苏官绅为某人在吏部谋求补官之举，当时未能成功。信中还有一个隐语，则是帮助吴云办事的人使用化名：在第四十六号信中，此人自署"时术"；在第六十二号信中，吴云称其为"时术皹翁"，可知"时术"影射的应是姓氏。《枫下清芬》的编者将"时术"视为佚名，体现出严谨的学术态度。

　　"时术"即"时时学习"之义，出自《礼记·学记》："蛾子时术之。"孔颖达疏："蚁子，小虫，蚍蜉之子。时时术学衔土之事而成大垤。"清人喜用这个典故，如王鸣盛著书就

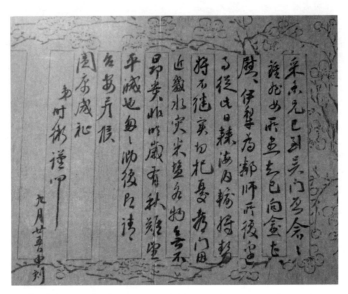

"时术"致吴云尺牍

名为《蛾术编》。上述以"时术"影射的姓氏，应关此义而难遽有确指，不过，信中透露出不少信息，形成考证线索，从这些线索出发，或可试解一下字谜，对其人略作推测。

第四十六号信作于"九月廿五日"。信中说："弟于月初幸晋一阶，好在无公事无值日，于拙懒之性最为相宜。日来肩背疼痛，退直后即杜门养静。"据知作者是须进宫入直的高官，并在九月初职务刚刚变动。

这是哪一年九月呢？信中有两个事件可供考索。一是"伊犁为邻师所复"，所指应为同治十年（1871）五月俄军占领伊犁，后照会清廷谓"代为收复"一事。二是"京兆移节八闽"，"京兆"乃张姓的代称，检《清代职官年表》，同治十年九月甲午，张之万由江苏巡抚迁闽浙总督。由此可知，此信作于同治十年。

复检《清实录》，同治十年九月上旬，有数位京官职务调动：甲午即初七日，以詹事府少詹事何廷谦为詹事；乙未即初八日，调礼部左侍郎温葆深为户部右侍郎管钱法堂，兵部左侍郎黄倬为礼部左侍郎，礼部右侍郎胡瑞澜为兵部左侍郎；以内阁学士徐桐为礼部右侍郎。给吴云写信的人，应在这个名单之中。

那么，谁的姓氏与"时术"有关呢？还真有一位，就是调任户部右侍郎的温葆深。作为常用词，"温习"有"反复学习"之义，与"时术"的"时时学习"近似，自可用来影射关联。

"时术"若为温葆深，与信中内容也相当契合。如第四十六号信说："伊犁为邻师所复，边事从此日棘，海内输将，势将不继，实切杞忧。"由"边事日棘"考虑到筹集和运输军饷的困难，符合一位户部官员的职业反应。

第六十二号吴云写给吴大澂的信，作于七月廿七日，此时他已知谋事不成，对吏部的处理表示不满和不解，并称"一切有足下与时术皡翁推挽，究无不妥"，希望"时术"继续提供帮助。而四十六号"时术"的信则说，"前五日甫由清卿处交到谕言，本日未刻又接八月二十五手示，敬稔一切"，随后释答吴云对"顶礼一文"的疑问，并对后续办法提出建议。综合二信分析，吴大澂转交的应是吴云七月来信，为何"时术"在九月下旬才收到？如果此人是温葆深，那就很好理解了：根据《清实录》，温葆深在同治十年的七八月一直出差，在盛京办理永陵河工。工程于八月初三日完竣，由于尚须验收，他直到九月初八日调任户部时仍未回京，所以上谕特别要求"未到任前仍以刑部左侍郎贺寿慈兼署"。九月廿五日之前五日，是二十一日，温葆深此时当已到京，吴大澂于是转交来信，细节上都是吻合的。

吴云托办的事，即使与挚友吴大澂谈起，都要用暗语和化名，可见算不上光明正大，受托之人也要关系亲密才能放心托付，而温葆深与吴云可说渊源深厚。

吴云是浙江归安人，道光二十四年（1844）援例以通判分发江苏，先后署任宝山、金匮知县，咸丰中在江北大营帮办军需，八年（1858）署任镇江知府、九年署任苏州知府。咸丰十年，太平军围攻苏州，吴云奉上司之命去上海求援，甫至而苏州失陷，随后在沪协助江苏巡抚薛焕和上海道吴煦办理军务。

温葆深是江宁上元人，道光二年进士，谱名肇洋，后改名葆淳，又因避同治帝之讳改为葆深。咸丰初，温葆深任宗人府府丞，于三年正月请假回籍葬父，行至淮安，适逢太平天国攻陷南京，温葆深奉上谕"会同地方官邀集众绅士酌办团练事宜"，由江苏巡抚许乃钊派往苏州、上海办理劝捐。从咸丰三年归里到同治二年（1863）复官，温葆深有十年时间与同在江苏的吴云产生交集。

吴云和温葆深曾同城共事。在苏州，温葆深担任过正谊书院遭兵燹前的最后一任山长，吴云则是当时的知府；在上海，吴云更与温葆深紧密合作，办成一件大事。

咸丰十一年冬，太平军攻克宁波，上海震动，官绅谋划"借调英法二国之兵助剿"，中外联手对抗太平天国。此事经冯桂芬、吴云等人倡议，最后由温葆深领衔江浙绅士六人起草奏折，由吴云和应宝时二人出面说动巡抚薛焕代奏，获得朝廷准许，成立了上海中外会防公所。此事对历史走向影响重大，不仅保住上海安全，也是清军与外国军队共同镇压太平天国的开端。温葆深和吴云在此结下的可谓"战斗友谊"，这样的关系，是可以让温葆深暗助吴云办理私密事务的。

再回到吴云"时术皞翁"的称呼上。"时术"对应姓氏，"皞翁"对应的就是字号。皞，《康熙字典》引《广韵》释为"明也"，段玉裁《说文解字注》谓"光明洁白之貌"，则"皞"与"明"同义，而温葆深恰好字"明叔"，大概不完全是个巧合。

"时术皞翁"影射"温明叔"，第四十六号信的作者即温葆深，这也许是吴云等人给我们留的那个谜题的答案。

《过云楼书画记》的学术追求

光绪元年（1875），苏州过云楼建成，顾家珍藏的书画有了妥善的安身之地，顾文彬开始撰写《过云楼书画记》。他在为过云楼题写的"一枝粗稳三径初成，商略遗编且题醉墨"楹联边跋中说，"乙亥夏余移疾归里，楼适落成，因集辛幼安词句题之。时方有书画录之辑，故次联云尔"。至光绪八年秋，《过云楼书画记》撰成，随后刊刻行世。

一、不屑"为古人小胥"的作者

在顾文彬为自己的藏品撰"记"时，古书画的鉴赏著录已有成熟模式，堪称典范者，在官为《石渠宝笈》，在私为《江村销夏录》，都是详细记录书画的质地、尺寸、内容、题记、印章、藏家题跋等基本信息，间或对艺术风格、递藏源流等进行评价和考订，其中照实记录书画的物质信息和内容信息是必备项目。顾文彬初时也采用这一模式，在现藏苏州市图书馆的《过云楼书画记》稿本中，他详记各项信息，并开列凡例六则，第一则即说：

> 此书大旨继轨江村，谓之"记"而不曰"录"者，高以记载款识题跋为主，其尺寸大小或有或无，此必一一于题后作小记，度其纸幅广隘、尺寸修短，考作时之岁月、作者之年岁。书则记其篆隶真草、行数若干，画则记其设色浓淡、水墨枯润。其高岩邃谷、疏林丛树，位置错杂，虽不能指掌了然，亦必约略记之，并云似某家笔意，使操左券者易合也。其题款多少、上下行数，亦必详记。（苏州博物馆编《清代苏州顾氏的收藏》，译林出版社2016年版，第337页）

"江村"即高士奇的《江村销夏录》，以著录详实著名，人称"江村体"。可见，顾文彬最初想写的，是一部在体例完备、资料丰富方面超过《江村销夏录》的"江村体"著作，但《过云楼书画记》问世后，人们看到的书却与"江村体"大异其趣。

《过云楼书画记》的定本，并未著录书画的各项自身信息，而是专注对作品真伪、文本内容、作者生平、流传过程的考订，实际上成为一部以书画为题材的考据著作。新定凡例的收录标准十分简单，即过云楼收藏的纸本书画真品，并限于卷、册、轴三种装潢形式；在著录体例方面，顾文彬又列出几条标准：

自《江村销夏录》后，于前代公私玺印悉载无遗，甚至葫芦连珠，钩摹满纸，余终嫌其骨董家数，且鉴赏之道不尽在是，何必合上下千百年作集古印格哉！

书画中遇诗文，亦必尽情收录，此朱性甫《铁网珊瑚》成例也。余谓天壤间名迹只有此数，流传至今，著录已得大判，复有称述，不过如东坡所谓"者瓶水倾入那瓶水"而已。必欲以七十老翁为古人小胥，非惟无谓，抑且多事。

卷册详注纸素，兼疏尺寸，体例所在。余初以《定武兰亭》尺记其修广，而昏眊善忘，转致挂漏。徐思本朝如退谷可谓真鉴矣，然所为《销夏记》无及此者，故荷屋纂述，亦以刻舟求剑为非。是录取则《庚子》、《辛丑》两家，敬告当世：论雅道而斤斤于斯，其为正法眼藏也几希。（[清] 顾文彬撰、柳向春校点《过云楼书画记》，上海古籍出版社2011年版，第5-6页。下引《过云楼书画记》文字均见此书）

分别说明他不记录印章、诗文、质地和尺寸的理由。此时，他将取法标准由高士奇的《江村销夏录》改为孙承泽的《庚子销夏记》。

过云楼收藏的苏轼《祭黄幾道文》和《与谢民师书》两件名迹，都著录在《书画记》中。下面将这两则著录与其他藏家和谱录的题跋著录分析对比，以见《过云楼书画录》的学术特色。

二、对《祭黄幾道文》传主的考证

《过云楼书画记》卷一《苏文忠祭黄幾道文卷》云：

> 长公此文，结衔称"翰林学士朝奉郎知制诰苏轼、朝奉郎中书舍人苏辙"，故《式古堂书考》题"东坡兄弟祭黄幾道文"，后并载弘治辛酉华亭钱福跋，而卷中无是，盖万历间归王凤洲去之，见《弇州山人续稿》"六大家十二帖"跋中。然考《续稿》又有《摹苏长公真迹》跋云"客有周□□、徐长孺、章仲玉及吾从子骈，素善公结法，因令各响拓，大小汇为七帙，藏之山房"，内有《祭黄幾道文》云云，知此文凤洲有响拓本。卞氏在国初时复载钱跋，得非跋为飞凫家所得，乃取响拓本合之耶？文见公集中。又袁桷《清容居士集》有《跋苏文忠与黄师是尺牍》云："黄师是寔，先浦城人，其父颍州府君好谦与二苏公为同年进士，师是遂与苏公家通姻谱。"与祭文称"颍州使君同年"及"纳币请婚，义均股肱"语合。《施注苏诗》"送黄师是赴两浙宪"云："黄师是名实，神宗时登进士第，历京东河北转运。师是为章子厚之甥，子由官陈，师是二女皆为子由妇。"是也。好谦字幾道，盖取《易传》"人道恶盈而好谦之义"，知幾道

即好谦无疑。书此补董华亭、笪江上、王横云诸跋遗漏。

《顾文彬日记》同治十二年（1873）四月十九日记："得三儿信，知以三百元得东坡楷书《祭黄幾道文》卷于永仓徐仰屺处，为近日大快事。"这是此卷入藏过云楼的时间。

在此之前，《祭黄幾道文》经过明清两代多人收藏。卷中最早的题跋者是董其昌，仅书"董其昌观于曹周翰斋中。癸卯十月晦。同观者陈仲醇、周仲简、季良兄弟"数行，未加评论。癸卯为万历三十一年（1603）。

入清后，此卷先归笪重光，他于康熙十九年（1680）仲冬跋于卷后：

> 此卷载在《弇州山人续稿》"六大家十二帖"一则，内云"数年中得苏文忠《祭黄幾道文》于朱司成大韶家、《送梅花帖》于嘉兴盛氏。考祭文是元祐二年书，玉堂视草，匆匆间精思构结乃尔。后有钱状元福跋，真而不佳，去之"之语。又云："吾于六君子书，竭资力二十年，数得数汰，如波斯大舶主，探宝非一时也。"观此，则为王凤洲先生搜藏，转入曹氏后，董宗伯、陈眉公诸公始得观之。余曩藏有东坡《中山松醪·洞庭春色》二赋、《何舍人诗》一帖、《渡海》一帖、《子厚官使》一帖、《长者帖》一卷，类作行草，此则纯用楷法，出入晋唐之间，古雅遒逸，与褚河南、颜平原册文手书流传海内，同一墨宝，信艺林之名迹、操觚之师范也。余于

吴门既得黄山谷《楚志诗卷》，复购有此卷，顿使玉局、双井一时合璧，能无欣快欤？因记岁月于卷尾。（此跋及下引王鸿绪跋均据徐邦达《古书画过眼要录·晋隋唐五代宋书法：壹》，紫禁城出版社2005年版，第310页）

后来又归王鸿绪，他于康熙五十七年冬跋云：

> 余曾于真定相国斋见坡公《中山松醪·洞庭春色》二赋，于李给谏书云斋见《渡江帖》，于昆山徐座主司寇斋见《长者帖》，于盖牟卞少司寇令之斋见《春帖子词》册，皆属神品，未得为我有也。惟《题林和靖诗卷》后长歌、《丹元传太白仙后诗》长卷及楷书《祭黄幾道文》一卷，为寒斋所秘藏而已。虽止三卷，楷、行、草俱备。今年已七十有四，后此未知尚有所遇否？然即此几种时加展玩，则亦可相契坡公笔墨之妙于意象间，似不必聚天下之宝于箧笥而始有悟入也，况尚有苏册数幅可为活计耶。

《祭黄幾道文》也见于明清各书画目。万历间，王世贞收藏此帖，将其装入《六大家十二帖》长卷中并作跋文，录入《弇州山人续稿》卷一百六十一，相关内容如笪重光所引。明郁逢庆《续书画题跋记》卷六著录《苏长公兄弟祭黄幾道文》，仅抄录被王世贞舍弃的弘治十四年（1501）钱福跋文。后来汪珂玉《珊瑚网》、卞永誉《式古堂书画汇考》等也辑转过录此跋。清初吴其贞《书画记》卷五、顾复《平生壮观》卷二均曾记录《六大家十二帖》及《祭黄幾道文》，未作评论。

今将各家题跋与《过云楼书画记》对观，除了笪重光引用《弇州山人续稿》说明递藏源流外，各家均未涉及顾文彬着重求证的两个问题：一是《祭黄幾道文》尚有王世贞家钩摹的副本；二是黄幾道即黄好谦，而这是准确认知《祭黄幾道文》的两个关键性问题。

先说黄幾道的姓名。黄幾道与苏轼、苏辙兄弟为同年进士，也是好友，他的儿子黄寔（师是）更是苏辙的亲家，两个女儿分别嫁给苏辙的两个儿子，二苏集中与黄氏父子有关的文字不少。如苏辙集中除了《祭黄幾道文》，还有《黄幾道郎中同年挽词》，以及公务作品《黄好谦知濮州》、《黄好谦知颍州》敕草。苏轼集中有《书黄子思诗集后一首》，内云"余既与其子幾道、其孙师是游，得窥其家集"，点明黄幾道与黄师是的父子关系，但因为"幾道"之字与"好谦"之名分别出现，人们一直没能将二者对应起来。乃至到清光绪六年（1880），李鸿裔从过云楼借读《祭黄幾道文》，遍检《宋史》、《东都事略》、《宋元学案》等书，仍未能找到黄幾道其人，遂感慨"古之有德而名磨灭者，何可胜道"。

顾文彬将宋人所记黄好谦与黄寔为父子、与二苏为同年进士、曾官颍州、黄苏联姻等信息，与祭文中的内容互证，并根据《易传》"人道恶盈而好谦"之语，指出"好谦"与"幾道"名字相应，推定黄幾道即黄好谦，实为精彩的考证。

今天检索古文献数据库，可以找到黄好谦字幾道的直接资料。宋黄䇓撰《山谷年谱》卷二十五"黄颍州挽词二首"下注"颍州名好谦，字幾道，其子即师是"；（弘治）《八闽通志》卷四十九"选举"，嘉祐二年进士有黄好谦；卷六十四"人物"，黄好谦字幾道，均证实了顾文彬的推断。

再看《祭黄幾道文》的摹本。《式古堂书画汇考》书考卷一《苏长公兄弟祭黄幾道文》下，著录了钱福的跋文，顾文彬以为卞永誉看到的是带有钱跋的本子，而钱跋明确被王世贞裁掉，未装入《六大家十二帖》卷中。于是他引用《弇州山人续稿》中《摹长公真迹》跋，指出王世贞晚年曾为《祭黄幾道文》制作摹本，如果世间存在一卷带有钱福跋文的《祭黄幾道文》，很可能是利用王氏摹本制作的赝品。

卞永誉著录钱跋，本是因袭明人旧文，徐邦达《古书画过眼要录》指出："按卞氏实钞《铁网珊瑚》所载，其时尚有钱跋，非另有一本。"其说是（川按：《铁网珊瑚》应为《珊瑚网》，该书撰成时，《祭黄幾道文》钱跋已被裁去）。虽然如此，顾文彬的考辨逻辑清晰，案断有力，显示出一位收藏家对藏品真伪信息的高度敏感，也为后人深入研究带来启发。

现在看，顾文彬关于《祭黄幾道文》若有钱跋即非王世贞旧藏、即为赝品的判断是正确的，但反过来说没有钱跋的《祭黄幾道文》就是王世贞旧藏，在逻辑上则难成立。鉴于《祭黄幾道文》裱装在《六大家十二帖》卷中间，至康熙时仍全卷流传，并未拆散；董其昌的跋是为独立藏品书写的，未谈及任何其他大家；顾藏本上没有早期收藏者华尚古（理）、朱大韶、王世贞的印鉴等种种迹象，过云楼收藏的《祭黄幾道文》卷究竟是否为王世贞旧藏本，尚有深入探讨的馀地。

三、对《与谢民师札》变乱文字的分析

《过云楼书画记》卷一又著录《苏文忠与谢民师札》卷，其文云：

> 岳珂《桯史》云：谢举廉字民师，东坡尝以书与之论文，今见集中。知此札南宋已见著录。按东坡与民师书问往还自北归时始，本集有《与谢民师》二首是也。此札在既归之后，据集本《与谢民师推官书》中有"自还海北，见平生亲旧，恻然如隔世人"云云，即其左证。惜札中此数语明时已佚，俗伧乃割裂卷末"然轼方过临江"之"轼"字，用为首句，又取"疑若不文"、"是大不然"二语，合上残字，缀集作"是文之意，疑若不然"。复以"然"下既去"轼"字，无从补空，乃窜"则"字入之。紫凤颠倒，苍狗变幻，将谓世无范云，不能读会稽刻石耶？乌知全集具在，不患无缘补脱字也。今首幅所缺百五十三字，娄子柔补书于后，凡十四行，并为之跋。又有陈眉公、董思翁、冯伯衡三跋。初为缪文子收藏，后归齐梅麓，徐紫珊尝借摹上石，最后为吾吴程

心柏所得，乃以售余。近刻《过云楼集帖》，复与《祭黄幾道文》并寿于世。

《须静斋云烟过眼录》己卯年十二月二十日"观缪氏所藏苏文忠与谢民师札"文下，顾文彬注"苏文忠卷，余于壬戌得于海上"（顾文彬注与下文娄坚、陈继儒、董其昌、冯铨、齐彦槐诸跋，均据《古书画过眼要录·晋隋唐五代宋书法：壹》，第343–344页），与此跋合观，可知《与谢民师札》卷于同治元年（1862）从程心柏处得来，是较早入藏过云楼的藏品。

这个卷子，明万历时归王衡（辰玉）收藏，曾请娄坚、董其昌、陈继儒、冯铨鉴赏，娄坚钞补阙文，并作跋语：

> 坡公书肉丰而骨劲，态浓而意淡，藏巧于拙，特为淳古。公诗有云"守骏莫如跛"，盖言其所自得于书者如此。此卷为北归时答谢书，予所见公遗迹，独《楚颂帖》用笔与此相类，彼似少纵，而此则稳重，皆可想见纯绵裹铁也。今为辰玉太史收藏，惜卷首脱数行，属补写之。公书自不容轻补，特以此书极文章之妙致，今展卷者即一诵公之全文，亦一快也。今世知重公文，又十倍于翰墨，至其悟解处，或似好事家多不辨公书真赝，抑又何耶？末段"然则"二字，盖公名之误，今装潢迹分明，非当时笔误也。

陈继儒跋：

东坡碑版照四裔，不如尺牍书天真烂熳，所谓"吾写字觉元气十指间拂拂飞出"，此卷等是也。辰玉生平临仿不去手，偶展一过，如笛弦咽绝时也。

董其昌跋：

东坡书学徐季海、王僧虔，间为李北海、颜鲁公，皆奇崛萧疏，似其人品。山谷所谓"挟以忠义贯日月、文章妙千古之气"，此卷是矣。辰玉太史数数出视余，叹赏弥日，重展慨然。

冯铨跋：

世人得东坡尺牍数行，便为拱璧，此《民师卷》凡三十三行三百六十字，笔法古健，乃其得意书，真可宝也。前文失去一纸，吴人娄坚补之。娄亦名手。

清代在归过云楼之前，仅见齐彦槐《双溪草堂书画录》著录：

首行"疑若不然"以上数字，乃取前阙字缀于此，不成文理。前缺一段，娄坚补于后并跋，陈眉公跋、董思翁跋，冯伯衡跋于隔水上。是卷以重价得于吴门缪氏。

这些跋语不是为书画谱录而作，均略其实物信息而重于个人感受。陈继儒、董其昌、冯铨三跋纯出于鉴赏，对内容不着一字。娄坚指出此札作于渡海之后，并注意到卷中的"则"字是后来窜入的，并非原迹；齐彦槐看出首行文字经过变乱，但未深究。

再看《过云楼书画记》之文，至少解决四个问题：一是根据岳珂《桯史》考出收信人"民师"即谢举廉；二是根据苏轼文集考出此札作于渡海北归之时（元符三年，1100）；三是指出除前面残缺一百五十三字以外，还有少数文字经过"俗伧"变乱，第一行"轼启是文之意疑若不然"几个字，是利用残字及卷内的一个"轼"字剪裁拼凑的，并详解残字来源；四是记录了此卷的传承题跋和刊刻流传情况。

可见，顾文彬的着眼点与传统鉴赏家并不相同，他关注的是《与谢民师札》中的学术问题，并通过考证解决了问题，其论证无一字无出处，结论坚实可靠。

《与谢民师札》首行文字变乱情况，已如《过云楼书画记》所言，不过还可略为补充。此卷从中间断开，只存后半，早年收藏者或古董商为让它看起来有头有尾，就剪下残卷第一行的字，重新编排文句。此行原有"意则疑若不文是大不然求物之"十三字，修补者将前面八字剪下，取"意"、"疑""若""文""是"五字，又写了一个"之"字，贴成"是文之意，疑若不然。求物之……"这样一句似通不通的话。复从后文剪下"轼"字移到行首，下写"啓"的左上部分，仿佛"轼啓"二字，原来"轼"字空缺用"则"字补上，形成今日面目。这个行为破坏了残卷原貌，损失苏轼所书"不"、"大"二字，不足为训，但只移动几个字，就让残卷看上去近似完整，手法还是很巧妙的。

四、《书画记》本色是考据

上述两件苏轼法书，未被其他重要谱录采入，因此只能比较《过云楼书画记》与卷中前后题跋的异同。下面我们再用清代著名谱录内的苏书题跋与《过云楼书画记》做个对比。先选顾文彬最初曾欲效仿的《江村销夏录》中一则：

宋苏文忠公后赤壁赋卷

纸本，高一尺馀，长六尺，行书。文不录。

右《赤壁后赋》东坡真迹，旧传吴匏翁家物。前王晋卿图，后宋元人题跋甚多，今皆不存，岂转徙散失故耶？东坡文笔固无容议，惟因此展玩殊深慨叹，后之收藏者尤宜保惜。万历改元春三月，后进文伯仁书。

东坡《赤壁》，余所见凡三本，与此而四矣。一在嘉禾黄参政又玄家，一在江西庐陵杨少师家，一在楚中何鸿胪仁仲家，皆东坡本色书。此卷又类黄鲁直，或谓苏公不当学黄书，非也。苏、黄同学杨景度，故令人难识别耳。文德承又谓此卷前有王晋卿画，若得合并，不为延津之剑耶？用卿且藏此以俟。甲辰六月观于西湖上因题。董其昌书。

辛丑阳月朔，越人邵发、僧忍得观稀世之宝，拜手记之。（[清]高士奇撰、邵彦校点《江村销夏录》卷二，辽宁教育出版社2000年版，第74页）

可见高士奇记录的项目，《过云楼书画记》里一项都未采用，顾文彬完全放弃了"江村体"。再看顾氏最终取法的《庚子销夏记》中的一则：

苏子瞻苦雨诗墨迹

《苦雨》五言古诗，乃坡公元丰六年八月六日书。字凡五百有馀，指顶行楷，神韵备足，坡公最属意之书也。予于崇祯壬午得之吏部黄襄，兵乱失之，贾人仍持来售，亦奇缘也。

传世者米书多、苏书少，盖当时党禁，人不敢收苏氏文字，存者多付之水火，今之行世者皆烬馀也。坡公尝自评其书："吾书骨撑肉，肉没骨。"又曰："吾书虽未工，自出新意不浅。"又每书辄多留馀纸，曰以待五百年后人题跋，然公书一至南渡，已重如拱璧，宁待五百年哉！黄涪翁曰："子瞻书为当代第一，为其挟以文章忠义之气耳。"此真知公者也。涪翁因公远谪，濒死不悔；米元章初借公以成名，既而背之，号于人曰"在苏黄之间"，自恃其才不入党，与视涪翁，有馀愧矣。（[清]孙承泽撰、余彦焱校点《庚子销夏记》卷一，上海古籍出版社2011年版，第26—27页）

孙承泽也未著录藏品的形态、内容等信息，只是叙述自己的收藏缘分，评价苏轼书法的价值和朋友们对他的态度。从形式上看，他的题跋摆脱实物束缚，自出机杼，确与《过云楼书画记》笔法相似，但从内容看，二者仍有根本区别。孙承泽重视的是藏品的艺术特色，表达的结果是主观的；顾文彬重视的是藏品本身和流传过程中存在的各种问题，题跋的目的是解决这些问题，结论是客观的。二书只是形似而已。

总体看，《过云楼书画记》是一部以考据为特色的书画鉴赏著作，或说是一部以书画为题材的文史考据著作，将其置入清代考据学著述之林，并不逊色。

清人洪亮吉在评论藏书家的高下时，曾将他们分为五等，从高往下，能"推求本原，是正缺失"的是考订家；能"辨其板片，注其错讹"的是校雠家；能"搜采异本，上则补石室金匮之遗亡，下可备通人博士之浏览"的是收藏家；能"第求精本，独嗜宋刻"但"作者之旨意从未尽窥，而刻书之年月最所深悉"的是赏鉴家；低买高卖而能"眼别真赝，心识古今"的则是掠贩家（［清］洪亮吉《北江诗话》卷三，《洪亮吉全集》，中华书局2001年版，第2271页）。将此论推之书画收藏，何尝不然。

《过云楼书画记》体现出顾文彬不甘于只做鉴赏家、收藏家，而要成为考订家的抱负，于此也可理解他在凡例中所"敬告当世"的"鉴赏之道不尽在是"、"论雅道而斤斤于斯，其为正法眼藏也几希"的真意：他的鉴赏之道，是在摩挲卷轴、品评优劣之外，追求更高学术目标，将书画藏品当成文史研究的材料，"推求本原，是正缺失"，重在考证。他的实践和成果，上承乾嘉考据馀绪，下接现代文史研究，值得重视。

顾道台的十万雪花银

同治十年（1871）六月初十，顾文彬在宁波收到苏州家信，得知前天新添一个孙儿。他取"近来得意之事"，为小孩命名"麟瀣"以志喜。"麟"是顾家孙辈的排行，"瀣"又有何喜可言呢？在给儿子顾承的信中，他道出原由："得意之事以宦游此地为最，此缺以护理海关为最，特命名曰'麟瀣'。瀣者，海也。福山寿海，将来福泽无量矣。"这个名字，寄托了顾文彬对后辈的祝福，也道出他对履任不过百日的职位的满足。

此时的顾文彬，担任宁绍台海防兵备道，同时护理浙海关监督。令他得意欢喜的，是海关惊人的"造富能力"——丰厚的收入，不仅让顾家瞬间摆脱经济困境，也让他收藏、造园等庞大计划有望实现。

一年前的三月初一，顾文彬带着姬人张氏和下人、仆妇，由水路前往京师，赴部候选。在从上海到天津的轮船上，为节省二十两舱费，六十一岁的顾文彬和下人一起住在大舱，饱受颠簸之苦。这次京师之行，顾氏一家格外俭省，路费、送礼、日常开销和购买书画在内，半年用银不过八百馀两，除去从家中账房支用四百两外，其馀均靠在京中出售字画和从钱庄借贷支撑。中秋时，顾文彬让家中汇银一百两，以至于要向家人道歉："明知家用拮据，此间又有陆续汇项，我心亦甚歉然。嗣后当加意节省矣。"此时这位大收藏家的窘状可见一斑。

同治九年闰十月二十日的一纸任命，改变了一切。

一、"此后汇归之款，切须秘密"

任职宁绍台道期间，顾文彬记有日记，并每隔数日定期写寄家书。日记和家书底稿一直保存在顾家，2013年由顾笃璜先生捐赠给苏州市档案局（馆）。经过标点整理，顾文彬《过云楼日记》于2015年4月，《过云楼家书》于2016年11月，由文汇出版社相继出版。这两部书为研究顾文彬、过云楼乃至当时经济、文化、社会提供了丰富的史料。

特别是《过云楼家书》，正好作于顾文彬同治九年三月进京求缺到光绪元年（1875）四月解组归田之间，主要写给在苏州当家的三儿子顾承。在家书中，顾文彬传递信息，吩咐家事，事无巨细，靡所不备，更兼父子知心，时露真情，让这部家书集成为重要而有趣的著作。《过云楼家书》涉笔最多的，如同整理者所归纳，集中在宦海生涯、家庭生活、收藏雅趣和建造过云楼与怡园等几个方面。细读下去，家书提供的历史信息覆盖极为广泛，并且"充满人物和社会的真实感和丰富性"（《编者的话》），是一个值得深入开掘的史料宝库。

从《家书》和《日记》中钩稽顾文彬任道台期间的收入情况，就是一个很有趣味的工作，既有助于了解过云楼收藏书画、建造园林的资金来源，也有助于了解当时海关监督的收入构成，以及"十年清知府，十万雪花银"之说的真实语境。

自同治十年二月二十二日接印，到光绪元年四月二十三日解组，顾文彬在四年零两个月的宁绍台道任上的进项，从《日记》和《家书》中约略可知。

日记中记录的他的个人开支，包括购买书画珠宝、应酬赠送、捐买封诰等，计合银洋近一万四千元，折算成银两在一万两以上。同治十一年，他还津贴浙江巡抚杨昌濬办贡经费四千两，官、吏各出一半，自己支出二千两；十二年入股轮船招商局二千两。外官向京中致送炭敬，是每年必不可少的开支，顾文彬在同治十年支出二千二百馀两，十一年支出二千两有馀，其馀两年未记，但四年合计总有八千两。可见，在这四年里，经顾文彬之手支出的银钱在二万二千两以上，这还没有包括宁波道署上下的日常生活开销，也不包括经他手送出但不由他支配的银钱，如每年八千两的抚署提调经费。

能体现顾文彬实际收入的另一来源是汇款数目。每年他都向苏州家中汇款若干次，有时数额巨大。汇款后他会写信通知顾承，以便接收。统计汇苏记录，同治十年四万三千四百两；十一年二万六千两；十二年五万一千六百两；十三年三万八千两；光绪元年一万八千两。四年多合计十七万七千两。

家书中记录的汇款也不是全部，因为顾承每年都来宁波看望父亲，在此期间的汇款，以及顾承回程时带走的银两，这些双方都知道的事并不需要写进家书。如同治十年顾文彬甫上任，就向阜康银号透支银一万九千两、洋一千三百元，分四次汇出，后来转为对阜康的二万两债务。此时顾承人在宁波，家书中就没有这四次汇款的细节。顾承走的时候又带走相当于四千八百串钱的银两（大约是三千两），当时家书也未提及。只是后来事有牵涉，顾文彬才再行复述。以此类推，可见其他。

汇款如此之多，引发同人嫉妒，也让顾文彬甚感不安。在同治十年第五十六号后附不列号家信中，他对顾承说："此后汇归之款，切须秘密。惟此间专向阜康一处汇归，则终岁进款，了如指掌，倘有别处分汇，便可隐藏。"后来几年，他也一直寻找能分散汇款的办法，但未能如愿。

将有据可查的支出和汇款简单相加，顾文彬的收入已在二十万两上下。"三年清知府，十万雪花银"的说法，还真说不上夸张。

二、"至于非分之利，并无丝毫沾染"

那么，顾文彬又是怎样用四年时间赚到二十万两以上白银的呢?

有学者曾分析"作为肥缺的海关监督的收入",大致来自以下几项:正俸,养廉银,倾融折耗和罚款,以及更大的一块"黑色收入"——新关对常关税银的拨补(任智勇《晚清海关监督制度初探》,《历史档案》2004年第4期)。从家书中透露的信息看,顾文彬的收入,主要也来自这几项。清代道台的正俸为一百零五两,可以忽略不计;宁绍台道兼任海关监督,可以领取双份养廉银。道员养廉银为每年四千两,海关监督各自不同。道光间,粤海关监督的养廉银为三千两(《粤海关志》卷十六"经费"),浙海关事务不比粤海关繁重,若照此标准,顾文彬两项养廉银每年可得七千两,已是一笔很大的收入,也是合法公开的收入。

他的更多收入则来自各种"陋规"。这些钱大多与关税有关。海关监督负责关税的征收、保管和解运,这几个环节都给官吏带来赚钱机会。

一笔稳定收入是由宁波大关和镇海关按月致送的"分征",这属于"新关拨补"范畴。五口通商之后,各通商口岸设立新关,专司分征外贸各税,原来设在各口的海关被称为"常关"。常关实行"额征"即定额管理,税银"尽收尽解",除了定额必须完成,所有盈馀也要上缴户部。这部分税款管理较严格,官吏不易染指。新关则没有定额,又因新关的设立冲击了常关税收,遂规定新关要拨补常关经费,其中一部分就落入官吏之手。

在同治十年的家书中,顾文彬记下他收到的几个月"分征"银数:"大关分征,四月初七只应得二千二百二十馀两";"四月初八起至五月初七止,两处分征,共得三千三百馀两,已缴来";"九月分征,大关一千五百馀两,镇海三百馀两,尚属中平"。统计月均二千多两。这是每月都有的收入,四年仅此一项,收入就超过十万两。

"额征"虽然按规定要上缴,但也难免税吏动动手脚。顾文彬上任不久,就发现宁波大关的关吏"多扣额征约八千两",他立加"振顿",严令关吏吐出五千两,并立下新章,每年照此办理。于是"大关隐匿,搜剔殆尽",只是这"吐出"的五千两并未进入国库,而是运回了苏州顾宅。

除了参与分成,顾文彬还改动额征与分征的比例,扩大分征基数,以便自己多分多得。

浙海关衙门分稿房、洋房、闽房和梁头房四房,分别征管不同的税项。洋、闽两房,额征每月一千数百两。在同治十年第四十五号家书中,顾文彬告诉顾承:"恺翁(钱粮幕友曹恺堂)指出,以为应以拨补公摊打折头,不应如此之多,盖额征少则分证[征]多也。我因此又悟出更有可少之算法,驳诘吴振家(稿房书吏),俯首无词,约于后日议复。若能照我算法,每年可得数竿也(一千两为一竿)。"过了两天,商议的结果出来了:"闽、洋两房额征,约两竿已够,馀多俱归入分征,约计可多四五竿。"

清代使用银两,收税的时候要加收熔铸消耗等折耗。这部分盈馀,也归官吏私分。"折耗项下,向章官六吏四"。顾文彬则改变章程,从书吏手中扣回二千两。税银由监督私下存入银号，利息则归本人。同治十年（1871），"截止九月十五，只得息银四千馀两。此项息银在未改章之先，落得取用"。

为解送税银，收税时还要加收一笔汇费。汇费盈馀也归官吏私分。顾文彬与税收有关的收入，还有渔税津贴、海关季规等，不过数额都不算大。

宁绍台道的本职是海防兵备道，也经手一些军费开支，节馀则归道台所有。从家书看，有造船费和犒赏费两项。造船费由宁波大关每月提供四百两，每年近五千两。顾文彬几次说起，通过"振顿"大关得来五千两，加上造船费，每年共可多得一万两。不过，遇有造船工程的年份，这笔钱就要花出去，甚至还要倒贴。同治十一年，顾文彬为此实际补贴了一千八百两。

阅兵时的犒赏，也由海关筹集，每年一千零八十两，不算大钱，但大部分仍归入道台的私囊。同治十二年十月八日，顾文彬举行当年第二次卫安勇操练检阅，他在日记中写道："文前任（文廉）每年不过阅一次，或有终年不阅者。今一年两阅，欲该勇等知所勉励也。"看上去很是励志。然而在家书中，他吐露了真实想法："我之所以添阅一次者，因此项赏犒由厘局送，每月九十元，众所共知，若仅阅一次，入己者未免过多。今阅两次，一年所费亦只四百元，然已足塞众喙矣。此亦我爱惜名誉之一端也。"

顾文彬用二百两犒赏保护了名誉。海关收入虽然动辄巨万，在他看来全属应得之财。他到任第一年，老友吴云就听到流言，写信提醒他不要太过严苛，顾文彬辩解说，"我现在振顿者，无非因书吏种种侵蚀，不甘为其可欺耳。至于非分之利，并无丝毫沾染"。他理直气壮的底气在于，这些银子都是按惯例分成，或是从关吏那里"搜剔"来的，在朝廷和社会的容忍范围之内。

三、"可见做官不可不精明也"

从税吏那里分肥，顾文彬的说法叫"振顿"或"搜剔"，其过程也是斗智斗勇。如在正税项下，宁波大关书吏多扣额征约八千两，顾文彬令其吐出。他的要价节节上升，从四千两，到五千五百两，再到六千五百两；书吏们的还价则步步为营，从三千两，到四千两，再到五千两。几个"舌敝唇焦"的回合下来，书吏跪求开恩，顾氏"适可而止"，自认吃亏一千五百两，以分得五千两作为定例。在折耗项下，"向章官六吏四，项涛（大关关书）应得四成，除去上半年已领过一半，年终结账，照算应得千金有零，我只给三百金，再四恳求，又借去三百金。项涛名下统裁去约两竿"。这"两竿"自然归了监督。

经此数役，顾文彬颇为得意，他在家书中告诉儿子："该书等……骤然吐出，未免竭蹶不遑，在我适还固有，不为苛刻。如此振顿一番，所入非细。可见做官不可不精明也。"

顾文彬的精明，在与书吏争夺汇费盈馀一事上，表现得淋漓尽致，家书中也讲得绘声绘色，画面感极强：

汇费盈馀一款全数交进内署，已与远香、项书说明。讵料项书（按即项涛）仍将官七门一之银票持来硬交。我见之拍案大怒，痛加申饬，将票掷还。次日远香来见，责其不应仍交书手，伊再四支吾，我随发谕单，将项书斥革。项书求恺翁说情，恺翁谕令将全数交进，始令项书叩头谢罪。我现在拟将银号之三两与远香另议酌减。此外，清书之八钱不给，院书之二两二钱不给，只给每年共三百两，项书之四两只给一半。我意虽如此，未知项书肯允否？然经此一番发怒，谅伊不敢多嬲也。

汇费盈馀在海关监督、门吏和银号之间分配，"官七门一"，官占已是绝大多数，但顾文彬仍不放过吏占的那一部分，遇到这样精明的官，书吏只能自叹不如，于是"项书自经严斥之后，居然驯顺，前日将汇费准驳账交与，伊名下只领二两，亦不敢争"。银号也只得让利："汇费项内贴还银号之三两，已与远香说定，贴还一两四钱，此举又可以便宜一竿也。"据此估算，顾文彬分得的汇费盈馀，一年也不在少数。

四、"但愿在此间安然不动，则我意遂矣"

顾文彬在道台任上，心满意足，但也有担忧的事情。除了有人羡慕嫉妒，向上司进谗言外，另有三桩：一怕下雨，二怕升官，三怕出差。

对下雨，他在同治十年第二号信中说："此间前几日大雨，关税甚少，昨日一晴即旺。总要多晴为妙。"下雨影响商人出行和税关收税，也就影响了他的收入。

对升官，他在同年第四号信中告诉顾承，"运使锡祉病中风，已委藩台兼署，恐要开缺。此是道升之缺，幸我资格太浅，或不致骤升也。"乍闻此言，会以为"幸"前脱了"不"字，做官的人谁会为不能升官而庆幸呢？况且锡祉担任的盐运使是公认的美缺。不过往下看，会发现顾文彬确实在"庆幸"，因为几天后他又得到新的消息："省垣锡运使中风之病，未必能愈。卢方伯（布政使卢定勋）有子侄之丧，闻亦有告退之意。若连出两缺，而俱坐升本省之官，即使轮不着，亦一步近一步，甚可虑也。"

这个道台的缺，不仅盐运使不换，布政使也不换。同治十二年正月，顾文彬进省拜年时，向巡抚杨昌濬提出，"设使两司有升迁调动，亦不愿调署"，得到巡抚应允，他的心才稍稍放下，对儿子说："但愿在此间安然不动，则我意遂矣"。"两司"即布政使、按察使，已是位高权重的高官了。

顾文彬怕出差，《家书》提供了一个颇见心曲的例子。同治十一年底，省中传出要调他担任来年乡试提调的风声，为此他大为紧张，千方百计要推掉这个差事。转年他两次进省，均当面要求杨昌濬不要调他的差。他给巡抚说的理由是"精力不能胜任"的场面话，对儿子说的却是"有碍进款"的心里话："假使调我当此差，便有人来署我之缺，先后有两月之久，又值秋间税旺，出进有数竿之巨。"他怕出差，其实是怕损失数千两银子的进项。这个差事后来没有推掉，但银子也没有损失，因为"提调须带印进省，一切日行公事令府中代折代行，并不另委署事人员，故与进款无碍，不过月馀辛苦而已"，算是两全其美了。

不过，不敢离开宁波衙门的顾文彬，也主动出过一次差，这是同治十二年（1873）六月的事。《日记》六月二十日："未刻，渡钱塘江……申刻，进城，仍寓孙宅。酉刻，见中丞，畅谈洋布捐事，责备陈绅鱼门，以八字蔽之曰：朦混包捐，偷漏半税。中丞恍然大悟，甚以为然。"二十四日："午刻，上辕，将洋布公事谈大约，由厘局收陈绅包捐之二万二千串内，提出关上应得半税，按月查数照缴。"二十五日，即渡钱塘江返回宁波。

这件事有何重要，甘让顾文彬冒暑奔波呢？还得从家书中找答案。本年第三十五号信中说："此次进省，适值酷暑，苟非万不得已，岂肯轻举妄动。实因陈鱼门但知利己，不顾大局，竟敢蒙混中丞及厘局总办，以二万二千串包净洋布落地税，岂止有碍新关半税。查半税一项，每年约有两万馀金，所有拨补之二万金及新关一切杂用皆取给于此，自鱼门包税之后，半税分文不缴，仅得二万馀串，反失去二万馀金，孰得孰失，显而易见，……必须亲自进省，剀切言之，方得明白。"原来，陈鱼门（名政钥）包税之举，减轻了商人税负，却让宁波海关每年减少收入二万馀两，这二万两又是由海关自行支配的"拨补经费"，此举若行，会大幅减少顾文彬等人的收入，所以引发他激烈的反对。

此事又以顾文彬胜利而告终。担任浙海关税务司的英国人惠达在《同治十二年浙海关贸易报告》中报告了这件事："6月，当地进口匹头商与省当局达成一项协议，即由前者同意按年缴纳22000吊铜钱折成14700银两。以后，凡由宁波匹头公会会员运进口匹头往绍兴、金华、衢州、严州和处州豁免内地应征洋货匹头各税……是乃既利商人又便税吏之举也。结果，大水冲了龙王庙，关监督提出反对。因为，该关监督与子口税承包人都有利害关系。双方僵持不下就上诉，结果上诉批示不准。"（《近代浙江通商口岸经济社会概况：浙海关、瓯海关、杭州关贸易报告集成》，浙江人民出版社2002年版，第154页）

宁波任职四年，顾文彬办成了若干令人艳羡无比的大事：增加了在两家典铺的股本，购置了数千亩土地，买下左右邻舍房屋和宅后园地，扩建住宅，修起过云楼和怡园，成为江南第一收藏家。同治十三年九月，他忽起归田之意，遂上禀告病，未获批准，只能接着干下去。他告诉顾承："我之告病，似不应再顶，只得敷衍下去，到明年再商行止。但既到明年，所有入项衰于春而旺于夏秋，势必又要敷衍到八九月间方可引退。"念兹在兹的，仍是"入项"。

转年是光绪元年，顾文彬未能"敷衍"到夏秋税旺之季——他开春患上咳血之症，一度颇为凶险。这次递上的病禀很快被接受，顾文彬于四月二十三日交印回苏。临行之前，他收到卫安勇送来的万名伞，向后任交代了库款。据账友说，历来累积的亏空，须银二十五六万两方能了结。

过云楼的书画生意

过云楼收藏名甲江南，而从第一代主人顾文彬开始，顾家书画就有买有卖。对买画，因其重要藏品著录于《过云楼书画记》，传至今日者亦复不少，今人自能知其大概，但卖画情况，过去只有些蛛丝马迹，难得其详。

同治九年（1670）四月十八日，翁同龢在琉璃厂看到顾文彬买的书画，又借看了他卖出的书画。翁氏这天的日记说："过厂，见顾子山所收王石谷册，恐未真。《九成宫》，乃秦刻；《十七帖》旧而不佳。又借得杏农所购石谷册（杂临，纸大小不一，然有摹仿之迹），《负照卷》（太滑），亦顾氏物，皆未真。"（《翁同龢日记》第二册，中西书局2012年版）光绪十四年（1888）三月十三日，翁同龢在给翁斌孙的信中说："顾子山自收自卖，并非门户凋零。"（《翁同龢集》上册，中华书局2005年版，第386页）此时已是顾文彬去世的前一年。可见顾家卖画，一直在持续进行，只是所见记载甚少。

然而，《过云楼日记》和《过云楼家书》近年整理出版，全面改变了顾氏书画收藏的研究条件。这些由顾文彬亲自写下的第一手材料，包括大量与书画买卖有关的细节，让人们得以勾勒出一幅过云楼前期书画鉴藏、交易活动的全景图卷。

按《过云楼日记》，同治九年三月，顾文彬入京候选，随身携带书画一箱，当月二十八日到京，四月一日就将画箱抬至博古斋，托店主李老三代售。是年第八号家书说：

> 京中所重亦是四王恽吴与沈文唐仇，我所带之物甚合销路。至于眼光，虽李老三已算巨擘，然不如我与汝远甚，见石谷两册，深以为真，其易欺可见。我即托其代销……刻下恰有外官两三人在京，箱中物拣去八件，如可成交，约可得三百金。据此看来，此种生意尚可做得。我在京候选，川费不轻，兼做贩书画客，不无小补。

取走八件书画的外官，就是借画给翁同龢看的尹杏农。杏农是尹耕云的别号。顾文彬四月初五的日记说："尹耕云托蒋子良问书画价……余虽告以所择八件索价四百馀金，然因李老三是经手人，嘱其不可撤却也。"这笔生意最后成交三件，"销去座位帖一本、石谷碎墨一本、廉州山水一卷，得价一百四十两"。《翁同龢日记》中所谓"负照卷"，即廉州（王鉴，字圆照，曾任廉州知府）山水卷，"负照"乃"员照"的手民之误。

顾文彬在京期间，对书画买卖颇为用心。他带来的书画销路不畅，便要求家中续寄。同时他也买了若干书画，除了一部分自己欣赏的精品外，也不乏低档货色，寄回苏州供儿子顾承售卖。在给顾承的家书中，他屡屡讲起生意经："石斋绢本字卷，东洋庄有销路，亦不可贱售。如售去，急须添补，因石斋字卷册并无他件也。""大约书画日少一日，次者、赝者固宜售去，其真而佳者亦须买进，如待价而沽，总可得善价。如此，则孙辈讲书画一节尤不宜缓耳。""所买书画精品居多，设使变价，均可占钱。即绫本各轴，谅亦可得价。"此时，卖画是顾家正经生意，以赚钱为目标，只要价钱合适，即使卖掉精品也在所不惜。

在京候补的十个多月里，顾文彬用度窘迫，苏州家中也接济不易，故对卖画补贴日用抱有很高期望，而京中卖画收入二百五十三两，确实"不无小补"。他卖画并非偶然为之，尝见其写给在湖北任职的汤世镛（字彦泽）一函云：

> 彦泽仁兄大人阁下：一别数载，驰系弥深。夏初赴鄂，匆促即归，未及握晤，一罄积怀，尤为歉仄。盛杏荪世兄来苏，述及起居安吉，深以为慰。并悉公馀之暇，博雅嗜古，清兴颇多，可谓与弟同癖。弟杜门息影，独于书画一道，娓娓不倦，数年以来，所蓄遂多，惜云山迢隔，不获与方家共相欣赏也。阁下清秘所藏，精品当复不少，如明之文沈唐仇、国朝之四王恽吴，共得若干种，能将目录开示，藉寄寤思，他日重作楚游，

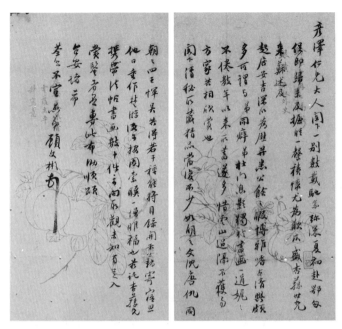

顾文彬致汤世镛函，同治四年（1865）

便可按图索骥，一增眼福也。兹托杏苏兄携带法帖书画数十件，可向取观，未知有足入赏鉴者否？专此布渎，顺颂台安，诸希荃照不宣。愚弟顾文彬顿首。

函中提及"夏初赴鄂，匆促即归"，当指顾文彬于同治四年四月应湖广总督官文之招赴汉阳节署，旋即返苏。此年他托盛宣怀携带到湖北销售的法帖书画达数十件，可见其书画生意很早就开始了。

同治九年（1870）闰十月，顾文彬补授宁绍台道，转年二月莅任。宁绍台道兼管海关，是个日进斗金的美缺。这让顾家的书画生意有所变化。一方面顾文彬仍想多卖一些，并将家藏书画全部标上价钱，希望"后人如能待善价而沽，虽散去亦无所憾"，另一方面又谆谆告诫顾承，不可出售佳品，并且要按照他定的价格出售。如同治十年第四十三号家书说："德尚衣（苏州织造德寿）亦欲搜罗书画，曾与汝说过。能售一大票甚妙，但切不可贱售，尤不可将佳品售去，因我家此时光景，非昔比也。"第五十六号家书说："书画中如有见而求让者，只可将好充头如楼氏所得恽十万图及王吴合册之类，以及虽真而不妙者，方可让去。若上品之物，虽得差价，亦不可让。至要至要！"后来顾承以一千馀两巨款向李鸿裔（香严）售出一批书画，内有顾文彬喜爱之物，这让他大发雷霆，严令讨回，最后以李鸿裔退货了事。

此刻顾家卖画所得，也不再补贴家用，而是用于补贴购画所需，用顾文彬的话说，就是"推陈出新"，"换些上等之物"。虽然"自从弄书画以来，出进之间，颇多沾润"，但书画生意已经不是顾家的重要经济来源了。

从日记和家书看，顾氏卖画的渠道多样，有自己推销的，有委托掮客代售的，还有朋友如吴云等撮合的，更多的是顾承在苏州家中卖给慕名而来的顾客。顾文彬在宁波任职期间，家中一度想开设书画铺、游艺馆，都被他制止，认为如此必多欠账，难以追讨。

顾氏虽为官宦人家，一旦做起书画生意，也难免沾染诈伪之习。卖品首选下驷、赝品，以次充好、以赝充真就在所难免，即便对亲朋好友也是如此。李鸿裔是顾文彬过从频密的好友，看上他家的"大、小米卷"。顾文彬明知这个卷子"靠不住"，却在家书中特别嘱咐："伊如欲得，非六百金不可。此等物既归过云楼鉴藏，指为真龙，谁曰不然。"

顾家有时也弄些移花接木的手段。顾文彬在京时，买来无款山水小幅，想着"正好添气节大名如方孝孺之类"；他买到一张仇十洲画片，惜无题跋，而在京曾得诗笺一纸，乃傅青主（山）之侄所书而无款，其字与青主相类，于是他打算另摹傅青主印，补印于诗笺之后，即作为十洲画跋合装一卷；他又听说沈济之处藏有翻刻的《虞恭公碑》碑石，每份裱好的拓本要售二三十元，因此指示儿子："即向其买一本与京中本校对。如是一石，用佳纸佳墨拓数本，加以重装，可充旧拓得善价。其石如肯送人，购藏于家，无异美产也。"

除了利用现成字画碑帖添款、做旧，顾家还自己动手制作假书画，售卖牟利。在同治十三年第六十二号信中，顾文彬给顾承讲了一个"笑话"："金少芝寄来两轴，一倪一麓台。倪即汝作伪，我一望而知。此事可入《笑林》。"

顾承造假售假，在当时大概也不是秘密。张謇于民国三年（1914）得到过云楼旧藏《张云林九龙图》，跋云：

> 此吴县顾子山家物，甲寅得自京师碑贾，盖自江南稗贩而去，时余方求十二辰画也。顾曾官清宁绍台道，拥厚资，富收藏，政声无闻焉，顾犹愈于凡俗委琐

之夫也。子亦善画山水，喜仿古人名作弋重价，此则非周东村寒素鬻画者可比也。（《张謇全集》6，上海辞书出版社2012年版，第398页）

号称江南第一收藏家的苏州过云楼，富而作伪，已经够离奇了，但还有更出人意料的事情发生，那就是用假画掉换别人的真画。

先是，同治十一年（1872），顾文彬与李鸿裔公请顾若波（沄）馆于二人之家，临摹古画。在李家，从李鸿裔《苏邻日记》看，顾若波临了不少古画。在顾家，顾文彬则另有安排。在当年第一百三十五号之不列号家信中，顾文彬对顾承说："传闻陆时化收藏名品，俱请名手摹成副本，以应有势力者之豪夺。此举未免过虑，然亦未始非良法。现在请若波所摹各种，切勿着一字一印，应如何落款之处，俟与汝面商妥协。"

父子商议的结果，就是顾若波不落章款，临摹作品成为原作的副本。过云楼藏萧云从《青山高隐图》光绪间散出，归邵松年收藏。他于丙辰年（1916）另纸题跋（署名息老人）云：

顾子山先生精鉴别，富收藏。在道咸间名重一时。闻其所藏名迹，多延善画者临有副本，庐山真面不易得见也。后诸子分析，各得若干，遂不免出而易米，然佳者多为文孙鹤逸收去。此卷与十洲《独乐园图》皆当年

流落至京，却皆非副本也。(《木扉藏明遗民画二十家》，
《郑德坤古史论集选》，商务印书馆2007年版)

可见顾氏藏书画临有副本，也为世人所知。这些副本有
时就派上用场。

同治十二年九、十月间，居住在宁波的秘献卿（或书
仙卿）去世，身后"私债山积"，由宁波知府边仲思（名宝
诚）主持，将巨然画卷（应即《过云楼书画记》著录的巨然
《海野图》卷）以四百元卖给顾文彬，另将零星书画拿来给
他欣赏。十月二十二日，顾文彬将这几幅画寄回苏州，对顾
承交代说："老莲笠屐图对临一幅，还旧裱就还之。麓台轴
如以为佳，亦只可觅旧纸对临暗换。若以他幅相易，断乎不
可，因仲思极细心，认得逼真，万难掩饰也。"数天之后他
又催促说："老莲、麓台两轴，既已对摹，以赶紧为要。此
两件皆不肯售者，恐来索取，无词推脱也。纸色能略做旧更
好，若染色则不必矣。"事情的结局见于十一月二十三日日
记："送还边仲思转借秘氏书画册。麓台山水、老莲笠屐图，
已令承之摹本易之。"就这样，在"极细心"的宁波知府的
眼皮底下，顾家将两幅画掉了包。

胡雪岩作为巨商，精明一世，可他的书画同样被顾家偷
换，情节更加"引人入胜"。

胡雪岩何时将五件卷册借给顾文彬观赏，在顾氏日记和
家书中暂未看到。但在同治十二年十月二十二日，顾氏父子
已经开始商量怎样暗换它们，并且顾承已拿出方案。在此年

第九十三号信中，顾文彬说："山堂字、倪文贞札，办法均好。惟以元春易包山，大可不必。不如以旧纸对临包山卷，裱好还之。合锦册，亦以对临一本为是。"此后顾承寄来了临摹的倪元璐（文贞）书札和蒋山堂字卷，逼真得让顾文彬也未分辨出来。他在第九十九号后之不列号信中说："寄来倪册、蒋卷，皆预备还胡者。我乍见倪册，尚认为真，故前信有双绝之语，及细审而后知之，足见优孟衣冠之妙。此外一卷两册，皆以对临为妙，若以他卷他册截款为之，决不能如此泯然无迹也。渭长册若阜长以为真迹，即托其徒印摹六页，裱好还之。若不真，即以原册还之。五件以不留一件为高，并可为下次借物地步。苟留其一件，嗣后即不便再借再看矣。"一边谋划侵吞，一边还盘算再借，顾氏父子做事算得上气定神闲了。

到十一月十五号，摹本还没有做好。顾文彬在信中又指授机宜："胡处包山卷、渐江册，汝既以对临为费事，以他册易之，谅未必看得出。惟无名氏百鸟卷，我尚以为不值，如家藏有逊于此者，何妨另取一卷。我记得有此间买之假文嘉卷，甚属下品，似已为汝带回，可捡出用之。剑仙六页，托阜长之学生钩摹一本，谅非难事。时人之物，恐雪岩记得耳。"

这一方案最终被采用。十二月初三，顾文彬用两件临摹的伪作、两件不相干的劣作换下真迹，归还给胡雪岩。任渭长的剑仙图，则由胡雪岩相赠。五件书画全数改换门庭，归过云楼收藏。

事情看起来很圆满，但出乎意料，胡雪岩居然看出"包山卷"被偷换，又找上门来要求换回。顾文彬在同治十三年（1874）第五号信中说："去年所借胡雪岩卷册送还之后，又将包山卷退回。伊尚记得是人物卷，兹忽变为花鸟卷，故必欲换回，可见此等人心思甚细，不可欺也。我本嘱汝临一副本，汝藐视雪岩，以为断记不得，今竟何如？汝若以包山卷为不可失，则仍照我前议，用旧纸临副本还之；若以为可得可失，则竟将原本还之。"

　　用花鸟画掉包人物画，还认准对方看不出来，这是何等自信。不过这次顾承没再费心临摹或寻找替代品，而是将原画寄回。在第八号信中，顾文彬无奈地抱怨说："包山卷收到，当即还之。此卷画既明秀，题咏皆名手，大可藏得。若波即无暇，此外岂无能临之人？汝一味因循怠惰，不得已挑剔石角一人以为藉口，阑珊之意于此可见矣。"

　　对顾家来说，这是一个遗憾事件。如果顾若波有时间，或顾承不那么怠惰，过云楼就会多一件藏品。而对今人来说，这是一段幸运的历史，它让我们不会因震慑于法书名画的万丈光华，而对其背后隐约闪现的欢颜与泪水毫无所见。

现存《祭黄幾道文》卷并非王世贞旧藏

上海博物馆收藏苏轼、苏辙兄弟合撰《祭黄幾道文》一卷，原为苏州过云楼旧藏。此卷字体与苏轼书法相似，自清初以来一直被视作苏书真迹。由于传世苏轼法书少见楷书，这件作品也受到格外重视。

在入藏上海博物馆之前，《祭黄幾道文》卷经历过漫长复杂的流传过程。从实物看，此卷在明代有董其昌观跋，清代有笪重光、王鸿绪、李鸿裔题跋；从藏印看，有宋人黄仁俭，明人何良俊、严泽，清人笪重光、王鸿绪、瞿中溶、王兴谟等人印记。从著录看，明王世贞《弇州山人续稿》、孙鑛《书画跋跋》、郁逢庆《续书画题跋记》、汪珂玉《珊瑚网》，清吴其贞《书画记》、顾复《平生壮观》、卞永誉《式古堂书画汇考》等均有记载，同治末年归顾文彬所有，《过云楼书画记》中刊有长跋，可谓流传有绪。但仔细分析这些题跋、印章和著录，又会发现它们之间存在严重冲突，所题、所记并非同一件作品，这带来重新认识现存《祭黄幾道文》卷的问题。

一、王世贞与《祭黄幾道文》卷

在诸家题跋中，笪重光和顾文彬都说到此卷在明代曾由王世贞收藏，并装入《六大家十二帖》中。康熙十九年仲冬笪重光跋略云：

> 此卷载在《弇州山人续稿》"六大家十二帖"一则，内云"数年中得苏文忠《祭黄幾道文》于朱司成大韶家、《送梅花帖》于嘉兴盛氏，考祭文是元祐二年书，玉堂视草，匆匆间精思构结乃尔。后有钱状元福跋，真而不佳，去之"之语。又云："吾于六君子书，竭资力二十年，数得数汰，如波斯大舶主，探宝非一时也。"观此，则为王凤洲先生搜藏，转入曹氏后，董宗伯、陈眉公诸公始得观之。(转引自徐邦达《古书画过眼要录·晋隋唐五代宋书法：壹》，紫禁城出版社2005年版，第310页)

顾文彬《苏文忠祭黄幾道文卷》跋云：

> 长公此文……《式古堂书考》题"东坡兄弟祭黄幾道文"，后并载弘治辛酉华亭钱福跋，而卷中无是，盖万历间归王凤洲去之，见《弇州山人续稿》"六大家十二帖"跋中。然考《续稿》又有《摹苏长公真迹》跋

上海博物馆藏《祭黄幾道文》卷（局部）

云"客有周□□、徐长孺、章仲玉及吾从子驷，素善公结法，因令各响拓，大小汇为七帙，藏之山房"，内有《祭黄幾道文》云云，知此文凤洲有响拓本。卞氏在国初时复载钱跋，得非跋为飞凫家所得，乃取响拓本合之耶？（［清］顾文彬《过云楼书画记》卷一，清光绪刻本）

据此二跋，《祭黄幾道文》在明万历间归王世贞收藏时，尚有弘治三年（1490）状元钱福一跋，但因写作不佳，被王世贞"去之"。钱福跋文见于清人卞永誉《式古堂书画汇考》，因王世贞为《祭黄幾道文》制作过摹本，顾文彬怀疑有人将钱跋与摹本合装，作伪欺世，他收藏的没有钱跋的本子才是真本。

王世贞《六大家十二帖》跋，见《弇州山人续稿》卷一百六十一，文字较长，分别叙述十二帖的作者、作品情况和各帖的来历、搜求的甘苦，与《祭黄幾道文》卷有关的文字略如笪重光所引。"六大家"指宋代的蔡襄、苏轼、黄庭坚、米芾、薛绍彭和元代的赵孟頫，每家选取两件作品，合装为一个长卷，是为"十二帖"。在编集过程中，王世贞对各帖原来的跋文有所去取，如《祭黄幾道文》卷后"钱状元福跋，真而不佳，去之"，米芾帖后"李少师东阳一跋颇精，故留之"，薛绍彭帖后的元明人跋语则被移至全卷的卷尾。也就是说，《祭黄幾道文》卷传到王世贞手中后，他割去钱福的跋，将其裱入"十二帖"中，前面是蔡襄的作品，后面是黄庭坚的作品。

《弇州山人续稿》中的《六大家十二帖》跋未署年月，但王世贞集成此卷的年份可考。万历末年陈继儒辑刻《晚香堂苏帖》，收入《祭黄幾道文》，后刻王世贞、王世懋兄弟跋，署"万历庚辰初夏望日"。这段跋文实为截取《六大家十二帖》跋的相关文字，将"六大家"改为"苏公"，并非专为《祭黄幾道文》而作，但可说明原跋作于万历庚辰，即八年（1580）。（《晚香堂苏帖》下册，中国书店1990年版）

"十二帖"集成后，王世贞又作《蔡苏黄米薛赵六家十二帖歌用少陵八仙韵体》七古长诗，收入《弇州山人续稿》卷九。《续稿》之诗分类编年，此卷有《赠休承八十》诗，按文嘉（字休承）生于弘治辛酉（1501），八十岁时正值万历庚辰，王世贞的诗与跋作于同一年。跋谓《祭黄幾道文》卷得自"朱司成大韶家"，朱大韶卒于万历五年（1577），此帖或得自其身后。

被王世贞"去之"的钱福跋文，崇祯间成书的郁逢庆《续书画题跋记》和汪珂玉《珊瑚网》均有著录，题作"苏长公兄弟祭黄几道文"，当有因袭关系。跋云：

> 坡老兄弟祭黄几道文一通，传袭至锡山华尚古氏，福偕弟祚得伏睹之，知非坡老不能及也。几道未能悉其为人，而坡老称许至谓"天实愧之"，当自有见。尝称颍滨《黄楼赋》稍振励人，辄谓其代作，要亦自知有辨。福读《古史》，颇觉其议论不合处，与吾弟评订之。兹同见此，乃书以归尚古。弘治辛酉九月三日，华亭后学钱福敬识。

辛酉是弘治十四年（1501），尚古是无锡华珵的别号。钱福此跋被王世贞裁去后不知所踪，后来书画谱均据此录文辗转钞传，并非有一个带钱跋的《祭黄几道文》卷存于世间。

王世贞家临摹《祭黄几道文》，事见《弇州山人续稿》卷一百六十五《摹苏长公真迹跋》，略云：

> 家所藏公墨迹石刻小楷薰行草圣之类，为诗为文为厄语几百番，儿辈欲分得之。垂割，而客有周□□、徐长孺、章仲玉及吾从子骊，素善公结法，因令各响拓，大小汇为七帙，藏之山房。其体之傲傥权奇出入变化所不暇析。内《煎茶》、《听琴》四咏，《归去来辞》及《跋王晋卿山水歌》、《祭黄几道文》、《谢送梅花诗》

与《久上人帖》，则皆于真迹拓出者，以故几若赵郎之见貌周昉，并其情性得之，不止王孙之隆准而已也。（[明]王世贞《弇州山人续稿》，明万历刻本）

王世贞给儿子们分家产，分到苏轼法书时，请人临摹一套归自己欣赏。由于临摹者都熟悉苏公笔法，《祭黄幾道文》又从真迹响拓而成，故而形神毕肖。

以上是《祭黄幾道文》归王世贞后的情况。

二、流传至清代的《六大家十二帖》

王世贞身后，《六大家十二帖》卷仍完整流传，在清康熙间，还有两部重要书画录记录了它的情况。

吴其贞《书画记》卷五云：

宋元六大家翰墨十三则为一卷。

纸墨皆胜。蔡君谟有大字帖一则、《子发帖》一则；苏东坡《黄幾道文》一则、《次王晋卿梅花诗》一首；黄山谷《眉州帖》一则、大字帖一则；米元章《跋头陀寺碑》一则、《跋颜鲁公帖》一则；李西台跋一则；薛道祖《大年帖》一则，又《大年帖》一则；赵松雪有书二则，忘记是为何文也。以上六家书皆尽平日伎俩，无一不入妙入神，为宋代法书之宝。卷后有元金应桂、陆居仁题跋，明有吴匏庵、太仓二王题跋。以上书画四

卷观于扬州旅馆……丁未三月二十二日。（[清] 吴其贞《书画记》卷五，《影印文渊阁四库全书》本）

吴其贞所观"宋元六大家翰墨十三则"即王世贞所集《六大家十二帖》，为何他说"十三则"呢？因为他在旅馆匆匆一见，误把在米芾《跋颜鲁公帖》后题跋的明人李东阳（号西涯）记成宋人李建中（官"西台"），将此跋也算成一则。吴其贞未见《弇州山人续稿》，故所拟各帖之名与王世贞命名多不相同，如蔡襄二帖，王世贞称为《安乐帖》、《扶护帖》，吴氏称为"大字帖"、《子发帖》；黄庭坚二帖，王世贞称为《眉州帖》、《毕大事帖》，吴氏称为《眉州帖》和"大字帖"。苏轼二帖，二人取名主题相同。

吴其贞还记录了卷后有元金应桂、陆居仁和明吴宽（匏庵）、太仓二王（王世贞、王世懋）的题跋。金、陆、吴的跋，都是为卷中薛绍彭《大年帖》题写的，王世贞在装裱时将金、陆二跋移到卷尾。王氏兄弟的跋则题《六大家十二帖》，曾被节录到《晚香堂苏帖》中。

这些明代文献中没有的信息，让我们知道吴其贞看到的是《六大家十二帖》手卷实物，并得以了解各帖的更多细节。丁未乃康熙六年（1667），此时《十二帖》尚完整保存。

顾复《平生壮观》卷二在"蔡苏黄米薛赵"名下，分别著录了《六大家十二帖》中的各家法帖：

　　蔡襄：《安乐札》，白纸，行书。《扶护札》，白纸，行书。二帖在六大家卷内，行书甚精。

苏轼：《祭黄幾道文》，前官衔，同子由致祭。白纸，正书寸许。曾见钱福一跋，因入《六大家》卷内不存耳。《送梅花帖》，六大家卷内。

黄庭坚：《毕大事札》、《眉州摄判札》二张，六大家卷中。

米芾：《题颜平原鹿脯帖》，中楷。《题殷令名帖》，中楷。二纸六大家卷，甚精。李东阳跋上呈觉民诗，白纸，中行书。

薛绍彭：《大年防御札》，黄纸。《大年太尉札》，黄纸。二帖在六大家卷内。

赵孟頫：《骑从札》、《弭节札》甚佳，二幅在六大家卷中。（[清] 顾复《平生壮观》卷二，《影印文渊阁四库全书》本）

顾复看过《弇州山人续稿》中的跋文，所用帖名与王氏多同，但也有所补充，如米芾跋颜真卿帖，王世贞但云"颜真卿帖"，顾复则著录为《题颜真卿鹿脯帖》，丰富了信息。他还逐一记录各帖的文体、书体和纸张特色，这些细节，只能来自书卷实物。

顾复何时看到《六大家十二帖》，书中未能写明。但他的《平生壮观引》作于康熙三十一年（1692），同样说明《六大家十二帖》在清初仍完整保存。

三、董其昌所跋《祭黄幾道文》不在《十二帖》内

这时我们发现一个问题：吴其贞和顾复详细著录了《十二帖》的题跋，包括已经失去的钱福跋，却未提到董其昌跋，这是怎么回事？

上海博物馆藏《祭黄幾道文》卷中最早的题跋即董其昌的一则观跋：

> 董其昌观于曹周翰斋中，癸卯十月晦。同观者陈仲醇、周仲简、季良兄弟。（转引自徐邦达《古书画过眼要录·晋隋唐五代宋书法：壹》，第310页）

癸卯是万历三十一年（1603），此时《祭黄幾道文》尚合装于《六大家十二帖》中，如果董其昌观看的是这一卷，他的跋语理应与《祭黄幾道文》在一起，为何吴其贞和顾复都未看到？只能说，那个卷子里没有董跋。换句话说，董其昌题跋的《祭黄幾道文》，并非《六大家十二帖》中的《祭黄幾道文》。

董其昌跋字数不多，但占了四行，后面还有较长的馀纸。王世贞在制作《十二帖》时，为了让内容紧凑，不惜裁掉苏轼帖后钱福跋、移走薛绍彭帖后的元人跋，怎会在《祭黄幾道文》后面留出一张空纸呢？假如真有这样一张空纸可以题跋，董其昌等人又怎会对精彩绝伦的六大家法书视而不见呢？这说明，董其昌题跋的这卷《祭黄幾道文》，当时是

一张独立的书法作品。

从收藏印记看，在装入《六大家十二帖》之前收藏过《祭黄幾道文》的人，有华珵（尚古）、朱大韶、王世贞，但上博藏卷中恰好没有这三个人的印记。说这卷《祭黄幾道文》是王世贞收藏过的那张，并无根据。

再看董其昌的跋，他不仅未对六大家的其他作品表示赞赏，也未对《祭黄幾道文》本身做出任何评价，只是写了一个"观"字。我们知道，董其昌对他喜欢的苏轼法书并不如此，仅就徐邦达《古书画过眼要录》中著录的苏书董跋，聊举数例：

《黄州寒食诗》帖跋："余平生见东坡先生真迹不下三十馀卷，必以此为甲观。已摹刻《戏鸿堂帖》中。董其昌观并题。"

《前赤壁赋》帖跋："东坡先生此赋，楚骚之一变；此书，《兰亭》之一变也。宋人文字俱以此为极则。与参参知所藏名迹虽多，知无能逾是矣。万历辛丑携至灵岩村，观因题。董其昌。"

《新岁展庆、人来得书》二帖跋："东坡真迹，余所见无虑数十卷，皆宋人双钩廓填。坡书本浓，既经填墨，益不免墨猪之论。此二帖则杜老所谓'须臾九重真龙出，一洗凡间万马空'也。董其昌题。"

无不极尽赞美之能事。

仅有一个"观"字的跋，表达了董其昌对《祭黄幾道文》卷的敷衍态度。实际上，这也事出有因——他曾看过王世贞家的《六大家十二帖》，知道曹氏所藏并非卷中那一则。

隋僧智永书《千字文》，有一个起自"鸟官人皇"的残卷，宋代曾归薛绍彭，明代归董其昌，清代归顾文彬，《过云楼书画记》著录的第一件书画就是这件《千字文》。

天启甲子（四年，1624），董其昌将此《千字文》转让给冯铨，于十月二十一日在卷后题写长跋，考述其传藏源流，起首即说："王敬美家有薛绍彭与赵大年书，云：欲易智永书，须以他画。"（转引自《过云楼书画记》卷一）王敬美即王世贞之弟王世懋，在《六大家十二帖》后作跋者。（本文在《文津学志》第十八辑发表时，误将"王敬美"当作"王世贞"，在此致歉。）董其昌说的是他家哪一件藏品呢？

《弇州山人续稿》卷一百六十一有《薛道祖三帖卷》跋，内云：

> 翠微居士薛道祖，书学最古，法最稳密，而世传独最少，惟道园亦自恨之。十五年前，余尝得其《上清》、《连年》、《实享》、《清适》四帖，以示文仲子，仲子大快，以为所睹惟《晴和》、《二像》、《随意吟》三帖，不谓复觏此，真足以轩轾六朝、追踪汉魏。今年忽于元驭宗伯所见此三帖，不觉失声叹赏。居月馀，偶及之，则云偶以寄吾弟家驭矣。家驭亦不甚鉴许，又月许，而家驭自留都辍以见贶……

又跋云：

此大三皆与大年者，盖宗室令穰也。

可见，"薛道祖三帖"即薛绍彭写给赵大年的三封信，文嘉（仲子）为其拟名《晴和》、《二像》和《随意吟》。王锡爵字符驭，其弟王鼎爵字家驭，薛氏三帖是他们转让给王世贞的。

王世贞得到三帖后，又拆出二帖装入《六大家十二帖》，跋云：

> 最后得薛翠微三札于王宗伯锡爵氏。薛书迹传世至少，而余独得《上清》、《时享》四帖于[与?]此三帖。此君书名不能敌四贤，而结法自山阴，似不甘其下。文休承《上清》等帖啧啧称此，不意有偶然之遇，因留其二于赵前，而附旧跋于尾。其一帖并卷内昔藏苏公"久上人"、米老诗二帖，另置宋贤墨迹卷。（《弇州山人续稿》卷一百六十一）

"宋贤墨迹卷"即《宋名公二十帖》，其跋有关薛绍彭帖者略云：

> 此与赵大年《借墨帖》，古气淳淳遒劲中，盖余所宝三帖之一也。（《弇州山人续稿》卷一百六十一）

这是王世贞收藏并分拆薛绍彭三帖的过程，帖的内容，据所述仅知有"晴和"、"二像"、"随意吟"及"借墨"等语。

赵琦美《铁网珊瑚》卷四著录了三帖全文，第一首谓"晴和，想起居佳安"，文嘉据此名为《晴和帖》；又谓"许借承晏、张遇墨，希示一观"，王世贞据此名为《借墨帖》。第三首有"《随事吟》蒙借示"语，即文嘉说的《随事吟帖》。第二首云：

> 绍彭启：早来教，荷借示二像甚佳，得观多幸。杂画更借数种。所谕智永、昙林二书，于左右不怪，但不欲《雪山》，它画皆可也。绍彭顿首。大年防御执事。《雪山》非不佳，但苦太多大轴耳。（[明]赵琦美《铁网珊瑚》卷四，《影印文渊阁四库全书》本）

此帖即《二像帖》，也是董其昌引用的"王敬美家"的那一帖，实为其兄王世贞所有。重要的是，它装在《六大家十二帖》的中间。

薛绍彭致赵大年三札，王世贞几篇跋文均未披露内容；赵琦美《铁网珊瑚》虽著录全文，却没说是王世贞家所藏，更没说三帖分拆后的各自去向。董其昌言明"王敬美家有薛绍彭与赵大年书，云：欲易智永书，须以他画"，概括了《二像帖》的内外信息。既然王世贞未写到易画之事，赵琦美也未点明收藏之地、所属之卷，这样精准的表述，应该只有看过王世贞家藏实物才能获得。董其昌的跋，说明他曾看过《六大家十二帖》，理应也看过卷中的《祭黄幾道文》，如此，他对曹周翰藏本态度冷淡也就容易理解了。

现存苏轼《祭黄幾道文》卷并非王世贞装入《六大家十二帖》的那一卷，基本可以确定。

四、馀论

当然，这不等于说现存《祭黄幾道文》卷不是真迹，因为王世贞所藏也未必就是苏轼手书。

《祭黄幾道文》在南宋时已刻石。楼钥《攻媿集》卷一百三《奉议郎黄君墓志铭》云：

> 先世与二苏公为同年，且通婚姻，书尺甚多，兵火之后所存无几，君力贫悉刻之石。（［宋］楼钥《攻媿集》，《影印文渊阁四库全书》本）

此黄君即黄仁俭，黄幾道的曾孙，现存《祭黄幾道文》上有其印章。是苏轼兄弟写给黄幾道父子的文字，均经黄仁俭刻石。

同书卷七十三《跋黄氏所藏东坡山谷二张帖》云：

> 东坡与黄颍州父子厚善，尝书颍州之父子思诗集之后，又龙图二女为少公二子适、逊之妇，观此祭颍州之文与龙图、直阁二公书问，情好可知……家藏二苏翰墨甚富，此二十一帖及孙志康二帖、墨妙亭记、鸦种麦

行及山谷、二张公挽诗，直阁之孙约之年才十三，遭靖康之变，随其父郎中公脱身来南，能携以自随，既又力贫登之石，其未刻者一二尔，可谓善守家法者也。

又云：

《墨妙亭记》惜未登之石。

"祭颍州之文"即《祭黄几道文》，"约之"即黄仁俭。他因《墨妙亭记》并非专为他家所作，故未刻石，楼钥为此深感惋惜，这也再次说明"悉刻之石"的二苏法书包含《祭黄几道文》。既然宋朝南渡后此卷已刻石流传，到明末董其昌题跋的时候，历经四五百年，世间存在一个或多个临本、摹本，也在情理之中，何况还有已知的王世贞家响拓本。因此，现存《祭黄几道文》是否为苏轼手迹，尚须根据实物进行深入研究。

德龄公主的父亲裕庚及其家人考

在清末出使各国大臣中，光绪年间曾先后出使日本和法国的裕庚略显神秘。他既无诗文著述传世，也少见官私文献记载，今天为人所知更多是因为儿女：其子勋龄为晚年的慈禧太后拍摄了数十张照片，成为中国摄影史上的重要人物；小女儿容龄曾师从舞蹈家邓肯，被视为中国现代舞第一人；长女德龄，更是以自身经历为背景，撰写了多部清宫主题的回忆录和小说，即鼎鼎大名的"德龄公主"。

在出使日本和法国之前，裕庚一直在各省担任督抚幕僚，未出任过朝廷任命的实职，因而连当时官场对他也不很熟悉。但他拥有的特殊家庭——一位带有美国血统的太太，两个进宫陪侍太后的女儿，娶了法国儿媳的儿子，略显西化的生活，让清末社会充满好奇，正史记载缺少，正好让野史有了用武之地，因此各种笔记小说多喜欢讲述他家的秘闻，再加上德龄写作中有意虚构身世，给裕庚家庭在神秘之外又增添了疑惑。

1902年，裕庚一家与贝子载振在法国。坐者右一裕庚，右二载振，右三裕太太；立者左一馨龄，左二德龄，左四容龄，馀为载振随员

　　对德龄塑造的裕家家世的不实之处，前人已有所辩驳，今天在互联网上也有不少讨论，但尚未能全面考实其家族成员的生平事迹。因此，本文尝试钩稽可靠资料，验证野史记载，说说裕庚一家人。

一、裕庚出身征实

　　按照德龄《童年回忆录》（*Kowtow*）中的说法，裕庚家世为满洲贵族，袭封王爵，比李鸿章的侯爵还高两级，早在武汉任职时就是一品大员。

但无论野史还是正史，都可证明此说纯属虚造。

记载裕庚事迹最为全面的资料，当属民国初年出版的《清代野记》中的《裕庚出身始末》，作者梁溪坐观老人，经考证是桐城张祖翼。咸同之际，张祖翼的父亲与裕庚同在胜保幕府，故所记裕庚前期事迹与其他史料多能吻合，大致可信，但光绪年以后的事，作者也得自传闻，可信度就不高了。

从《裕庚出身始末》和各种记载看，裕庚的一生可分三阶段，即少年得志、中年蹉跎、晚年发达，人生经历堪称丰富。

《裕庚出身始末》起首说：

> 裕庚，字朗西，本姓徐，为汉军正白旗人。父联某，字翰庭，道咸间任江苏县令，君子人也。庚貌岐嶷，幼而聪颖，读书十行并下，过目成诵。

《清代官员履历全编》收录光绪二十一年（1895）裕庚补官广东惠潮嘉道时的履历单，说"裕庚现年五十七岁，系汉军正白旗长寿佐领下人，由廪生考取咸丰戊午科优贡"。推算回去，他出生在道光十九年（1839年。上海图书馆藏裕庚讣闻，写明生于道光己亥十九年九月初八日。感谢张伟先生指示）。光绪《玉田县志》卷十八选举表有裕庚之名，称"徐裕庚，戊午科优贡，汉军旗籍，土著，东关"，表明他在咸丰八年（1858）应贡举时，还使用汉姓"徐"，隶属正白旗，家住玉田县东关。他连满族人都不是，更不必说是满洲贵族或世袭王爵了。

裕庚的父亲也省去徐姓，名联英，又写作联瑛，字翰庭，同治元年（1862）曾署理江苏盐城知县。

裕庚的母亲以工于刺绣闻名。齐学裘《见闻随笔》有《神绣》一篇，说"联翰庭大令瑛，夫人某氏工刺绣。有求之者，先以名画张壁上，浏览朝夕，摹仿毕肖，山水人物花卉翎毛，无不还其家数，盖神技也"。她擅长用刺绣来复制名画，堪称针神。

裕庚幼年聪颖，读书过目不忘，当是实情。箧中有一张许乃普（谥文恪）写赠裕庚的扇面，护页有裕庚题跋，说"此簜为丁未年作，时余年九岁，受知文恪，以神童见许，常以名帖相赐。余之学书，实文恪始"。跋是写给自己看的，没有必要吹嘘，他被夸奖应有其事。夸他的人还不止许乃普一人，《翁心存日记》道光二十九年（1849）九月一日记：

> 季考八旗官学生……集官学生背书。前数日诸君查学未到诸生，于是日补到，有裕庚者，年甫十二，背诵如澜翻，能属对作文，可喜也。

此时裕庚刚过十周岁，翁心存这里还多记了一岁。可见少年裕庚的聪明，得到长辈公认。

《裕庚出身始末》接着说：

> 庚年十二即入国子监肄业。时胜保为满助教，丞

青李来禽樱桃日给滕

子皆囊盛为佳函封多不生

是日也天朗氣清惠風和暢仰觀宇宙之大俯察品類之盛所以遊目騁懷足以極視聽之娛信可樂也

朗西世譜正之
滇翁許乃普

許文慤公書 文慤以書名海内此箑為丁未年作時余年九歲受知文慤以神童見許常以名帖相賜余之學書實文慤啟

下朱文慤六十一歲甲申三傳南僑日报金遗秘發之藏書任正力延陰緩之候

许乃普书赠裕庚的团扇和裕庚题跋

德龄公主的父亲裕庚及其家人考　　159

爱之，遂由官学生入泮。十四食饩，十六选优贡。累应乡举不第，遂就职州同，从胜保军，甫逾弱冠耳。下笔千言，倚马可待，纵横跌宕有奇气。凡奏报军事，极铺张扬厉之致，令阅者动目，故所至倒屣。胜败后，裕回江北省亲，旋丁父艰。

前引史料说过，裕庚选优贡是在咸丰八年（1858），年已二十岁，而非十六岁；胜保自道光二十八年（1848）至咸丰元年任国子监祭酒（《爵秩全览》），而非助教。这段记载细节有出入，大体仍属可信。

裕庚少年时就受到胜保赏识，于是在考取优贡、报捐州同后，投入胜保军中效力，时在咸丰十年。当时正值英法联军进犯北京，裕庚随军在通州八里桥防战，后来又在江淮一带与太平天国和捻军作战，因为擅长写作军中文书，"下笔千言，倚马可待"，很快成为胜保的亲信："胜豪于饮，每食必传文案一人侍宴。初，先君子（张祖翼之父张承涛）与冯（志沂，号鲁川）、裕皆常侍宴者，继以先君子不能饮，遂命冯、裕以为常"（《清代野记·胜保事类记》）。裕庚因军功屡获保荐，至同治元年（1862）以知州加运同衔，赏戴花翎，年纪不过二十四岁，从军也只有三年。

裕庚在胜保军中，有两件事值得说说。一是他曾与被俘的太平天国英王陈玉成见面交谈，并"代笔"了陈玉成的供词；二是同治元年在陕西，胜保以罪锁拿进京，裕庚并未投奔新主，而是和冯志沂等人一直将他送到山西蒲州，洒泪而别（《胜保事类记》）。冯志沂后来同裕庚忆起此事，还作过一首《与朗西夜话》诗：

> 征西幕府几人存，忍向空巢觅旧痕。绿野尊罍成昔梦，蓝关风雪尚惊魂。贫思鲍叔曾知我，老愧侯生解报恩。今日淮阴谁庙食，边疆功罪古难论。

在整个同治年间，裕庚基本都在安徽办理文案，受到前后两任巡抚乔松年和英翰的赏识。裕庚履历单罗列从军生涯说："复随军转战陕西、河南、安徽、直隶、山东各省，击剿回捻发教各匪，涄保候选知州、安徽候补直隶州知州、安徽候补知府、安徽候补道，赏戴花翎，并加布政使衔，均奉谕旨允准。"他获保道员是在同治七年，加布政使衔是在十一年，堪称少年得意。

光绪元年（1875），英翰（谥果敏）赴任两广总督，裕庚随行，《裕庚出身始末》说"甲戌岁杪，果敏擢广督，裕以道员留广东，事无大小，一决于裕，英惟画诺而已。粤有'二督'之称，其信任如此"，成为总督的首席幕僚。不料英翰担任总督不到半年，就因重开闱姓捐被广东将军长善、巡抚张兆栋等参奏。这些人并未过多指责英翰的过错，而是拿裕庚做文章，如张兆栋所奏就写得颇为生动：

> 督臣英翰到任以来，旧日在皖当差各员纷纷来粤，均令入署办理文案。内有安徽候补道裕庚，尤为督臣

素所信任，署中事无巨细，皆其一人主持。僚属因公晋谒，每由该员传达，甚至司道禀商公事，督臣时或不愿接见，亦令与该员商议。钻营之辈见其权势异常，莫不奔走趋附，每日该员由署回寓，门常如市，其气焰可以概见……应请饬下督臣，一概勒令回籍。(《光绪朝东华录·光绪元年八月》)

随后裕庚与英翰一起被革职，半生功名毁于一旦。

回到京师后，裕庚一度在李鸿章幕下做事，光绪四年(1878)因办理平粜"异常奋勉"，由李鸿章奏请开复布政使衔。这件功劳方便他出门做事，于是他在五年冬再来安徽，受到巡抚裕禄重用，于七年委派总管报销局事务，不过好景不长，一年后就被参奏"安徽巡抚裕禄信任劣幕……已革道员裕庚总管报销局，弥缝军需销款，交结州县"，朝廷令安徽学政孙毓汶调查，结果所参各项均无其事(孙毓汶《奏遵旨查明抚臣裕禄被参各款据实复陈折稿》〔光绪八年四月〕，见《孙毓汶日记信稿奏折》，凤凰出版社2018年版)，但仍奉上谕："已革道员裕庚办理局务致招物议，着裕禄即行饬令回旗，不准逗遛。"(《光绪朝东华录·光绪八年四月》)

裕庚被驱离安徽，临走时各地官员致送的赆仪，据说有万两之多，于是又引发举报，最后调查下来，说官员们都是自掏腰包，未用公款，此事不了了之，但可见他在安徽官场确实人脉深厚，受人欢迎。

裕庚的命运在光绪十年终有改变。这一年中法战争爆

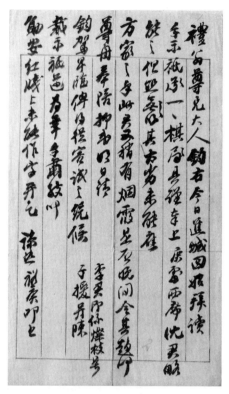

裕庚写给删光典（字礼卿）的信

发，福建巡抚刘铭传奏调裕庚前往台湾军营效力，次年法军撤离基隆，裕庚以功奖保知府，留在福建候补。刘铭传是安徽人，又是淮军重将，了解裕庚为人，调他到台湾，一是借重他的能力，二也是为他谋出身。光绪十二年，刘铭传奏调新文案，奏折中说：

臣于光绪十年渡台之际，奏留已革安徽候补道裕
庚办理文案，该道公事娴熟，臂助实多。不料到台后湿
热上冲，目疾沉重，上年五月请假内渡就医，文牍军书
皆臣一人办理，竭蹶万分，时欲访求品学兼优之才，得
资赞助，未得其人。(《刘壮肃公奏议》卷九)

此时裕庚离营一年，刘铭传仍难寻替人，从侧面反映出
他确实人才难得。

有了刘铭传铺好的路，裕庚在安徽积累的人脉再次发
力。光绪十二年（1886），裕禄已升任湖广总督，裕庚于十
一月转投湖北候补，抵省即被委派办理汉、宜二关洋务，转
年五月又委办沙市厘金，在这里一干就是三年。沙市也是德
龄《童年回忆录》的起点城市。

《裕庚出身始末》说他来到湖北，"时鄂督为张文襄，一
见惊为奇才，历界沙市、汉口厘税事，皆鄂省美任也"。这
话说得是也不是。说不是，裕庚投奔的是裕禄，张之洞三年
后才接任总督；说是，张之洞确爱裕庚之才，不仅继续留
用，而且更加重用：光绪十六年闰二月，调委裕庚办理汉镇
厘金总局；三月，委办汉镇海防新捐；十一月，会办汉镇药
土局，次年六月，试办汉镇药土税局 (均见《申报》报道)。
汉口是湖北的经济中心，这里的各项捐税均由裕庚管理征
收，真说得上是"美任"了。

裕庚《履历单》说到湖北以后的经历：

到省后派办湖北洋务各教案，复因劝办顺直赈捐出力，奉旨俟补缺后以道员用。经湖广总督张之洞、湖北巡抚谭继洵以历年办结各处教案出力、人才可用明保。十九年五月吏部带领引见，奉旨以道员用，具折谢恩。蒙召见一次。是年十一月，经湖北巡抚谭继洵奏，带赴四川查办事件。光绪二十年七月奉派来京，随同恭办万寿典点缀景物事宜，十月经督办军务王大臣奏充督办军务处翼长。本年五月初十日奉旨补授广东惠潮嘉道。

这里有三件事对裕庚的仕途很是重要，一是办理教案，二是明保道员，三是奉派来京。

裕庚在鄂期间，湖北发生三起教案：光绪十七年四月，武穴民众杀死英国福音堂教士二人；同年七月，宜昌民众焚毁法、英、美三国教堂；光绪十九年五月，麻城民众杀死瑞典教士二人。案件发生后，张之洞均委派裕庚前往处理，一边调查审理案件，一边与各国领事沟通谈判，最后达成协议，平息事件。这些案件虽然都以惩凶赔款了事，但遵行中国法律，也未引发大的外交风波，在当时算得上罕见，裕庚因此由张之洞明保为道员，重回革职之前的官阶。这一轮回，用了整整二十年。

光绪二十年，慈禧太后六旬万寿，裕庚护送湖北官员进献的寿礼进京，并留京办理庆典点景事宜。这也是德龄《童年回忆录》中写她看到大量贺寿珍宝的背景。当时正值甲午战争，朝廷成立督办军务处，恭亲王委任裕庚为翼长，协助办理军务，长期在地方做事的裕庚进入中央核心机构。

这次进京，还意外地让裕庚成为外交使节。战争期间，光绪帝下诏求贤，翰林院侍读学士文廷式于九月十二日上《军务紧急敬举人材以资器使折》保举裕庚。文廷式说：

> 查有湖北候补道裕庚，器局宏达，才具敏练。自咸丰十年外洋兵事初起，即预军谋。同治年间，屡赞戎幕，平定皖、东、豫各捻，历著劳绩。光绪十年，刘铭传在台湾驭敌，一切筹画，多出其手。其后在安徽、湖北迭办洋务要案，措置得当，众所共推。实于洋情、军务堪称深通机变之才。该员现以祝嘏在京，若蒙恩命于总署、海军署加以任使，必能联络邦交，藉资得力。（《文廷式集》卷一）

奏折递上去，裕庚很快获得召见，并于光绪二十一年（1895）五月补授广东惠潮嘉道，获任实职，一个月后，他以候补四品京堂充任出使日本大臣。文廷式举荐裕庚拥有洋务、军务两项长才，适合在外交和海军部门任职。当时海军已经覆灭，而外交仍须办理，中日外交的困难又由海军引起，出使日本简直成了为裕庚量身定制的差事，对此，比他小二十岁的文廷式功不可没。

裕庚驻日三年有馀，于光绪二十四年九月离任，转年以太仆寺少卿充任出使法国大臣，二十八年十一月离任。回国后他升任太仆寺卿，于光绪三十年十月因病开缺，次年十一月二十三日去世（据讣闻），时当公历1905年12月19日，享年六十七岁。

二、裕太太的传说

《裕庚出身始末》的后半段，用大篇幅描写裕庚家事，特别是与含有美国血统的继室路易莎的婚姻，为二人塑造了极为不堪的形象。文中说：

> 裕妻前死，遗一子曰奎龄。妻婢凤儿者，赤脚婢也，裕悦之，宠专房。继又纳京师妓，不容于凤儿，服毒死。及罢官入都，邂逅一洋妓，实洋父华母所生也。洋妓者，家上海，有所欢入京，追踪觅之不得，乃遇裕，纳之。凤儿不忿，而洋妓阴狠，能以术使裕绝凤儿且凌虐之。凤儿不堪其虐，亦自经。于是洋妓以为莫予毒已，与裕约，不得再纳妾，不得再有外遇，气日张，权日重，玩裕于股掌之上，而服从终身焉。

我还存有一张李恩庆为裕庚所书扇面，上款题"朗西贤侄倩"，则裕庚原配为恩庆侄女。李恩庆也隶属汉军正白旗，道光十三年（1833）进士，官至两淮盐运使。裕庚妻李氏不知卒于何年，他是否真有二妾被迫害致死，也无从考究。

裕庚的继室裕太太确有西洋血统，西名Louisa Pierson，

李恩庆书赠裕庚的扇面

母亲是中国人，父亲是在上海开小店的美国人（赫德致金
登干信："Mrs. Yü is the Eurasian daughter of a small American
storekeeper who used to be at S'〈hang〉hai." Sir Robert Hart,
*The I. G. in Peking: letters of Robert Hart, Chinese Maritime
Customs, 1868-1907*, Belknap Press of Harvard University
Press, 1975, letter 1143.感谢王丁教授指示）。裕庚去世时，
上海《字林西报》发布消息，也称裕太太是美国父亲、中国
母亲所生的"Eurasian"，这些都是严肃的说法。从裕太太
留下的照片看，她长着一副混血面孔。

　　按《裕庚出身始末》之说，裕庚与路易莎相遇结婚是在
光绪二年（1876）回京之后，那时中国人娶西洋人为妻，尚
属惊世骇俗，再加上路易莎身份不明，当时人说起她来，都
极尽丑诋之能事。除了说她妓女出身、辖制丈夫外，还说她
生性严酷，逼死了包括裕庚长子夫妇在内的多人。《始末》说：

久之立为继室，逼奎龄夫妇母之。奎龄不从，逃之芜湖，匿县令邹隽之署中。隽之即清末外务部尚书邹嘉来之父也。无何病死，邹为之殓。奎龄妻为觉罗续庆女，缔姻时，续方为颍州守。续无子，仅一女，甚钟爱，嫁后续夫妇相继亡。及奎龄逃，洋妓遂褫其妇之衣饰，斥为爨婢，妇不从，鞭之。裕偶缓颊，则诬以新台之耻。久之，裕亦与之俱化，而朝夕鞭挞矣。裕之邻为英教士居，常闻呼号之惨，得其情甚怒，将与理论，经始稍稍敛其锋，然续女亦伤重死矣。

裕庚长子奎龄事迹不详。《始末》说他死在芜湖县令邹隽之署中，按民国《芜湖县志》，"邹钟俊，字隽之，河南人。光绪九年署任"（卷四十三），则奎龄之死当在此时。又说奎龄岳父觉罗续庆任颍州知府时二家联姻，检《重修安徽通志》和《清实录》，续庆自同治四年（1865）莅任颍州，光绪四年底仍然在任。此年裕庚四十岁，奎龄当在二十岁左右，正是娶亲的年纪。在这些细节上，《始末》所记可以征实，但说裕庚夫妇将儿媳折磨致死，骇人听闻，未敢遽信。

路易莎后来居上、迫害原房子媳的说法，由来已久。1895年，曾任清朝驻日本神户领事的郑孝胥得知裕庚出使消息后，在7月14日的日记中记下传闻：

其妻死，纳都下妓鬼子六为妾，已乃逐其子妇与孙于外，以鬼子六为妻。鬼子六者，其父西人，流落死于上海；母乃粤妓，携六至都，名噪甚，裕取之。

同样说路易莎原是妓女，不过说儿媳只是"逐于外"，未如《裕庚出身始末》那样过甚其辞。（"鬼子六"之称，或与其人的西洋血统及 Louisa 发音有关。王丁之说。）

对路易莎生性严苛之事，清人还有一则模糊记载。

浙商王惕斋在日本经商四十年，与历届驻日使节多所过从，晚年在日出版《独臂翁闻见随录》，记载各位公使逸事，说到"某公使"夫人迫害下人：

> 夫人性乾刚，有男子风，颇欲干扰阃外事，侍婢数人，视如犬马，挞楚之事，无日无之。有二侍婢被笞死，由吕领事取会馆寄卖之棺敛之，发埋于中华坟山，人皆惜。又有一北地来之大足女佣，因背夫人之言，逐出门外，时风雪甚，该佣惨莫能言，惟有哀嚎而已。巡士见而怜恤之，后由随员代求，方许入署。

这位公使不知姓名，有研究者指为裕庚（王宝平《王惕斋〈独臂翁闻见随录〉刍议》）。考"吕领事"应是清朝驻横滨总领事吕贤笙，光绪二十一年（1895）至二十四年在任，与裕庚任期重叠，而且文中又记公使不参加诗酒交游，其"女公子"喜欢跳舞等，确有可能是裕庚。

《裕庚出身始末》又说：

当洋妓之奔裕也，携一子，小字羊哥，即上海所欢之种也。继又为裕生一子二女，裕更视为天上人矣。洋妓固有才，凡英、法语言文字及外国音乐技艺皆能之。

路易莎与裕庚的儿女，按长幼排序，为长子勋龄、长女德龄、次子馨龄和次女容龄，详见下文。她能说英语，对裕庚为官、出使也有帮助。《郑孝胥日记》说裕庚"既至湖北，遇有教案，必遣裕理之。鬼子六能英语，亲诣教士关说，事多得息，以故名藉甚，张南皮亦以为才"。裕庚处理教案得当，背后得到太太的助力。

在法国，路易莎作为中国大使夫人，是社交圈名人。回

裕太太母女陪侍慈禧太后赏雪。左德龄，右容龄

国后，她带领两个女儿入宫陪伴太后，晚年定居上海，卒于1915年12月25日。她去世时，英文《大陆报》（*The China Press*，1915年12月28日，第9版）刊发消息，未言寿数。此时勋龄已四十多岁，她享年也应在六十以上了。

三、勋龄兄弟的差事

勋龄是裕庚的次子。光绪三十一年，他以道员分发江苏候补，履历单云"勋龄，现年三十一岁，系正白旗汉军瀛辅佐领下人"，说明他生于光绪元年。如果裕庚真是在广东罢官回京后才与路易莎结婚，勋龄确实可能不是裕庚的亲生儿子。

在勋龄二十岁前后，裕庚已为他报捐笔帖式，并在董福祥统领的甘军中记名效力，至光绪二十五年（1899），因在甘肃关内外肃清等案内出力，累保至直隶州知州。

勋龄投入甘军应在裕庚入京之后。本来裕庚长期在南方做事，董福祥在西北统军，二人交集不多，但光绪二十年十月裕庚在督办军务处任职，正逢甘军入卫京师，二人就有了来往。郭则沄《洞灵小志》讲过一个《北河沿凶宅》的故事，涉及裕庚和董福祥二人：

> 裕朗西太仆庚为武卫军营务处时，赁居东华门内北河沿宅，为窦文靖从孙业，居者多不利。朗西不信鬼，其二女皆见之，恒与鬼搏。一日，董提督福祥往

访，主人未出，坐厅事待之，忽见白衣冠者十数人自垂花门出，络绎出街去，若北俗"送三"者。骇甚，亟询阍者："宅中有事否?"同云无之。迨朗西出，语以所见，且劝移居。朗西不信，董为择定一宅，力促之，始徙。徙宅前一夕，裕夫人忽大哭，类发痫，云有十数女鬼，旗汉装不一，出黑丸强使吞之，云以饯别。朗西叱之，忽若中拳，至是乃信有鬼，甫旦即迁去。嗣询邻右，则前后居是宅横死者果十七人，如裕夫人所见云。

鬼故事也能见人情，勋龄兄弟在甘军挂名应在此时。

光绪二十五年，裕庚出使法国，奏调勋龄为参赞衔二等翻译官，随同出洋，二十八年保举道员，并加二品顶戴。回国后，勋龄于二十九年七月派充颐和园电灯处委员，三十一年六月以道员发往江苏试用。

勋龄在颐和园管理电灯，能在园中走动，又因母亲和妹妹的关系，得以为慈禧太后拍摄了多张照片。分发江苏后，他于光绪三十二年充任金陵洋务局总办，算得上重用。此时两江总督为周馥，也是合肥一系，想来有所照应。但同年周馥去职，端方接任，此后便不多见勋龄的消息，《裕庚出身始末》说他被"为端忠敏所摈"，或有所据。

勋龄1934年时六十岁，在北平做寓公，曾撰《宫廷生活之回忆》一文，用为德龄《御香缥缈录》的代跋。

馨龄是裕庚与路易莎的第二子，与哥哥一样，在十几岁时即捐出身，由董福祥以军功累保至知州，光绪二十五年以参赞衔二等翻译官随父出使，二十八年末回国时已捐至道员、二品顶戴。光绪三十年，馨龄以道员分发湖北，其履历单说：

> 馨龄，现年二十五岁……二十九年正月由法国回京，旋经庆亲王奕劻派充颐和园轮船处委员，七月经直隶总督袁世凯派充随办营务，十月经肃亲王善耆派充工巡总局翻译委员，现遵例报捐道员三班指分湖北试用。

德龄《清宫二年记》中说馨龄在园中当差，"管御用小汽轮"，其事属实，只是为时甚短。来到湖北后，正值裕庚的老上司张之洞再任湖广总督，馨龄被任命为洋务局委员，后来出任湖北方言学堂监督，也是善用他精通多国语言的特长。方言学堂被认作武汉大学的前身，馨龄也成为武大校史中的"老校长"。

在裕庚一家即将从法国回国时，馨龄与法国女子在巴黎结婚，一时报章颇有报道：

> 京津时报及法国报同云：驻巴黎中国使臣裕庚氏之次公子 M Charles Hsin-ling，生于光绪五年十二月十九日，今年将满二十四岁，聘娶法国人洋琴女教习（Professeur de piano）热纳未嗳物·夺暖为室（Mlle Geneviève Deneu），已于十月十六号在使署举行婚礼。（《大公报》1902 年 12 月 2 日）

馨龄在巴黎举行婚礼

这则消息透露了馨龄的生日：光绪五年十二月十九日。

《裕庚出身始末》说馨龄分发湖北后"为端忠敏所挟"，与事实稍有不符，因为当时端方并不在湖北任职。参革馨龄的，实为总督陈夔龙。

宣统元年（1909）八月二十八日《政治官报》（第702期）有陈夔龙《又奏试用道馨龄声名恶劣请革职永不叙用片》：

现值整饬吏治之时，候补大小官员如有荡检逾闲不堪造就者，自应随时参劾以儆其馀。查有湖北试用道馨龄，声名恶劣，行止有亏，实属衣冠败类，未便稍事姑容，相应请旨，将湖北试用道馨龄即行革职，永不叙用，以示惩儆。

此奏奉朱批允准，馨龄革职。

馨龄做了什么，能被朝廷视作"衣冠败类"？这还得从他的婚姻说起。馨龄与热纳未嗳物·夺暖婚后回到中国，但这位法国妻子无法忍受中国的家庭和社会氛围，执意离婚，携子返法。此后馨龄流连青楼，被戏称为"汉口嫖界十大王"之首（《申报》1911年3月27日）。这也还算风流罪过，导致他罢官的，是更为恶劣的一件事，1910年12月21日《申报》的《馨革道转押地皮之纠葛》一文补叙了详情：

　　已革湖北候补道馨龄，因强占妻妹存氏（即湖北候补道存焘之次女）为妾，持枪行刺岳丈，经前督陈小帅奏参革职。

1909年10月7日上海《时报》三版《来函》，报道了馨龄的"强占"细节：

　　湖北候补道馨龄，系存观察焘之长婿。存以长女久不育，乃令其妾往馨寓，以为其次女作伐，谓愿双嫁之，馨兼祧两房。俗例有双娶之事，遂由其妾为媒介，以成英皇之约。此四月间事也。至端节，存以妾往馨处借贷，馨却之，存乃顿反初议，闭次女于房，又用某太守之谋，令携次女赴苏，避匿何如九大令家，而自入京。馨乃亦往京中，与之理论。后经其岳母出为调处，闻又有德公福晋、桂公福晋者，愿成人之好事，出而为冰人，而于是乃全队往逆女于何大令家，蜂拥至沪，谐其好事焉。

若所言不虚，这一家人做事都可称拍案惊奇了。

馨龄的新岳丈存焘，说来还是他的同事，是总督衙门的洋文翻译。1905年底馨龄丁父忧回沪，空出的洋务局参议一职即由存焘接任，不料数年后闹出如此风波。

罢官后的馨龄不知所终。袁世凯称帝时，有一位在军学编辑局任职的徐馨龄被授为中大夫，不知是否为复用汉姓的馨龄。

四、德龄与容龄的年龄

裕庚与路易莎的两个女儿，德龄和容龄，比她们的父兄更为知名。

德龄在法国时的名字是Lizzie，与美国人结婚后的名字是Elizabeth Antionette White。1911年，她在纽约出版 *Two years in the Forbidden City*，随后译作中文（常见版本有《清宫两年记》），作者自署"The Princess Der Ling"，意为"德龄公主"，此后她便以此名衔在社会上活动。对德龄并非公主，秦瘦鸥、朱家溍等老先生已加辨正，从前面对裕庚家世的考察看也确实如此，不再赘述。

德龄生平中最需要考证的是她的生年。1944年，她在美国因车祸去世，安葬在纽约州一处墓园，墓碑上书写的生卒年为"1885年6月8日–1944年11月21日"。按理说这属于盖棺论定的信息，却并不准确。在中国，关于她的生年更是众说纷纭，如百度百科说生于1886年，一些人物词典说生在1884年，还有人说生于1881年。这些歧异，是由德龄著作中的虚构性述说导致的。

如德龄在《童年回忆录》(Kowtow) 中说她随任巴黎时，年仅十四岁。裕庚1899年出使法国，倒推十四年，按中国算法是1886年，按美国算法是1885年。这应是中美两个传播最广的生年的来历。

实际上，1899年时德龄不可能十四岁。她在裕庚的五个儿女中排行第三，宫中据此称为"三姑娘"。1934年4月2日，秦瘦鸥在《申报》刊发的《御香缥缈录·介绍原著者》中说：

> 德龄是满清宗室裕庚公爵的女儿……他们姊妹兄弟一共有五个，其中除一、四两人（都是男的）故世较早，默默无闻外，馀下三位，都享过很大的声名。德龄行三，在清宫执事很久，为西太后所最得用的女官……伊今年五十六岁，已是一位年高德劭的老太太了。

这段介绍是最接近真相的说法。馨龄生日明确，为光绪五年十二月，姐姐德龄当然出生更早，按1934年五十六周岁推算，应生在1878年，即光绪四年。（秦瘦鸥晚年作《早期的美籍中国女作家德龄》，说她1944年去世时终年六十三岁，实属误记，这应是1881年出生说的来历。）

德龄于1907年嫁给美国人怀特（Mr. T. C. White）。对怀特，中文书一直说他先任美国驻上海领事馆副领事，后做新闻记者。如《御香缥缈录·介绍原著者》就说，"后来伊嫁给了一位在上海当美国副领事的Mr. T. White，不久就一同回到了美国去"。

这并非完全准确。德龄结婚时，《北华捷报》于1907年5月24日发了消息，说："A very picturesque wedding was celebrated at Union Church on Tuesday, afternoon. The contracting parties were Mr. T. C. White, of the Shanghai Life Insurance Co., and Miss Elizabeth Antoinette Yu, daughter of the late Lord Yu Keng." 文中星期二乃5月21日。可见，怀特当时是上海人寿保险公司的职员，既非领事，也非记者。入民国后，德龄与怀特到美国生活，于1930年前后离婚。

因德龄生年误为1886年，容龄作为妹妹，其出生年也只能往后更改，如百度百科就说她生在1889年。实际上，容龄出生于1882年，西名Nellie，民国初年嫁给留法学习军事的广东人唐宝潮。唐宝潮在北洋政府时期曾任驻欧洲国家的武官，北伐后赋闲。1957年，容龄和唐宝潮都进入中央文史馆为馆员，容龄还发表了回忆录《清宫琐记》，内容比德龄所记平实得多，但也有失误之处，如把裕庚卒年记成

德龄（立者）与容龄姐妹在日本时的合影，
可见二人均已成年

1907年。据唐培堃撰《裕容龄——从闺阁走向世界的中国
女性》，容龄于1882年阴历五月十六日生于天津，1973年1
月16日卒于北京，享年九十一岁。唐培堃是唐宝潮的侄孙，
文中引用的家族资料应属可信。

　　德龄和容龄能被召入清宫，主要是慈禧太后有一些宫廷
外交活动，需要通晓多种语言的人贴身翻译，而她们姐妹都
能说英语（赫德记裕庚使法之前，他家就是一个讲英语的家
庭。同上引书）、法语和日语。她们在宫中的活动，宫外的
说法类多揣测不实之词，如《裕庚出身始末》云：

二女既长，亦工语言文字之学，尝夤缘入宫为通译，西国命妇之觐慈禧者，皆二女为传言，以故势倾中外。会有外国女画师者，慈禧命其绘油像甚肖，将酬以资。画师以其为太后也，不索值。而二女竟中饱八万金。未几为慈禧所闻，逐之出宫。乃之津之沪，广交游，开跳舞会，泰西之巨商皆与往来。

"西国命妇"即各国驻华使节夫人，进宫觐见太后只是外交礼节，并不需要向德龄姐妹输送利益，所谓"势倾中外"，未免言过其实，而"中饱八万金"云云，则迹近诬蔑。

1903年，清廷准备参加在次年举行的美国圣路易斯城万国赛会，经美驻华公使康格的夫人建议，决定送一幅慈禧太后画像前往展出。康格夫人推荐美国女画师凯瑟琳·卡尔（宫中称为"柯姑娘"）来为慈禧画像。柯姑娘当年8月进宫，第二年4月出宫，九个月里为慈禧绘制了两幅大型画像，一幅留在清宫，一幅送往美国。在此期间，德龄姐妹的主要工作便是陪伴柯姑娘，并为她做翻译。当时庚子乱后不久，民间仍多仇洋情绪，将此视为劳民伤财之举，多有抵触，如上海《大陆》杂志第二卷第四期"索取画资"一文就说："为太后写真之克姑娘，现开单索取画润，须美洋三十万元。闻克姑娘此单生意，系由裕朗西京卿之女引进，其来往伙食一切均由外务部供应，裕京卿全家皆就食于彼，每餐须供裕京卿及其妻女并其二子勋龄、馨龄以及男仆女仆各一席……"此时为1904年4月，画作将要完成，社会上已流传这种消息。

三十万元美金当时折合白银四五十万两，堪称天价。德龄姐妹与柯姑娘关系密切，这笔账又被算在裕庚一家头上。

美国画家为慈禧画像，其沟通交流一直通过外交渠道进行，画润无论是画家要求的，还是清廷赠送的，都不可能由德龄姐妹私下办理，乃至"中饱八万两"之多。据清外务部档案，慈禧为感谢柯姑娘，除了赏赐各种食物、服饰，还在画像完成时赏银一万二千两，银票由外务部送经总税务司赫德转交，柯姑娘当面收讫（中国第一历史档案馆《光绪年间美国女画家卡尔为慈禧画像史料》，王玲编选）。这笔钱当然也不少，但与德龄、容龄无关，也不是造成她们出宫的原因。实情是，光绪三十年（1904）十月，裕庚因病开缺，全家前往上海定居，德龄和容龄也就此离开清宫。

从裕庚一家的事迹看，野史所言虽与事实有相符之处，但失实的地方更多，不能轻易相信引用。不仅外人所撰野史不足信，即便当事人的回忆也不可靠。德龄所撰清宫文字，现在多被看作小说，只有《清宫二年记》和《童年回忆录》被视为回忆录，然而这两部书也有大量虚构成分。朱家溍先生曾作长文《德龄、容龄所著书中的史实错误》，主要指出《清宫二年记》中的问题，未及《童年回忆录》，而后者除了裕庚官职迁转的时间线大致可信外，其馀记载凡能与官方资料对照的，基本都不属实，包括德龄自己的年岁与经历。这种真真假假、散文夹杂小说的写法，也许有其题材或时代原因，但足以引起对德龄及其他人同类写作的真实性的警惕。

养寿园纸上考古记

"眼看他起朱楼，眼看他宴宾客，眼看他楼塌了。"说起晚年的袁世凯，用得上《桃花扇》里这几句话。不仅他的皇帝梦八十三天即告破灭，他兴建、居住的养寿园也在一代人的视线里尘飞烟灭，无论人事、物事，借用戏中人的感慨，真是再贴切不过。

光绪三十四年底，袁世凯被开缺回籍，第二年定居彰德城外洹上村。村内的养寿园，成为他起居生活的场所和舆论操弄的舞台。

袁世凯在洹上村居住两年有馀。他死后十年，这里被冯玉祥作为"逆产"没收，后在连年战乱中坍毁，今已片瓦无存。

息影洹上，是袁氏生涯中的重大事件，也隐隐牵连到近代历史的走向。近年来，学界对袁世凯在此期间的活动较为重视，对养寿园的研究也有所突破，园林始末和面目日渐清晰（较详者如张社生《袁世凯旧影》，北京日报出版社2018年版)。不过现在看，这些研究仍稍嫌疏略，叙事也有辨正的余地。为此，利用袁家留下的《养寿园图》、《养寿园志》等图文资料，结合亲历者的回忆，对养寿园和袁世凯的园居生活做一番"纸上考古"，让掌故尽量接近真相，并非完全无益之事。

起高楼，袁氏移居

光绪三十四年十二月十一日（1909年1月2日），正担任军机大臣、外务部尚书的袁世凯，被朝廷以"现患足疾，步履维艰，难胜职任"为由，"著即开缺，回籍养疴"。

突如其来被罢官，袁世凯于十四日携眷仓皇出京，先到他早前在河南卫辉置办的住宅暂住下来。袁世凯是项城人，既然"回籍养疴"，为何不回项城呢？一个原因是他家口众多，项城袁宅住不下，另一个原因则因兄弟反目，不愿回乡。他的三女儿袁静雪（叔祯）在《我的父亲袁世凯》一文中说：

> 我父亲的兄弟姐妹，一共九人。除了我的大伯世敦是嫡出的以外，其余兄弟五人、姐妹三人都是庶出。我父亲的生母是刘氏（亦即生父之妾）……后来，我祖母刘氏死在天津。当时我父亲任直隶总督。他请了假，搬运灵柩回转项城安葬。但是我的大伯世敦，认为刘氏不过是一位庶母，所以不准入祖坟正穴，可是我父亲却

袁世凯垂钓照，引自《养寿园图》。本文养寿园照片除注明者外，均来自
该图册

和他争执了很多次，由于大伯坚决不答应，最后只得另
买了新坟地安葬。从这以后，我父亲和大伯世敦就不再
往来。还由于这个原因，以后就定居在彰德的洹上村，
不再回项城老家。

回到河南，半年内袁世凯换了三个住所，在宣统元年
（1909）五月十日前后移居彰德。二十四日，他写信给严修，
说明近来行踪：

　　弟南归半载，调治宿疴，迄无大效。今年春间，

就苏门山下营一别墅，小有竹林荷塘稻畦之胜。居彼两月，引泉叠石，蒔花灌园，颇得优游之乐。四月杪，回卫辉度节，卫寓庐舍狭隘，水土又劣，加之天气亢燥，家人多有病者。适彰德北郊有舍亲何副都统仲瑾空宅一所，去城少远，似较爽朗，遂于月中旬挈同全眷移来此间，迩日布置略已就绪。下月仍拟独往苏门，藉以避嚣养病。（《袁世凯全集》第18卷，第422页。下引袁世凯书信均据此书）

按袁世凯的语气，洹上村似乎是借居何姓亲戚的房屋，不过袁克文在《洹上私乘》中道出原委：

是年，何仲瑾姻丈创纱厂于安阳北郭，且就厂之左偏辟地百亩，建为广厦，逾年而成。知先公卜居未定，爰举以为赠。先公以丈属至戚，遂受之。盖丈乃家四弟外舅也。先公既迁入，即以洹上名村焉。（卷七）

在清人口中，"赠"常是售卖的委婉说法，袁克文说的"赠房"也是这样。沈祖宪等《容庵弟子记》所云，差得其实：

宣统元年……五月，移居彰德府北门外之洹上村。津门何氏先营别墅于此，公爱其朗敞宏静，前临洹水，右拥行山，土脉华滋，宜耕宜稼，遂购居焉。

这几个人说的都语焉不详，似乎洹上村是袁世凯罢官后才从亲家何炳莹（字仲瑾）手中买来的，但从实际情况看，袁氏购建洹上村，应在罢官之前。

　　宣统二年（1910）正月四日，严修前往彰德看望袁世凯，当日在日记中记下："宫保寓城北河北之洹上村，土墙四周，地广二顷有馀。"一顷为百亩，则洹上村占地二百多亩，环村筑有高大围墙，围墙四角还建有碉楼；村内有房屋三百多间，加上园林，可称规模宏大。内宅由九个相互连通的四合院组成，正符合袁世凯一妻九妾分房居住的需求，应是有针对性的设计。从袁世凯罢官到移居彰德，中间只隔五个月，一小半日子是冬天，还过了一个新年，并非建房季节。即使

养寿园外，从洹水南岸眺望

何氏原有空房在此，要在短时间内重新设计、改建以满足袁氏一家需要，从时间看难以做到。不说别的，如此大的工程量，仅取土烧砖，也须时日。

袁世凯在移居前两次写信给何炳莹，均未言及彰德建房之事。移居后，五月十五日信中说"已于前日挈同全眷移居彰德，村野空阔，似较爽适"，仅通报移居，未提房舍与何炳莹的关系，竟似毫无关系。六月二十四日信中说：

> 弟移居彰郡，业已币月。村野空旷，较之城市殊形清爽。房廊构造颇合法，工料亦坚致。小园一所，花树皆新栽，围墙四周，杂树槐柳，数年长成，当有可观。诸荷经营，甚感甚感。

对何炳莹表示了感谢，但并非谢其赠售之举，而是谢"诸荷经营"，即帮忙出力。对洹上村的建造，袁静雪回忆说：

> 我父亲回到北京以后不久，就接到了让他"回籍养疴"的命令。这时，他内心的恐惧，才慢慢地缓和下来。当时彰德的住宅正由我大哥袁克定监工修缮改建，尚未完工。我父亲便带了第五、第七两个姨太太由北京先到河南辉县暂住。

"彰德的住宅正由我大哥袁克定监工修缮改建"，说明袁世凯罢官之前，此宅已在修建（袁罢官后，袁克定留在农工商部参议任上，未回河南，不再监工），也可见袁世凯较早时已购得何炳莹别墅，并按自己的需求设计改建，到宣统元年上半年基本建成。这本是一个权臣求田问舍的韬晦之计，没想到此时派上用场，可谓"人算不如天算"之一例。

洹上村的建造耗资巨万。在袁氏移家后半月，五月二十七日《申报》就发出消息，称"项城将终老是乡"：

> 开缺军机大臣袁项城，近于彰德府城外京汉铁路附近新筑府第一所，墙垣峻固，规模宏大，环院墙挖濠河一道，亦颇深阔。此项工程不日即将完竣，闻所费之款约在十八万金上下。观此，则项城之志，固将终老兹衷矣。

这位记者未进入村内，只从村外看到高墙深濠，探听到袁家花费十八万两银子。在村内住过的"居民"，则不止一人记下洹上村的格局，以袁家塾师杨景震的回忆为详：

> 该房周围筑一大土墙，似小城；向南开一大门，大门内有二门，二门悬匾额一方书"袁官保第"四字；二门内修九个院，袁居中院，其馀各院为各姨太太和儿女居住。二门外有群房若干间，系听差等住室；尚有中药房，聘中医数人；二门内东院是家校，西房是西药房，亦聘西医数人在此。房迤东为花园，园门上悬匾额一方，书"养寿园"三字。园内凿一大池，设小船以供游

养寿园园门

荡，建一木桥以供过池。园内建一书房，门联云："圣明仰答期儿辈，风月婆娑让老夫。"再北修一大客厅，以招待宾客。园北面建小楼一座，内供慈禧太后像和御赐玩物。有时袁犯肝气即向太后像痛哭。迤西有数处小房，类街上商店。……园墙外周均栽大杨树。此新宅建筑既成，命名曰"洹上村"。此村实只袁一家。（《袁世凯清末下野出山在家事略》，见《文史资料存稿选编》第1卷《晚清·北洋》上，中国文史出版社2002年版）

此为洹上村之大观。

造园林，寒云撰志

洹上村坐落彰德府（今河南安阳）北门外郭家湾村北，京汉铁路东侧半里许，南临洹水（今安阳河），因而得名。养寿园是洹上村的东园，杨景震文已勾勒出大概，细节可藉由《养寿园志》窥见。

民国十一年（1922），袁克文在《半月》杂志连载《洹上私乘》，这是以洹上隐居为由头撰写的袁氏家史，第六卷题为《养寿园志》，袁克文序中说：

> 洹上村负安阳北郭，临洹水之上，村之左辟地百亩，艺花树木，筑石引泉，起覆茅之亭，建望山之阁。漳河带于北，太行障于西。先公优游其中，以清孝钦后曾赐书"养寿"，爱命曰养寿园。

此园得名于慈禧太后赐书，占地百亩，整体风格为叠山浚湖的山水园林，又能借太行远景，在北方难得一见。园中有养寿堂、谦益堂、澄澹榭、红叶馆、洗心亭、汇流池、天秀峰、卧波桥等二十七组景观。南部是湖区，占地十亩的汇流池可荡舟垂钓，众多建筑围湖而建。湖北岸是山区，有天秀峰和碧峰洞等连绵假山，山间点缀亭榭。山南北平坦处分建谦益堂、养寿堂，是主人读书、会客之所，北部营造出果林、村舍等郊野景色。

园中匾额和对联，多由袁克文撰拟，其中红叶馆、五柳

谦益堂

草堂、杏花村等，均据实景命名，乃至有"纳凉厅"，未见巧思。谦益堂前的对联，由袁世凯自撰，袁克文记云：

> 谦益堂：堂居园南，面汇流池，倚碧峰嶂，左接峻阁，右扼新篁。明窗四照，远碧一泓，南园之胜，一枕收之。榜为先公书，缀以跋曰：光绪辛丑季冬，皇太后御书"谦益"二字赐臣某，圣意深远，所以勖臣者至矣。园居成，谨以名堂，俾出入瞻仰，用自循省云。联曰："圣明酬答期儿辈，风月婆娑让老夫。"亦先公作也。

中国社科院近代史研究所收藏一宗袁世凯档案，内有一

洗心亭，位于汇流池中，舟楫可通

页他手录的"张文和门联"："让老子婆娑风月，看儿曹整顿
乾坤。"袁世凯将"看"改为"勉"，在"整顿"旁注"酬
答"二字。文和是康乾间大臣张廷玉的谥号，这个对联从明
代即流传，据说是王守仁的父亲王华所撰，大概张廷玉也曾
写过。袁世凯将此联再三斟酌修改后，用在自己门上。

养寿堂的联额，袁克文也有记云：

养寿堂：堂居园之中央，凡三巨楹，周拓广廊，轩
敞为全园冠，遂以名园者名堂。堂额以孝钦后赐书"养
寿"二字，勒诸贞木。楹帖乃吴江费树蔚集龚孝琪诗
句，曰："君恩赧向渔樵说，身世无如屠钓宽。"书则绍

养寿堂，楹联的上联题"集龚定庵句"，下联题"容庵主人书"

县沈祖宪代书也。

"龚孝琪"云云，实出寒云误记。此联集自龚自珍《己亥杂诗》，上句出于第十一首，下句出于第二百十八首。龚孝琪乃自珍长子龚橙（字孝拱）在小说《孽海花》中的影射名，并非实有之人。

袁家移居时，养寿园尚未完工，袁世凯种花植树，亲为布置。建成后，游园成为他的日常活动，每有宾客到来，还会陪着游览。严修来访，袁世凯就陪同游园，严修日记说："宫保导余与墨卿遍游其东园（名养寿园），有乐静楼、红叶馆、杏花村、五柳草堂等处，每至一处则坐憩茶话。每处俱有林木成桁，统园内之树计之，约有万数云。"

每至一处则茶歇，足见园子规模之大；林木成行，可免"树短墙新"之诮。杨景震对树木的印象也很深，说"园内有土山数个，山上遍植花木，园中树俱是洋槐垂柳，迁入时已树荫蔽天，不可极望"，这些都说明养寿园并非仓促建成的。

宴宾客，垂钓吟诗

袁世凯住进洹上村后，深居简出，过着"闭门养疴"的日子。他平日有这样几项活动：陪伴家人，特别是与来园养病的三兄袁世廉游园闲话；兴办家塾，聘请教师教育子女，订有《袁氏家塾训言》；接待访客，回复来信，积有书信稿七百四十多封。而最为外人熟知的，则是作诗和垂钓。

袁氏少时应科举，曾从周文溥学诗，"昼夜并进"，下了一番功夫，具有诗文基础。他参加光绪五年己卯（1879）乡试落榜，"乃倾箧举所作诗文付之一炬"，从此投笔从戎，直到退居洹上，这才重拾诗兴。（《容庵弟子记》）

民国间，袁克文和其兄袁克定分别给袁世凯刊印了诗集。袁克文搜集其父诗作十五题十七首，以及陈夔龙等十七人的唱和四十五首，编成《圭塘倡和诗》，自己手抄石印行世。他在跋中说：

家大人以足疾致政归田，课耕训子之暇，间以吟

碧峰洞

临湉台，在南垣之下

咏自娱，宾友酬和，积稿累寸。大人辄以示克文，因次其目录，都为一编，命曰《圭塘倡和诗》云。宣统庚戌项城袁克文写记。

是此集编成于宣统二年。王式通序署癸丑十一月，则书印成当在1914年。书中袁世凯自署"容庵"，是他在丁丑戊寅之际起用的别号。"圭塘倡和"则用彰德掌故。元人许有壬致仕，于相城之西得康氏废园，凿池其中，形如桓圭，因以"圭塘"为名，日与宾客子弟唱和其间，积成《圭塘欸乃集》二卷。宋金之相州即明清之彰德，许、袁二人退居酬唱情形又复相似，故寒云以《圭塘倡和诗》名集。

袁克定刊印的《洹村逸兴》，用珂罗版影印袁世凯手书诗稿十二题十五首。克定跋云：

　　清年，先公家居养疴，莳花种竹，吟咏其间，如谢太傅临安山中，有伯夷不远之慨。诗中"连天风雨三春老，大地

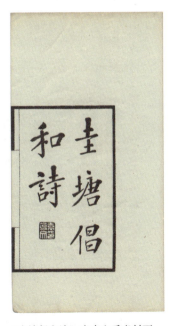

《圭塘倡和诗》袁克文手书封面，民国四年（1915）费树蔚重印本

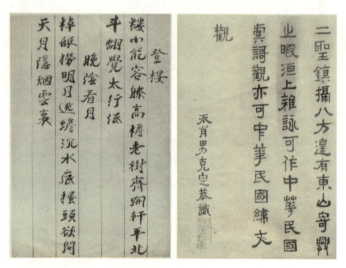

《洹村逸兴》中影印的袁世凯《登楼》等诗稿及袁克定《洹村逸兴》跋

江河几派流"之句，已成谶诗。先公从戎前应贡举帖诗，题为"九月肃霜"，有"重门惊蟋蟀，万瓦冷鸳鸯"句，见者惊奇。先公仕清在宰辅，但知翼戴二圣，镇摄八方，遑有东山寄兴之暇。洹上杂咏，可作中华民国虞歌观，亦可〈作〉中华民国纬文观。不肖男克定恭识。

此集出版于袁世凯死后，未知具体年月，原稿现藏近代史所。

这两本集子，除去重复，共录得袁世凯诗作十八题二十一首，并青年时断句一首。这也是可信的袁世凯全部诗作。

以前研究袁世凯的诗，均据这两个本子，但实际上，袁诗更早前已刊行流传。宣统二年（1910），原任吏部主事、大学堂文科监督孙雄辑刻《道咸同光四朝诗史甲集》，在卷五收入袁世凯诗十题十一首，占全部袁诗一半少强。在题注中，孙雄说袁诗"由周玉山年伯录示"，周玉山即周馥。

这些诗由周馥抄给孙雄，但经过袁世凯的同意。宣统二年七月六日，袁世凯致孙雄信中说：

> 弟养疴乡里，寄兴耕渔，偶托篇章，不过山野之间，自适其乐，未敢出以示人，乃蒙甄采及之，弥增惭恧，还乞斧削，然后登选。其中有稍觉伤时者，仍不可滥入。是为切嘱。附奉二百金，聊助剞劂之费，略例中断断不必登布也。

袁世凯不仅同意孙雄将自己的诗选入《诗史》，还暗助二百两供其刻书。从一明一暗的态度可见，他不希望外界知道自己与朝官往来，但希望诗集顺利刊行，能让社会知道他正诗文自遣，享受退居生活。

选入《诗史》的诗，均包含在袁家自刊的两本集子中。《园成约诸友小饮》，在《圭塘倡和诗》中诗题改为"春日饮养寿园"，据知养寿园建成于宣统二年（1910）春，大多数诗作于是年春夏。在社科院近代史所的档案中，存有一份此诗原稿，诗题也作"园成约诸友小饮"，并有某人的批改。袁世凯原诗为：

袁世凱字慰庭河南項城人官至外務部尚書軍機大
臣戊申冬間以足病歸田居於彰德蒔遊蘇門一卷由周玉山年伯錄示
和王介艇中丞遊養壽園韻
作賦歸來句林棲舊雨存卅年醒塵夢半畝荒園鵬倦
青雲路絕魚浮綠水源潼桓猶覺淺何處問江村
憶庚子年故事
八方烽舉古來無程子操刀建遠謨慚對齊疆披積棘甞
臨燕水補桑榆奔鯨風起驚魂夢歸馬雲屯感畫圖海不
揚波天地蕭其瞻日月耀康衢
園成約諸友小飲
背郭園成別有天盤殽尊酒集群賢移山繞岸苔徑汲
水盈池放釣船滿院蒔花媚風日十年樹木拂雲煙勸君

孙雄《道咸同光四朝诗史甲集》中收录的袁世凯诗，
宣统二年十二月刻本

背郭园成别有天，盘飧尊酒集群贤。移山绕岸遮苔径，汲水盈池放钓船。满院莳花媚风日，十年树木拂云烟。劝君莫负春光好，带醉楼头抱月眠。

此人改动颇大：

背郭园成别有天，山食村酒集高贤。叠岩便可遮苔径，聚水何堪放钓船。一院闲花媚晓日，十年高树拂晴烟。相期不负春光好，看月楼头未肯眠。

如此修改的诗稿，档案中还有数首，改动之处袁世凯均未采用。这似可说明，诗确为袁氏亲笔，否则就不必费此周章了。

不少民国诗话写到袁世凯的诗，现引王逸塘《今传是楼诗话》一则（三五七），以见袁诗风貌和时人评骘。

项城袁公，一字容庵，彰德养疴时，自号洹上渔人，有《烟蓑雨笠一渔舟》图，曾以摄影见赠，并题诗云："百年心事总悠悠，壮志当时苦未酬。野老胸中富兵甲，钓翁眼底小王侯。思量天下无盘石，太息神州变缺瓯。散发天涯从此去，烟蓑雨笠一渔舟。"公起家华胄，少负雄才，于诗自非所措意，实则即论馀事，亦大有可观。罢政后筑养寿园于洹上，优游林下，得句较多。其《次王介艇丈养寿园韵》云："乍赋归来句，林栖旧雨存。卅年醒尘梦，半亩辟荒园。雕倦青云路，鱼浮绿水源。漳源犹觉浅，何处问江村。"又《次均》云："曾来此地作劳人，满目林泉气象新。墙外太行横若障，门前洹水喜为邻。风烟万里苍茫绕，波浪千层激荡频。寄语长安诸旧侣，素衣早浣帝京尘。"又《春日养寿园》云（诗见上，略）……《春雪》云："连天雨雪玉兰摧，琼树瑶林掩翠苔。数点飞鸿迷处所，一行猎马疾归来。袁安踪迹流风渺，裴度心期忍事灰。二月春寒花信晚，且随野鹤去寻梅。"《雨后游园》云："昨夜听春雨，披蓑踏翠苔。人来花已谢，借问为谁开。"《啸竹精舍》云："烹茶檐下坐，竹影压精庐。不去窗前草，非关乐读书。"《登楼》云："楼小能容膝，高檐老树齐。开轩平北斗，翻觉太行低。"公固不期以文事自见，然使当日无休官之举，未必有觅句之闲，即谓造物玉成，亦无不可。又以诗境论之，"钓翁眼底小王侯"、"一行猎马疾归来"等句，硬语盘空，固是英雄本色，寻常文士，正未可同年而语。

诗话开头提到的《烟蓑雨笠一渔舟》题图诗，现已被看作袁诗代表作，但并不在上述三种诗集之内。虽然王逸塘说这是袁世凯所赠照片上的题诗，但我觉得相当可疑，因为不仅诗的言辞鄙陋，也与袁氏境遇全不符合。

且看第一联"壮志当时苦未酬"，袁氏罢官之前，官拜军机大臣，位列三公，如果这也算"壮志未酬"，他的志

静乐楼,《登楼》诗所登应即此楼

向究竟是什么？第三联,"思量天下无盘石,太息神州变缺瓯",当时既无战争,也未割地,如此作诗,难免触动忌讳,授人以柄。其馀各句,也均不合袁世凯以权臣被朝廷猜忌驱逐的处境和韬光养晦、惟求自保的心境。对"稍觉伤时"的作品,他都切令"不可滥入"选集,又怎会题写这种诗四处送人呢？

说实话,这首诗很像是旧小说中的定场诗,它最早的出处,也来自小说家言。1916年10月印行的《袁世凯轶事续录》,卷三有《吴北山代笔题诗》一则：

项城归隐圭塘时,颇欲以名士自命,留连诗酒,盛称一时，于是有《圭塘唱和集》之刊。项城于文艺实非所长，或谓集中诸作，多为其次公子豹岑代笔。今观其诗，亦不甚佳，浅显率直，大类项城自为，盖豹岑之作，较之犹胜一筹也。或又谓系吴北山代笔，盖北山文字虽工，然当代作之时，苦仿项城手笔，有意肤庸，使人不疑为赝鼎也。当是时，项城有《烟蓑雨笠一渔舟》之照，项城披蓑戴笠，作渔翁装，坐于船尾，手执钓竿。船头立一男子，执篙刺舟，为其某公子。旁衬以芦苇断桥之属，确是渔家风景。其照则用西法摄影，较之彩笔传神，尤为逼肖。上端题七字，即"烟蓑雨笠一渔舟"是也。旁有七律四首，款署容庵自题，诸名士和者，约十馀家，然唱和之什，均不见于《圭塘》一集，不知何故。或谓原作四首，乃系北山代笔，项城深不满意，故屏而不录也。兹录之如左，诗虽不佳，惟项城所不满意者，究不知在何处耳……四律之中，末一首（按即"百年心事总悠悠"一首）尤足见其目中无人之概，确肖项城吐属，即曰北山代作，亦云善揣摹矣。

这位野史氏不知何人，所作《袁世凯轶事》和《续编》，类多无稽之谈，此处更是一口气录了四首袁氏自题《烟蓑雨笠一渔舟》诗，诗语均和实情不符，应是好事者所为，文中说是代笔，不无道理，但未必吴北山所代。北山即吴长庆之子吴保初，也在圭塘唱和同人之列。

袁世凯在养寿园，确曾广为散发他披蓑垂钓的照片。袁克文说："一日，泛小舟于汇流池，先伯（袁世廉）戴笠披蓑，危坐其中，先公则执楫立于后，使克文以镜摄之。影成，印数百纸，分致戚友焉。"《容庵弟子记》也说："常弄舟小池，清泉公（袁世廉）披蓑垂纶，公持篙立船尾。好事者流传照相，遐迩请索，几无虚日。"

宣统三年（1911）五月出版的第八卷第四号《东方杂志》，还发表了一组题为《养疴中之袁慰亭尚书》的照片。第一幅为两个人操舟垂钓照，图注为"尚书之娱乐（垂钓者为尚书，持篙者尚书之介弟也）"。早前，人们对垂钓者为袁世凯并无异议，但2010年张华腾在《文博》发表《洹上渔翁垂钓照考释》，引据上述《洹上私乘》和《容庵弟子记》

《东方杂志》刊发的袁世凯兄弟垂钓照

的说法，考定垂钓者"绝不是袁世凯"，而是袁世廉。

袁家热衷于散发这类照片，是和刊印诗集一样的引导舆论之举，表明袁世凯安心养病、不涉世务，以消除当权者的戒心。因此他不可能在照片上题写那些"目中无人"乃至语涉违碍的诗句，否则他患的就不是足疾，而是心疾了。王逸塘所言袁氏赠图题诗，究竟如何，尚须考实。

无论吟诗还是垂钓，都带有明显的表演色彩，离不开养寿园这个舞台。

楼塌了，遗踪难觅

宣统三年（1911）末，辛亥革命爆发，袁世凯复出，转年任民国大总统，家人多随迁至北京，洹上村则受到官方保护，京汉铁路为洹上村专设一个简易车站。

民国四年（1915）底，袁世凯忽然想起养寿园，他选出十六张园景图片，编成《养寿园图》相册，并写了一跋：

> 余于己酉、庚戌岁，养疴安阳，负郭辟园，尚饶佳趣，命名曰养寿。策杖弄舟，游观自得，宁静旷远，有足乐者。辛亥改政，迫于安危，暂弃林泉，勉膺大任，四年于是，日不计暇，追怀洹水，时复惘然。因捡旧有摄景十六帧，重治一册，偶加披览。倘国基底定，付托得人，或可躬历，以偿优游之愿尔。洹上渔翁跋。

余於己酉庚戌歲養痾安陽貨郭閭園尚饒佳趣命名曰養壽策杖弄舟遊觀自得寧靜曠遠有足樂者辛亥政迨於安危晷棄林泉勉贗大任四年於是日不計暇追懷洹水時復悵然因撿篋有攝景十六幀重治一冊偶加披覽儻國基底定付託得人或可躬歷以償優遊之願爾

洹上漁翁跋

袁世凯《养寿园图》跋文，自署洹上渔翁

　　跋文后面，是他广为流传的独自披蓑垂钓的照片。跋文隶书，细审或系袁克文代笔。

　　此时的袁世凯，正处在帝制自为的紧要关头，却突然想念起养寿园里的时光，流露出倦政求退的愿望，岂非咄咄怪事。不用多想，这是他又一次将养寿园作为政治表演道具，玩起戏弄舆论的把戏。他自称"偶加披览"，图册却洗印多册，分致中外，就是一个小小旁证。

　　袁世凯在有生之日终究没能回到养寿园。第二年，他在举国声讨中死去，灵柩被运到安阳，葬在洹上村东偏，就是今日的袁林，算是实现了"遗愿"。

　　袁世凯身后，遗属多居天津，洹上村虽也有人居住，已开始走下坡路，到袁克文撰园志时，已经"园圃云荒"。这样的状态也没能保持很久，1927年，冯玉祥第二次主政河南，次年即将袁世凯在彰德的产业作为逆产没收。洹上村先由军队使用，7月被用来开办彰德高级中学校（后更名为河南省第二高级中学），养寿园也被改为平民公园。

就在这一年，中央研究院历史语言研究所成立，当年即决定对安阳殷墟进行考古发掘。史语所考古组组长李济来安阳筹备，在为考古队寻找办公场所时发现了养寿园。在写给蔡元培、杨铨的信中，李济说：

> 铁道之东约半里为袁世凯旧宅，号为洹上村，现已收没入官。驻军一营，旅长马法五领之，隶庞炳勋师长（驻彰德）。一部分房屋现拨归新成立之彰德高级中学。其花园将改为平民公园，花园中有房屋数间；中央研究院可暂借为彰德办事处。此事济已探询，一有公文，即可接洽就绪。此处离小屯村只三四里路，且有军队保护，为一极好之办事处。（李光谟《从清华园到史语所——李济治学生涯琐记》，清华大学出版社2004年版）

就这样，养寿园的房舍在1929年春由河南省政府借给中研院，作为历年殷墟发掘团的办公处所，服务了第一次至第八次发掘，直到1933年发掘队停工，房子被军队占用，这才退出考古工作。能以这种方式为中国学术做出贡献，养寿园足以不朽了。

在安阳工作期间，董作宾曾记下养寿园改为平民公园之后的景象：

> "三民同乐"可以说是洹上村平民公园里最时髦的标语之一。这公园到处表现着三民主义的精神。例如把一个虹桥油成蓝色，桥栏上嵌着青天白日的党徽，而题以"民权桥"三个大字；把亭子中间摆了一块石头，题着"民乐亭"；把五间大厅上悬块横匾，题着"民众俱乐部"之类，都是民国十八年春天平民公园的新建设。（《考古闲话》，见《大千世界》，上海书店出版社1997年版）

董作宾、李济、傅斯年、梁思永（左起）在史语所安阳办事处（即养寿园）合影

那个被油漆成蓝色的"民权桥"，显然就是卧波桥。

实际上，除了细节改变，此时养寿园格局也遭到破坏，因洹上村住宅被改为中学，养寿园中部的宽阔平地，已改作运动场。百岁老人、河南大学教授王碧岑，1930至1933年在河南二高读书，1937年又应聘到这所学校教书，对洹上村十分熟悉。在《我记忆中的安阳洹上村》一文中，王碧岑回忆，从毕业到任教仅仅四年光景，洹上村的情况已坏得出乎意料，养寿园因不归学校管理，已颓败荒芜，内宅院也不断损坏，仅9月，就有一间教室和一间食堂的屋顶相继垮塌，把学生们吓成惊弓之鸟。

让洹上村彻底毁灭的，是接二连三的战争。1937年10月，安阳遭到日军轰炸，河南省立第二高级中学被迫停办。到抗战胜利，二高复校，校舍已破损得无法使用，修缮了几个月始能上课。在随后的解放战

"洹上村"仅存遗物石刻匾额，现藏安阳博物馆

争中，洹上村因紧邻机场，成为兵家必争之地，于1947年毁于炮火，其残馀砖木，在50年代被拆取修建工人文化馆。如今，工人文化馆也早被拆除，养寿园这一见证了历史的"风雨会合之区"，终归尘土。

严复的版权保卫战

1903年，也就是光绪二十九年，在风云激荡的20世纪初只能算平庸年份，但对中国的著作权保护和严复的翻译事业，却是重要一年。

由于《天演论》和《原富》翻译的成功，严复此时已成为新学代言人和书商竞相罗致的畅销书作家，他也有意专事译述，通过版权收益来维持生活。这样做的前提，是必须在"不识版权为何等物事"的中国出版业建立起保护著作权的制度。1903年初，严复的又一部译著《群学肄言》译成，并将由上海文明书局出版，这为严复实现自己的著作权保护计划提供了机会。

一、版权合同与版权印花

《群学肄言》原著是英国社会学家斯宾塞尔（Herbert Spencer，1820–1903）的 *The Study of Sociology*，出版于1873

年。光绪七、八年之交，严复初读此书，"辄叹得未曾有"，以为"其书实兼《大学》、《中庸》精义而出之以翔实，以格致诚正为治平根本"，后着手翻译，几经中辍，译本终于在光绪二十八年底杀青。

在《群学肄言》的"译馀赘语"中，严复说：

> 不佞往者每译脱稿，辄以示桐城吴先生……此译于戊戌之岁，为国闻报社成其前二篇。事会错迕，遂以中辍。辛丑乱后，赓续前译。尝以语先生，先生为立名《群学奇肱》，未达其义，不敢用也。壬寅中，此书凡三译稿，岁暮成书，以示廉惠卿农部。农部，先生侄女婿也。方欲寄呈先生，乞加弁言，则闻于正月十二日弃浊世归道山矣。

"桐城吴先生"先生即吴汝纶，卒于光绪二十九年（1903）正月。"戊戌之岁"译成的前二篇，是发表在《国闻汇编》第一、三、四期上的《劝学篇》。这三期杂志出版于光绪二十三年的十一月至十二月，其年实为丁酉，"戊戌"系严复误记。廉惠卿即无锡人廉泉，时任户部郎中，也是光明书局的创办股东和在北方的经理人，其岳父吴宝三（1838–1889）与吴汝纶为堂兄弟。光绪二十八年，吴汝纶在京师大学堂总教习任上赴日本考察教育，归国后先返桐城，未料遽归道山。

严复看重《群学肄言》，对自己的翻译也很自负。光绪二十九年二月二十七日，正当《群学肄言》付梓之时，他写下一段题记：

> 吾译此书真前无古人，后绝来哲，不以译故损价值也。惜乎中国无一赏音。扬子云期知者于千载，吾则望百年后之严幼陵耳。(《严复集补编》，福建人民出版社2004年版，第12页)

在期待《群学肄言》产生广泛影响的同时，严复还期望它能带来更多经济收益，乃至可以从此摆脱官场、专事翻译，靠版权收入生活。译著即将完成时，他给夏曾佑写信说：

> 又《群学》将次校完。前与菊生有定约，言代刻分利。顷来书问疏阔，不知尚有意否？又代刻售卖后，如何分利，如何保护版权，均须菊生明以示我。复自揣不能更为人役，若于此可资生计，即弃万事从之，姑以此刻为试探而已。(《严复集补编》，第262页)

此时他已在考虑争取利益、保护版权等问题，并与张元济商定由商务印书馆代印出版。实际上，当两年前《原富》在南洋公学出版时，严复已为争取更多著作权收益做出努力。在南洋公学斥银二千两购买译稿后，他还函商从售价中分利两成。这次他把《群学肄言》的版权谈判放在出版之前。

不知是严复提出的条件太高，商务印书馆无法接受，还是严复感念吴汝纶的知音旧情，最终《群学肄言》书稿并未交给商务印书馆，而是归由文明书局出版。文明书局为廉泉和丁宝书（字云轩）等无锡人集股合办，俞复（字仲还）任总经理，光绪二十八年（1902）六月一日在上海开业，出版的书籍除蒙学教科书外，偏重于译著，故又名文明编译书局。廉泉在光绪二十九年初看到《群学肄言》译稿，当即向严复约稿，并由文明书局与严复签订合同，约定版权和分利事项。这是目前所知中国第一份具有现代意义的出版合同。这份合同虽未能保留下来，但廉泉在当年十一月二十九日写给严复的长信中，复述了其主要内容，严复作为译者和版权拥有者的权利，大致有以下几项：

严复将《群学肄言》交由文明书局出版，版权双方共有。印数限六千部，每部译者分利七角五分；待前三千册销完，书局向译者支付全部六千册的译利；后三千册销完，书局归还版权，合同撤消；书局未及时或足额支付译利，属于背约，译者可收回版权；书中须粘贴译者提供的版权印花，否则视为盗印，一经发现，书局罚银二千两，版权归还。

在光绪二十九年十月，严复将另一部译作《社会通诠》交由商务印书馆出版，并与商务"议立合约"，这份合同文本保存至今，条款与严复同文明书局所立合同相似。文明书局的合同立于春季，商务的合同要晚半年。中国出版史研究一直把《社会通诠》的出版合同看作近代最早的版权合同，未免抹杀了严复与文明书局在著作人版权保护方面的首创之功。

严复与文明书局另有一个创举，就是在书中粘贴著作人的版权印花，由作者监控印数和销量，以便分利。这个办法后来通行了几十年。过去的出版史研究也是将《社会通诠》视为第一种贴有版权印花的书，不知《群学肄言》已开先河。在严复研究领域，皮后锋《严复大传》曾留意到此节，说"为了保护自己的版权收益，至迟从出版《群学肄言》开始，严复开始在译著上粘贴自制的版权印花"，提供的图片却是商务印书馆出版的严复译著中的印花。显然，《大传》作者仅根据廉泉书信所言立论，并未见到实物。

　　严复提供给商务印书馆的印花，为圆形纸片，红色图案，画有三个同心圆，中心为一只飞燕，外写"侯官严氏版权所有"，再外圈写英文"KNOW THYSELF"。印花贴到版权页上后，商务印书馆又在外围加盖"上海商务印书馆印行"中英文墨印及"翻印必究"字样。而严复提供给文明书局、贴在《群学肄言》上的印花，是钤有"侯官严复"阴文

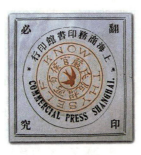

严复在商务印书馆使用的版权印花

严复在文明书局使用的版权印花

印章的方形纸片，贴好后，书局在上面加盖"上海文明书局活板印造所"蓝色圆章，表明双方版权共有。

目前所见中国最早的版权印花

不过，现在所见贴有版权印花的中国书，《群学肄言》也并非第一本。光绪二十八年（1902）十月二十日，无锡人张肇桐翻译的《权利竞争论》在日本印刷后，由文明编译书局在中国发行。此书版权归张肇桐所有，他在书中贴上"竞宁版权之证"印花，并骑缝加盖"竞宁版证"朱文印。此前版权印花在日本已普遍使用。文明书局于光绪二十九年二月发行的《英轺私记》，版权页贴有编著者固山贝子载振提供的"契兰斋"印花，印下注："贝子特颁此章，为文明书局版权之证，官私局所，概禁翻印。"严复与文明书局商定使用印花，显然基于书局成功引进的经验。将在中国最早使用版权印花归功于文明书局，并无不妥。

与作者谈好版权合同，文明书局从光绪二十九年正月二十六日（1903年2月23日）开始，在报纸上大作广告，预告《群学肄言》即将出版。《大公报》广告略云：

> 斯宾塞氏《群学肄言》一书，为侯官严先生生平最得意之译稿……先生于此书凡三易稿，今始写定，约二十万言，交本局承印出售，予以版权，准于三月内出

以下言民所以
易為政論而亶
上無倫者坐知
賤微淺之故不
獨小民為然士
大夫時亦有是

羣學肄言

砭愚第一

英倫　斯賓塞爾　造論

侯官　嚴復幾道　翻譯

每歲田功告竣．三五佃傭銜芬斗揚酒卮箕坐山邨酒肆間盛氣高談．
論牛疫盛行議院毫無補救之術農頭揎拳抵几栖殘鏗然偶今歲屠
牛利入曾無往時之牛皆當官不恤民依之所致也更論農商利病輒
云某事當與某令當廢極口無所疑難氣象大似護商律初罷時當是
時鄉民皆言本國稅重使此令果除將他國輕稅之貨源源入市與本

文明書局初版《群学肄言》

书。用先登报，以告海内之能读此书者。

在《群学肄言》发行前后，文明书局和严复为保护版权还做了更多工作。先是廉泉以户部郎中和文明书局创办人的身份，于四月向管学大臣张百熙递交呈文，称"出版专卖之权，为五洲之公例，各国莫不兢兢奉守、严立法条"，请求"嗣后凡文明书局所出各书，拟请由管学大臣明定版权，许以专利，并咨行天下大小学堂、各省官私局所，概不得私行翻印或截取割裂"(四月二十六日《大公报》)。与此同时，严复也于四月二十三日呈书管学大臣，要求保护翻译者的版权。廉泉的呈文在五月一日即得到张百熙批复，内云"嗣后文明书局所出各书，无论编辑译述，准其随时送候审定，由本大学堂加盖审定图章，分别咨行，严禁翻印，以为苦心编译者劝"。廉泉、严复以及张百熙的这些行动，成为中国版权保护史上的著名事件。

得到批复，廉泉立即将《群学肄言》送审，由官方确认版权。文明书局还在书后附上北洋大臣袁世凯保护书局版权的通告，印装成白棉纸、连史纸、光蜡纸三种本子，定价有差。这部在版权保护方面前无古人、用足功夫的书，终于面世。

二、盗版与反盗版

事实证明，文明书局和严复围绕版权保护的这一番布置，绝非庸人自扰。《群学肄言》在四月出版，五月发行，不久就发现翻印之书。七月十一日，廉泉在给严复的信中说：

> 泉来保定，本拟将局务付托得人，即行赴浙，查究史学斋翻印《群学》之事。乃来此为各学堂运书事，于风雨中奔驰数日，时疾大作，饮食不进者已三日……浙行不果，迟则恐误事。闻《原富》亦被史学斋同时翻版，盛公已咨请浙抚提办。吾局事同一律，已发一电请盛转托浙抚同保版权，擅将大名列入（电文曰：上海盛宫保鉴：史学斋翻印《原富》、《群学》，请转电浙抚提办，同保版权。严〈复〉、廉泉切恳）。今日泉函请俞仲还赴浙讼理，拟再约股东有力者数人发一公电与浙抚，似较有力，未知股东中有愿出名者否？要之先生此书为吾国空前绝后之作，不得不出全力与争也。（本文所引廉泉《与严复书》均见《严复集补编》）

《原富》的版权是盛宣怀主办的南洋公学花费两千两银子买来的，这次被史学斋盗版，引起盛宣怀的震怒，遂咨浙江巡抚查办。《群学肄言》五月刚出版时，廉泉已给盛宣怀寄赠一部，此时他抓住机会，用严复和他两人的名义，电请盛宣怀一并保护《群学肄言》版权。盛宣怀很快就给廉泉发来回电：

严幼陵观察、廉惠卿部郎鉴：《原富》已先咨禁。接齐电，并《群学》电请浙抚提办，顷准翁护院电覆，已饬县出示查禁，并将陈蔚文提案判罚、取结备案云。宣。真。（七月二十四日《大公报》）

廉泉得电后，去信向盛宣怀道谢："前月泉在保定又奉电示，《群学》一案全仗鼎力匡诤，得保版权。泉与严观察同深感荷。闻史学斋翻印书片将由钱塘县解沪销毁，此足惩一警百，并为苦心编译者劝矣。"这封信作于八月二十九日，其"前月"为七月。韵目代日"齐"为八日，"真"为十一日，后者正是廉泉给严复写信的那一天。从廉泉发电求助，到问题解决，不过三天，透漏出盛宣怀的官场影响力。

史学斋开设在杭州，从光绪二十八年（1902）开始印书，也以编译相标榜，但对他人的书大肆翻印，仅严复的译著，就翻印了《天演论》、《原富》及《群学》。不过，《群学》的底本并非《群学肄言》，而是早前严复在《国闻汇编》发表的《劝学篇》第一篇。光绪二十八年六月，史学斋主人将其更名《群学》排印出版。此书出版在《群学肄言》之前，与文明书局没有关系，却侵犯了严复的版权。

《群学》被毁版，严复的版权保护初获成功。据光绪二十九年十一月初九日《大公报》报道，当年杭州书业冷淡，各书店收入不及上年之半，因而各有退志，当时已停止两家，史学斋等也将次第歇业。盗版被罚，大概也是史学斋倒闭的一个原因。

事情平息后，盛宣怀又给廉泉写信，谓"《群学》一案，弟因从前未定罚章，仅饬销毁版片，以示薄惩。今读抄示管学大臣批语，极为明切，而未言如何惩办，恐市侩无畏心，仍无益也"，对没有制度支持的版权保护前景表示无奈（廉泉与盛宣怀往来信件见《廉泉致盛宣怀手札》，邓旷整理，《历史文献》第二十辑）。

被盛宣怀不幸言中，更多盗印陆续出现。十一月十九日，廉泉写信给严复说，"（俞）仲还费尽心力，各地托人密查翻版，今已购得五种，邮寄来京，属与先生筹查禁之策"。此时去《群学肄言》出版不过半年，能查到的翻版已达五种，一方面说明严译何等风行，另一方面可见盗版的猖獗。

十二月初六日，廉泉致电苏松太道袁树勋（字海观），控告又一位翻版者——国民书店。初八日《大公报》报道说：

雕版翻印的《群学肄言》

文明书局所刊行之《群学肄言》，原系有版权之书，近被上海国民书店翻刻，已被查获呈控。兹将廉部郎由京致上海道之电文录下：上海道台袁海翁鉴：国民书店黄子善翻刻《群学肄言》，已人赃并获，呈控在案，请饬廯员严究惩罚，以保版权。文明书局廉泉。鱼。

袁树勋是一位热心的官员，很多上海出版的书后都附有他保护版权的告示。接到廉泉的电报，他就派员将黄子善关押审问，不想惹出一个案中案来。

光绪三十年正月初十日（1904年2月25日）的《申报》报道说：

前者国民书店黄子善翻印《群学肄言》一书，被陈仲英所控。谳员关纲之司马饬即将黄提到，讯供管押。嗣黄母张氏日至陈所开书店中滋闹，由陈指交包探方长华解案请讯。襄谳委员王松丞刺史以氏年已老迈，不予究惩，申斥数言，交人保释。

可见当时对盗版者的惩处已较严厉，除受经济处罚外，还会有牢狱之灾。

虽然廉泉与文明书局为保护《群学肄言》所做的工作细致而坚决，但仍无法禁绝盗版翻印。严复在光绪三十年（1904）三月离京南下，到上海后曾有一信致熊季廉说：

复在北，岁入殆近万金，一旦不居舍去，今所以自活与所以俯畜者，方仗毛椎，觊幸戈戈之译利，固已菲矣。乃遇公德劣窳之民，不识版权为何等物事，每一书出，翻印者猬聚蜂起，彼使无所得利而后已。何命之衰耶！则无怪仆之举动为點者所窃笑而以为颠也。其《原富》《群学》两书，湘粤沪浙之间，翻版石木几七八副，固无论矣。（《严复集补编》，第251页）

盗版猖獗，给计划依靠版权收益谋生的严复带来严重困扰。

三、严复与文明书局的冲突

为保卫《群学肄言》版权，文明书局对盗版者四面出击，这时另一个权利人严复也突然出手。不过，严复的一击狠狠打向文明书局和廉泉。

光绪二十九年十月二十七日，严复写信给廉泉，索要《群学肄言》的译利，并指责文明书局违约。严复的原信没有保存下来，但从廉泉的两次回应看，事情是这样的：

严复与文明书局原本约好《群学肄言》印刷六千册，在售出三千册后，书局支付全部译利共四千五百元。严复初次给了书局四千枚印花，到十月，他从张元济那里听到，文明书局已经印齐六千册书，却未向他索要剩馀印花，也没有支付译利。他认为书局存心欺骗，并有盗印之嫌，遂通过廉泉与书局交涉。

廉泉身在京师，并不了解上海书局经营的细节，他去信指责俞复背约，要求书局向严复支付四千部书的译利。这又引起俞复的不满，连番来函说明，才渐渐知道事情原委。

当初严复要求签订版权合同，俞复即对"预提译利"一条不甚赞成，并且对六千册印量没有信心，只肯印刷二千册。因廉泉和严复坚持多印，才在四月初版印三千册，十月再版加印三千册。到严复索款时，初版实际销量只有一千二三百册，远未到可以预提译利的三千册，因此没有给严复分利。此时为解决问题，俞复和廉泉商议出一个变通之计，即先由文明书局垫付译利规元一千两，四千印花以内的书由书局继续销售，没有印花的二千册算作书局代印，由严复收回版权，自行发售。

此议显然不符合约定，严复知道后更加不满，十一月再次去信交涉，并提出自己的解决方案：文明书局要么如数支付六千册的译利，他可以额外赠送二千枚印花，要么废约交回版权，换由商务印书馆出版。大概他在信中还提到诉讼的可能性。廉泉遂于此月二十九日用一夜时间，回复了一封长信，对严复的指责逐条辩解，出人意料地要求废约，表示即使发生诉讼，他也会坚持废约。他建议已经售出的书按约定提取译利，剩馀部分由严复取回自售，文明书局则登报声明不再经销此书。至于书局由此吃大亏，"既立约在前，亦复何言"，果真亏损，由他个人赔补。

廉泉主张废约的理由，是盗版书低价倾销，让文明书局

难以打赢价格战:

> 盖当时立约时，不知版权如此难保，故一一唯命。今因版权不能自保，若不及早奉还，由先生自行查禁，日后销路盖不可恃，先生所失之利甚大，泉于先生何忍避废约之名而坐观成败乎？……先生倘采纳鄙言，将全收回减价出售，则此书虽有翻版，亦可自销。若照原约办理，则吾局实难减价而销路绝矣。此非当时立约时所及料，异日万一因此涉讼，泉亦力持废约之说，因官府不能保护版权，安能禁吾废约？此书版权一日不交还，泉心一日不安，请及早与商务馆定约，泉奉示后当电属沪局将全书即日交付，其馀各地寄售及京保两局所存之书当陆续交付该馆。(《严复集补编》，第378页)

从廉泉信中看，这次风波也有同业竞争因素在内。文明书局最大的竞争对手是商务印书馆，而张元济既向严复通报《群学肄言》的实际印数，又说文明书局每部书印费五角价格过昂（"张君来函所论印资，泉亦不辩，因先生日后必自印也"），商务印书馆还要替严复销售此书并重新出版，多少有些"挖墙脚"的意思。至于廉泉说"谗间者"不可不防，当有所指。

廉泉的回复言辞恳切，又态度坚决，看来最终说服了严复。虽然此时严复的新译作如《社会通诠》、《群己权界论》等都拿到商务印书馆出版，但他与文明书局的《群学肄言》

合同并未废除。报纸上未见文明书局不再出售《群学肄言》的声明，反倒是售书广告中一直将其列为"本局出版之书"，到后来价格还有所上涨，说明存书已经不多。从再版更换印花、所钤印章由"侯官严复"改为"严复"，以及将初版的"版权所有"声明改为"著作权所有"（就目前所知，严复是中国最早提出"著作权所有"的人），并不再钤盖书局版权章等情形看，严复应是接受了文明书局提出的"变通之计"，将四千枚印花之外的再版本收回自售了。这次合作虽然过程曲折，销售不如预期，但他应该没有受到大的经济损失。

版权风波之后，严复与廉泉并未反目成仇。光绪三十四年（1908）九月，廉泉之妻吴芝瑛因义葬秋瑾，被御史常徽奏请严拿惩办，一时舆论大哗，声援尤为有力者，当属美国女教士麦美德在天津《泰晤士报》上的英文报道。事件稍稍平息，严复即将麦美德文章译成汉文，又作《廉夫人吴芝瑛传》，发表在《大公报》上，表彰吴芝瑛的义行、品格和她首开女子参与外事先河的勇气。这是严复声望最高的时候，借重他的译笔和文笔，身处险境的廉、吴夫妇得到有力支持。民国二年（1913），廉泉请吴观岱绘制《津楼惜别图》，征集友人题咏，严复先题七绝三首，再题五律与七律各一首，足见二人论交，不以利害义，诚所谓古之君子。

在这场激烈而复杂的版权保卫战中，文明书局难言胜利。虽然它惩处了几个盗版者，也未失去《群学肄言》初版的版权，但流失了严复这个重要作者。光绪二十九年（1903）十月，廉泉急切要见严复，想的还是商谈再版《群学肄言》

并到日本印刷平装本的事。版权风波一起，此事无法开口，严复的新书从此交给商务印书馆出版。商务接受严复开出的条件，认真保证他的版权利益，使他获得可观收入。后来严复又入股商务，先持有四百股，后增加到五百股，每年分红都在七八千元之数。民国八年（1919），严复政治失意、老病侵寻，尚能在北京一掷七万元购买住宅，资金多来自他在商务印书馆的版税和股息。

经此《群学肄言》一役，中国的版权保护在实践层面取得局部成功，并推动了制度层面的法律在数年后出台。宣统二年（1910）清政府颁布《大清著作权律》，严复与廉泉筚路蓝缕，功不可没。

从林纾致臧荫松书札看"林蔡斗争"前后

如果从1915年9月《青年杂志》在上海创刊算起,新文化运动的发起至今恰好一百年。这场改变了中国历史走向的运动一路摧枯拉朽,没遇到多少阻碍就大获全胜,甚至让已做好斗争准备的发起者们感到怅然。其间唯一值得回味的场景,是林纾以公开信和影射小说向蔡元培及北大新文化诸人发难,"拼我残年,以卫圣道",掀起一场"林蔡斗争",并以失败而告终。

十几年前,我买到一册臧荫松旧藏的友人书札,里面有若干通林纾的书信和诗词文稿,一直没有整理。近来福州的江中柱先生联系我,说正在编辑《林纾全集》,希望能把这些书信收入集中。这是义不容辞的事,我当然照办。将林纾佚文发给江先生后,我觉得也有向读者略作介绍的必要,因为臧荫松作为徐树铮的心腹幕僚,一定程度上充当着林纾与徐树铮联系的纽带,这些书信反映出的林徐关系,包括他们对蔡元培和北大的态度,可为研究"林蔡斗争"、新文化运动及林纾本人增添一些资料。

臧荫松（1883–1967），字礀秋，江苏宿迁人。他是徐树铮塾师的儿子，徐待以师兄之礼。民国元年（1912），徐树铮担任陆军部次长，臧荫松入京襄助，主持号称“陆军报”的《平报》，为段祺瑞、徐树铮一系掌控舆论。后来段系把持国会，组织安福俱乐部，徐树铮又以西藏议员名义，将臧荫松选为众议员，并担任众议院秘书长。在安福俱乐部，臧荫松则任会计处长，是代表徐树铮的实际操办人。直到民国九年直皖大战中皖系惨败，臧荫松才随徐树铮一起退出政坛。

《平报》于民国元年11月创办时，林纾即受聘担任编纂，与总纂臧荫松是过从甚密的同事。臧荫松在丙辰（1916）五月为林纾《铁笛亭琐记》所作序中说“余辱与先生交往，几无虚日”，二人交情可见一斑。

林纾致臧荫松的书信原有十通，有一通谈及为徐树铮作画事，早年被我赠人，详细不能记忆。现将箧存九通录文标点，并略作笺释。序号是我为行文方便加上的。

书一

礀秋我兄大人足下：闻大学堂汉文教习不通武断，至于万分，至谓惠公为晋文公之父，另一人则谓杨朱即庄周。蔡元培又将古近体诗革命为俚曲。如此种种，斯文将绝矣，吾颇引以为惧。且舍间每星期必有学生数人听讲，鄙意不如稍为充拓，即福建会馆中开一讲演会，每星期中午一勾钟，集生徒讲周秦汉魏唐宋古文并宋明学案，月作文评改一两篇，少收学费以备夏日茶水、冬日煤炭之用。拟借通伯、叔节、又铮及吾兄四位之名登报。至于每月讲义，亦托印刷所排印，每文细加评骘，久之亦可积而成书。想吾兄必悦而助我也。又陈太保骈体寿文一篇，吾颇惬怀，拟排印六十张以分亲友，因同乡索之者众，苦无以应。好名之事，吾所不为，今不得已而为此，吾兄幸勿笑。文稿明日誊清寄呈。即询日安。弟纾顿首。

林纾致臧荫松书札，谈及北京大学及陈宝琛寿文

书二

礀秋我兄足下：前数日学生范景恭由山东挈其妻女入都，将求馆于纾，竟以寒疾死，身后萧然。纾为殓之。柩以九月送归，此责又须肩任。惟其孀雌孤女，无赀南归，不能不为将伯之呼，而又铮竟助五十饼金，令人感涕，同太息世固有尚义人也。送上螺江太保寿文稿二纸，讹字尚稀，不加圈甚善。日来甚欲与君到公园一行，下午当走访。此问日佳。纾顿首。

书三

礀秋老兄大人足下：寿文以索观者众，不能抄以授人，只好排印而已。非好名，不得已也。本日接得樊山、实甫、掞东、瑟君诸人公柬，以三月三日集十刹海。不择精粗美恶，混成一团，吾焉能与假名士同竞声气，只好谢绝。时非典午，官非右军，何必慕此虚假行为，作印板文字。时彦可笑之至，度兄闻之，亦必喷饭也。本日为太保招看石谷长卷，适甚。纾顿首。

这三封信写于民国六年（1917）4月。

信中提到一共同事务，即排印陈太保（宝琛）七十寿文。

陈宝琛生于清道光二十八年（1848）九月二十三日，至民国六年七十岁。林纾寿文则下笔较早。“书一”中林纾请臧荫松代为排印寿文，称“文稿明日誊清寄呈”，“书二”说“送上螺江太保寿文稿二纸”，“书三”重申排印之事，可见

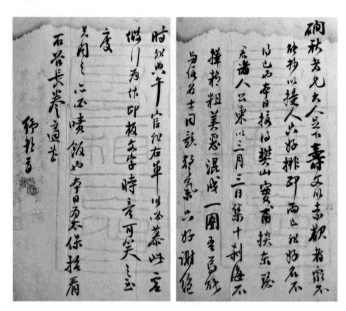

林纾致臧荫松信札，讨论陈宝琛寿文排印事

前两封信写作日期相连，第三封信相去不远。后者明言十刹海修禊之约，民国六年旧历三月三日为新历4月23日，三封信当作于此前。

"书二"中说到的范景恭病故一事，见于当年的《政府公报》。4月7日公报刊载6日《大总统令》："司法总长张耀曾呈：山东高等审判庭书记官长范景恭因病恳请辞职。范景恭准免本职。"8月17日公报又刊载《国务总理呈大总统核议给予山东高等审判厅书记官长范景恭等恤金文》："山东高等审判庭呈称：本厅前任书记官长范景恭辞职离厅，尚未逾月，因积劳致疾，遽以身故。"从范景恭身故时间看，三封信作于4月20日前后。

对研究林纾和"林蔡斗争"，"书一"提供了有价值的资料。信中对北大"汉文教习"的教学失误和蔡元培的课程改革痛心疾首，并与同人发起"讲演会"，以实际行动与北大争夺学生和影响力。信中所议之事在当年旧历十月即已实现："是月，开文学讲习会于城南，授左史南华及汉魏唐宋文，冀以广古人之传。当时名公硕士，谒阶执弟子礼而请业者，逾百人。"（朱羲胄《贞文先生年谱》卷二）

这个城南文学讲习会，一直持续到民国九年才结束，是林纾晚年的一项重要活动。对讲习会的起因，他曾多次申说，如《送魏君注东出使比利时序》中说："中国之文敝久矣，余惧其长久而澌灭也，欲自奋有以广古人之传，因聚其同志，立社于京师，讲左史南华汉魏唐宋之文。"又如在《古文辞类纂选本》自序中说："近人复倡为马班革命之说。夫马班之学，又焉可及，不能学马班者，正与革命无异。且浮妄不学者，尚不知马班为谁，又何必革。仆为此惧，故趁未朽之年，集合同志，为古文讲演之会。"从表面看，林纾只是出于对古文凋敝的忧惧而思振起，但这封信透露出的信息，让我们知道他针对的其实是北大和蔡元培。

蔡元培在民国五年（1916）12月底被任命为北大校长，转年1月莅任，到林纾写信时，在北大工作不过百日有馀，其所作所为已让林纾"颇引以为惧"，以至于要"集合同志"以行动予以反击。而他的"同志"又是这样几个人：马其昶

（通伯）、姚永概（叔节）、徐树铮（又铮）、臧荫松（碙秋），前两位是桐城文派殿军，后两位是皖系军阀健将。以林纾的文坛地位和行事方式，其言论和行动所指，新文化诸人想必了如指掌，因此才会将他选作对手，与桐城派、徐树铮扭在一起予以打击。从林纾写于"林蔡斗争"之前的这封信看，这场斗争其实是无法避免的。

书四

碙秋仁兄大人足下：拙稿如已抄，便祈检还。日来无他事可作，只能作诗，纪事而已。下午得间当相见。兹已寄信天津赁宅矣。弟纾顿首。

此信作于民国六年7月初。7月1日，张勋拥清废帝复辟，变起京城，林纾有赴天津避难之意。作于事变初起时的《阅报有感》诗有句云"据鞍忍效杜荀鹤，赁庑仍成梁伯鸾"（《畏庐诗存》卷上），与信中所言恰相符合。但后来林纾只是送妻子避居天津，自己则留在北京。在《送道郁》诗中，他说："我自恋积书，聊且守故宅。……定武言尊王，心本异谋逆。建威不嗜杀，念兹在苍赤。虽处围城中，镇静若磐石。乱定不经月，尔且安眠食。"在宣统复辟的十二天中，林纾作诗多首，均见于《畏庐诗存》，便是"无事可作，只能作诗"的成绩。

书五

碉老足下：校史图七古一篇，弟不留稿，今将收入畏庐诗集，务祈照抄一分掷下，以志尔我交情也。纾顿首。

江中柱等编《林纾集》第2册《畏庐诗辑佚》有《为臧碉秋作〈校史图〉并题长句》诗，下注"录自《大公报》1917年6月7日"（福建人民出版社2020年版，第152页），这封信当作于此后。

书六

尊患想已就痊。半里之遥，竟未奉候，知我忙也。承惠干馍及砀山之梨，吾不喜得赐，此物来自徐州，则足下家园必平安，二老人必康健，甚为足下慰之。弟住宅已定永光寺街，屋值月七十圆，须得足下向松华斋一说，为弟作保。其租折明日遣人呈收。琐琐者累及良友，可嗤也。碉秋老友鉴。弟纾顿首。

此信作于民国八年之前。林纾自光绪间定居北京，一直租房居住，最后终老于永光寺街寓所。至于何时移居永光寺，未见确切说法。高拜石《古春风楼琐记》第三集《畏庐老人佚传》中说："民国八年，所居在北平的永光寺街，以南房为讲习之所，北房置两案。"当有所据。

书七

碉秋老友足下：所以久久不到舍间者，防索画债而引嫌也。吾知足下之意，因趣还此扇，则足下可以来矣。一笑。纾白。

书八

与碉秋夜话至四更别后奉寄

小轩如斗聚灯光，风定微闻瀹茗香。历数酸咸觉滋味，有时检格到文章。务名那有长闲地，习静真成却老方。得与素心同假息，焉知世局正苍黄。林纾呈稿。

以上书信和诗作年月无考。

书九

碉秋老兄足下：想自津门归矣。今之析津，几类古之孟津。刘从谏之清君侧，不过为郑覃、李石地耳；左宁南之清君侧，则困于板矶。未知今日之事局如何，真历史所无。城北曾否晤面？如有消息，乞一示。纾顿首。

此信作于民国九年6、7月间。这一年直皖大战爆发，直军以"清君侧"为名，要求驱逐徐树铮，以剪除段祺瑞羽翼。7月初，曹锟等通电发表《直军全体将士宣布徐树铮六大罪状檄》，宣称要"扫除君侧，奠我神京"。至7月15日战争爆发，19日皖军大败，徐树铮遁入日本使馆，从此脱离军界。从"未知今日之事局如何"看，此信作于事件发酵以后，战争结束之前。

这封信反映出林纾对"城北"即徐树铮的关心。林、徐二人交往十馀年，林纾长期在徐树铮开办的文教机构中任职，前有《平报》，后有正志学校。《平报》时期，二人诗酒往还，唱和频密。安福时期，徐树铮操持国柄，对林纾仍优礼有加，多方面给予帮助，林纾对他也始终赞赏，心存感激。从这组信札中与徐树铮有关的种种，可以看出二人的亲

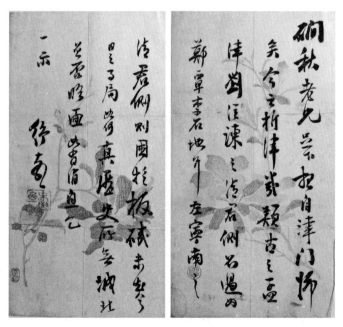

民国九年直皖大战爆发，直军以"清君侧"为名，要求驱逐徐树铮，林纾致信臧荫松，关心徐树铮的消息

密关系一直保持到最后。

从"林蔡斗争"开始，北大诸人就认定《荆生》中的"伟丈夫"即徐树铮，指责林纾寄望于北洋政府用武力打压北大和新文化运动。这种观点也主导了后来的研究。近些年风向转变，又总有人想替林纾"翻案"，论证他并无此意。其中走得最远的，是刘衍文先生。在《林琴南与陈石遗》一文中，刘先生批评了刘半农关于林纾欲借徐树铮之手兴文字狱的说法：

> 这段文字几乎为建国后的各家新文学史所沿用，殊不知实乃捕风捉影的比附，毫无依据的想当然耳。今考徐树铮本爱桐城派古文，虽甚重琴南先生，口口声声必称林为老师，但由于彼此的行藏出处大异，所以，林在《答郑孝胥书》中云："徐氏既秉政，落落不相往来。盖四海之内，不以为贤，弟何贤之有？"由此可见，在林氏笔下的那个伟丈夫也者，只不过是凭空的主观幻想，绝非现实人物的影射。琴南先生无端为此背上黑锅几近百年，也应该为之澄清洗刷一下了吧！（《寄庐茶座》，汉语大词典出版社2004年版，第194页）

《荆生》中的"伟丈夫"是否比附徐树铮，林纾写小说时有何心理活动，对这些，今天确实难以考索。但说林纾与徐树铮"行藏出处大异"，乃至对徐"不以为贤"，不屑与他同路，对林纾而言才真是一口黑锅。因为《答郑孝胥书》

所谓"徐氏秉政",非指"小徐"徐树铮,而是指"老徐"徐世昌。刘先生所言,只是偶然失察的误解,若以此来为琴南先生"澄清洗刷",他是不会领这个情的。

《师友绪馀》中的梁启超与强学会

光绪二十一年（1895），梁启超到北京参加会试。考试之前，他与康有为发起公车上书，落第后又一起组织强学会，这成为他政治活动的开端。在强学会创办前后，梁启超主办《万国公报》和《中外纪闻》两份报纸，开启了他的新闻出版生涯。

强学会活动时间短暂，其实体机构强学书局于光绪二十一年十月初成立，到十二月九日即被朝廷封禁，为时只有两个月，梁启超在此期间主笔的《中外纪闻》，更是只存续一月有馀，出刊十八期便告终结。强学书局后改为官书局，梁启超被屏除在外，于光绪二十二年三月前往上海，与人合办《时务报》。对这段历史，梁启超曾有所追述，同时人也留下一些资料，大致脉络是清楚的，但梁启超在强学会的活动细节，今人了解得并不多，一个原因是缺少他当时的自述材料。

幸运的是，吴保初所辑《师友绪馀》保存了梁启超写给他的三封信。这些信恰好作于从强学会到《时务报》期间，从当事人角度披露了相当多历史细节，而且吴保初与寿富等友人之间的通信，很多也与梁启超有关，均有助于了解梁氏这段重要的政治和新闻出版经历。这些资料以前未见研究者引用，本文标点整理，略作笺释。

一、吴保初与《师友绪馀》

吴保初（1869-1913），字彦复，号君遂，安徽庐江人，淮军将领吴长庆之子。光绪中，吴保初以荫生入都，先在兵部学习，后任刑部山东司、贵州司主事，秋审处帮办。光绪二十七年秋，他"上疏言朝政时事，多他人所讳言者"，被尚书刚毅压制，不得上达，遂辞官归里。(据陈诗编《北山楼集》附陈诗撰《北山先生家传》，民国二十六年〔1937〕石印本)

吴保初倜傥能文，又是名父之子，交游广泛，时人将他与谭嗣同、陈三立、丁惠康并称"四公子"。他思想激进，赞成变法，戊戌事变后作《哭六君子》诗，并在第二年的春天，"略检箧衍所存往时师友赠答之作，哀为一集，虽一字之寡、千言之富，亦都存而录之，名曰《师友绪馀》，志不忘也"(见吴保初《师友绪馀引》，作于光绪己亥中春。天津图书馆藏《师友绪馀》与吴保初自编《北山楼集》合订一册。此《北山楼集》也有己亥仲春保初自序，谓"用敢排印一二，以代钞胥"，因知《师友绪馀》印行于光绪二十五年二月)，附在诗集《北山楼集》后，排印行世，保存下一些与戊戌变法相关

師友緒餘

宗室竹坡先師

諱寶廷晱號偶齋官禮部侍郎

書詩後

學韋柳先學其自然此韋柳學陶體也次學其清秀此
韋柳學小謝體也非惟韋柳王孟亦陶謝兼學五言四
韻古詩多學小謝間有學陶者須分別觀之柳詩中有
寫怨者則兼學騷也學小謝每以寫景勝多用對句陶
少對句然時亦有較謝深厚不如謝之易動人也足下

《师友绪馀》，光绪二十五年（1899）初排初印本

人物的作品。

《师友绪馀》存世不多，公开可见的有天津图书馆藏本（可在中国国家图书馆·中华古籍资源库阅读，题名检索"北山楼集"）。我自己也收藏一本，但与天图藏本内容有所不同，最大的差别是，我的藏本录有梁启超的三封信十三首词、康广仁的两封信、袁世凯一封信和寿富两封信，天津图书馆藏本却没有这些内容。经过比对，两本书是用同一副木活字版所印，但天图藏本刷印在后，印时删除了相关内容，并将受到影响的版面重新排版。如梁启超的信和词，在书中共占八页，页码从四十六至五十三，而天图藏本第四十五页的下一页，版心页数为"四六至五三"，以一页代八页。显然，这是在删除大量内容后，为保留其他已经印好的书页并弥合阙页采用的权宜之计。这也说明，我的藏本是该书的初排初印本。

含有梁启超等人书信的《师友绪馀》，还有另一个现象，即梁启超的名字写成"梁任厂"，康广仁的名字写成"康大厂"，用的都是化名，可见吴保初在变法失败后的第二年春天即刊行师友赠答之作，实有深意，"志不忘"变法君子并保存他们的作品，是一个重要目的。在当时情势下，此举非常危险，以至于吴保初最后不得不把这些作品删除。这个本子能流传到今天，实属幸运。

这个初印本，又是一个校改本，有人用墨笔加以增删，或整首删除，或调整顺序，或修改注释，或删去敬抬空行，做这个工作的，不排除是吴保初本人。其中，作者注释"梁

天津图书馆藏《师友绪馀》被更改的版面和页码

任厂，字任厂”被改为“梁启超，字任厂，广东新会举人”，文内的“任厂”改为“启超”；“康大厂，字大厂”，被改为“康广仁，字幼博，广东南海人，候补主事”。下面，就按照改注复原的文字，将梁启超的三封信移录于此。

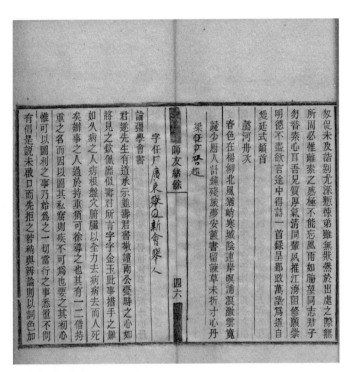

《师友绪馀》初排初印本中的梁启超书信

二、梁启超的三封信

论强学会书

君遂先生有道：承示并寿君书，敬读。两公忧时之心，如将见之，钦佩靡似。寿君所言，字字金玉，此事措手之难，如久病之人，病根盘穴腑脏，以全力去病，病去而人死矣。办事之人过于持重，犹可徐导之也，其有一二借持重之名而因以图其私窟，则疾不可为也。要之其初心，惟可以图利之事乃始为之，一切当行之事，悉置不问。有倡是说，未启口而先拒之，若稍与辩论，则以词色加人，日日扬言于众曰：此局惟彼一人创之，局事亦惟彼一人主之。一切来者，若皆攀附彼之声气，诸事末从干预。夫此局之创，非出其手，此间知之者想亦不鲜，而其间一二通达大体之人，皆困于簿书，不能营办琐事，令此间局面若惟一人独主，以至于此，奈何。以公议去之，非不可行，然同室操戈，大局必散，此病去人死之说也。同人皆有必欲保全之意，而彼有不惧决裂之心，此千古小人所以胜君子之技，匪今斯今，可为浩叹。别院整顿之举，同志主持者尚有其人，弟人微言轻，亦不欲过问。小会之举，自为约束，虽大局无恙，亦当为之。何以故？入会者甚众，大率当官人多、读书人少，虽有善心，未必能俛焉学诵，会虽成而学不克有进，其势必有稍密之功课以待官闲而好学者。小会之与大局，原属并行不悖，未尝有冰炭于其间也。今之时流，于一切致用实学类能言其一二，而不能深通以尽其故，此人才之所以不成而国之所以弱也。我辈同志，率受此病，故严定功课，各执专门，互相挟持，务底有成，此小会区区之意也，虽无大局之波澜，亦将行之。执事以为如何？今此间与小会者，日来所课，尚不荒殖，他日可望成就一二。知公拳拳，拟奉邀入会，俾得亲近，有所就诲。并约祁、寿两公，想不见弃。顷所云云，以公相爱之深，忧世之切，故敢贡其一二，局中矛盾，路人所笑，本未尝一以告人，尚幸秘之。启超顿首。

作别札

君遂贤兄先生：重闉辽隔，阙侍数月，鄙怀歉仄，匪可言喻。汉功昆明，楚客泽畔，大局之忧，与君同之。书局复开，仆以婞直见挤，人情本当尔尔，亦何足云。顷归意甚速，欲得一言以为宠，谨奉纨扇，想不见弃。伯福亦久未见，并思得赠言，不审君能为我代致之否。行期在二十间，日内当图良觌，以馨所怀。启超顿首。

别后书

君遂兄长足下。国门分携，倏已两月。抟沙易感，怀思可知。自顷入洛，游谒虽众，而落拓寡聊，含沙屡遇，相知相爱，惟在足下。纵复重闉辽隔，合并苦稀，而感念之情，靡时云已。去秋迄今，事变累易，横流无极，魑魅喜人。业每败于垂成，病即加于小愈，凡兹陈迹，君所共见，太息之外，更无他言。弟顷居海上，与黄公度观察、汪穰卿进士创一《时务报》，冀以开广风气，俾助见闻。此间为南北总汇之区，视首善之晦盲，似有差别。顾事变太速，岁不我与，聚室而谋王屋，捧土以塞孟津，绵力薄材，恐无所补，得寸得尺，竭吾心所能至而已。黾勉图功，经费支绌，惟赖报章风行，乃可支持。今邮上公启三十本，乞斟酌其可否与同志共维持之。此局若定，或可为他日学会、议院一切之基也。顷已布告各省同志，请其相助，惟皖省未得其人，若君所知有可以语于此者，便望相告，铭感奚如。近学想益进。数年以后，人血满地，恐更无从容弦诵时，望及时交勉之而已。君智慧才力，独出冠时，惟冠盖京华，销磨太甚，尚望稍节酬应，以劭大业。猥托相爱，不敢以谀词进，想弗嗔之。出都时承惠述德碑文，谢谢。照象一躯，敬呈左右，聊寄远思。伯福所学成就想益远大，格于例，伤于贫，不能行其志，奈何。此次匆促，未及致书，相见时为弟问讯也。启超顿首。

《别后书》的后面，还有"附录所书词十三阕"，梁启超跋云："丙申三月将出都，濒行，君遂兄长索拙著，以近为词应之。启超记。"所书词作均见于《梁启超全集》，今略。

三、《论强学会书》与梁启超在强学会的活动

梁启超的第一封信，作于强学会存续期——光绪二十一年（1895）的十月至十二月之间，"论强学会书"及另两封书信的题目，当为吴保初所拟。

梁氏《饮冰室诗话》记与寿富的相识说："乙未秋冬间，余执役强学会，君与吴彦复翩然相过，始定交，彼此以大业相期许。"（寿富〔1865—1900〕，字伯茀，清宗室，礼部侍郎宝廷之子。光绪戊戌进士，选翰林院庶吉士，讲求新学，发起知耻学会。戊戌政变后杜门不出，庚子乱中自尽殉国）可见梁启超与吴保初交往，也始于强学会时期。

这封信，是对吴保初转来的寿富书信的回复，所涉事件主要集中在两个方面：一是对强学会及强学书局内部矛盾的看法，二是介绍在强学会内组织"小会"的情况。寿富的来信，也见于《师友绪馀》，即《论强学会条规书》：

> 君遂执事：日者蒙以条规见示，适有客在座，匆匆奉复，未尽所怀，今更申其议，伏望垂察。当事诸君过于持重，诚有使人郁郁处，梁君毅然另为约束，岂非丈夫。惟寿富不无过虑者，以为斯议果成，局中先分疆界，势既为二，人必左右袒，一出一入，是非以生，同室操戈，势所必至。当斯会之始，举国非笑，谓为不成，今幸规模初具，然非之者尚十四五，观望者亦十二三，若局事蒸蒸日上，必将天下向风；若局事或有二三，瓦解亦可立待。同舟共济，尚恐难成，若更参差，息驾何所。此事成败，大局所关，设不幸所言或中，谋者未成，成者先废，将毋大失梁君之本意乎？夫公议者，胜人而不为人所胜者也。梁君所欲为者，本皆会中应有之义，若并此不能，尚何名为强学？今若

邀集同志，平心与之徐商，使是非大明，人人开悟，当局诸君，将必舍己相从。若其不从，是违公议，违公议者，公议亦违之，当局者将不自安，尚何局事之能持，则梁君之议，当行之于合会，又何烦别为约束乎？寿富闻之，非常之功，惟忍乃济，迈俗之议，阅久自明，今者惟忧人力之不厚，人心之不坚，与其别白是非、另生枝节，何如相忍以济、培其本根。若力厚势成，是非大

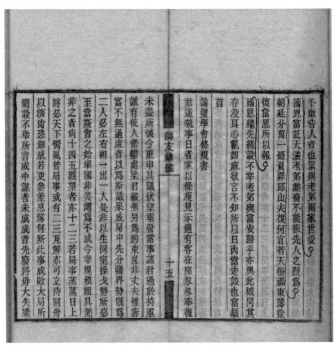

寿富《论强学会条规书》（《师友绪馀》初排初印本）

定，则亦贤者持柄、愚者退听耳。斯时肩荷大事者，非梁君辈其谁？若不出此，将必是非互腾，尽失本意，势分力薄，奏功无期，在会者思去，局外者不前，人心忧疑，大事去矣。寿富不幸生逢斯世，有死国之义，无勘乱之才，惟冀风气宏开，人才日出，上安君父，下遂私图，故当斯举之兴，闻而起舞，今知局事如此，不胜悔惧，以与执事相知久，故敢贡其私意。伏惟恕其狂瞽，幸甚。寿富顿首。

对强学会研究来说，寿富的这封信是一份重要史料，它透露了至少如下信息：强学书局为人把持，强学会名存实亡；梁启超毅然奋起，欲有所约束，并拟定了"条规"；梁的计划如果实现，强学会内部将会分裂，甚至危及生存。为此，寿富不赞成梁启超的行动，劝他"平心徐商"、"相忍以济"，以退让维护大局。

按照康梁的理想，强学会是一个讲求新学、议论时政，"实兼学校与政党而一之"的组织（梁启超《莅北京大学校欢迎会演说辞》，《梁启超全集》第四册，北京出版社1999年版，第2527页）。但实际上，京师强学会是以御史台、翰林院的京官为主建立起来的，首倡者为陈炽、文廷式、沈曾植、康有为等人，赞助者有李鸿藻、张之洞等大员（参见汤志钧《戊戌变法史》第三章《组织学会，发行报刊》之三"北京强学会人物"，上海社会科学院出版社2015年版），构成复杂，议论各异。康有为和梁启超在其间发挥了组织引领作用，但在强学书局成立之前，康有为已于八月二十九日离京，未参与强学会的后期工作，只留下梁启超在京，先后主办《万国公报》和《中外纪闻》。虽然梁启超做的实际工作在今天看来十分重要，但他只是一个举人，在一群京官中人微言轻，也未进入决策层，难以左右大局。强学书局成立后，丁立衡、张孝谦、熊馀波等人主持局务，"有欲开书坊者，有云宜专卖国朝掌故书者，有云宜卖局版经书者"（吴樵致汪康年书，光绪二十二年二月二十一日，《汪康年师友书札》〔一〕，第425–435页），康、梁设想的讲学、议政功能均无从谈起，以救国热情组织起来的强学会，眼看办成了一家旧书店，维新同人当然痛心疾首，因此寿富说"当事诸君过于持重"，"使人郁郁"。

而且此时，当局数人也矛盾重重，最后张孝谦排挤掉其他人，独自把持局务，令事情更不可为（参见汤志钧《戊戌变法史》第三章《组织学会，发行报刊》之四"强学会的内部矛盾和改为官书局"）。梁启超信中道出当时情形："要之其初心，惟可以图利之事乃始为之，一切当行之事，悉置不问。有倡是说，未启口而先拒之，若稍与辩论，则以词色加人，日日扬言于众曰：此局惟彼一人创之，局事亦惟彼一人主之。"针对这种局面，梁启超不赞成寿富提出的通过"公议"迫使当局者改弦更张的建议，因为真正不顾及强学会分裂和存亡的人，正是当局之人："以公议去之，非不可行，然同室操戈，大局必散，此病去人死之说也。同人皆有必欲保全之意，而彼有不惧决裂之心，此千古小人所以胜君子之技，匪今斯今，可为浩叹。"

面对乱象，梁启超并未旁观，而是采取行动扭转局面。他撰写《学会末议》一文，在同人中传看（前引吴樵致汪康年书），申说学会宗旨；拟定《强学会条规》，试图对会务进行约束；同时他还发起一个"小会"，坚持讲学活动。

寿富信中说，"梁君毅然另为约束，岂非丈夫。惟寿富不无过虑者，以为斯议果成，局中先分疆界"，可见梁启超拟定的《强学会条规》，将对强学会的主事者形成约束，并且难被他们接受，必然是一个具有新思想的文件。

梁启超组织的"小会"，也有当时的人提到，"京中同志十馀人（卓如、伯唐、子封、穗卿、刚甫诸君及钝丈、樵父子）起一小会，迟大会十日而亡"（前引吴樵致汪康年书），但语焉不详。今合梁启超与寿富之信而观之，可知其大概。

梁启超说："小会之举，自为约束，虽大局无恙，亦当为之。""小会"是在"大会"内部成立的，在"大会"无所作为的情况下，如有"小会"坚持作为，当然是一种拨乱反正，构成约束。他透露出"大会"当时的颓状："入会者甚众，大率当官人多、读书人少，虽有善心，未必能俛焉学诵，会虽成而学不克有进，其势必有稍密之功课以待官闲而好学者。"多数会员无心学习，学会名存实亡，因此需要为好学者另立一个"小会"。他又阐释了"小会"的宗旨："今之时流，于一切致用实学类能言其一二，而不能深通以尽其故，此人才之所以不成而国之所以弱也。我辈同志，率受此病，故严定功课，各执专门，互相挟持，务底有成，此小会区区之意也，虽无大局之波澜，亦将行之。"

于此可见，强学会内的"小会"，是梁启超在"大会"功能丧失、无法开展活动的情况下，成立的一个专注于讲授、研习致用实学、专门功课的同人集会，初始会员只有十人，来自强学会内外。梁启超邀请吴保初和寿富及祁姓某公加入强学会小会（《师友绪馀》有祁师曾《贺纳姬词》，注"字君月，山西寿阳人，官兵部员外郎"，"祁公"或即此人。祁师曾为祁世长之孙），并说"今此间与小会者，日来所课，尚不荒殖"，说明已经开始活动。但"小会"是在强学会弊端暴露后成立的，寿命又只比"大会"多十天，所以梁启超写这封信的时候，大概已接近强学会的尾声了。

梁启超和寿富的信，还有助于解决一个困扰已久的问题，即强学书局开办时期，强学会究竟有无实体存在。

不同于上海强学会有完整的章程等文件可以引用，考察京师强学会的历史，只能根据当事人或知情人的零星记载。在这些记载中，同人们筹备的是"强学会"，但成立的组织却是"强学书局"。特别是书局成立后，参与者多称"强学书局"，少有称"强学会"者，这令人怀疑在强学书局正式成立后，强学会已不存在，或强学会从未正式存在过。(讨论这一问题的文章，可见闻小波《强学会与强学书局考辨——兼议北京大学的源头》〔《北京社会科学》1999年第1期〕、林辉锋《强学会成立时间考证补》〔《中山大学学报》社会科学版2011年第6期〕等) 但吴保初为梁启超和寿富两封信拟的名字，都包含"强学会"名称，虽属事后追述，仍是当事人的说法。寿富信中则说"梁君所欲为者，本皆会中应有之义，若并此不能，尚何名为强学"，显示"强学会"确有实体。梁启超说"入会者甚众……会虽成而学不克有进"，并发起"小会"，对应的都是强学会，这是最重要的当事人对强学书局与强学会并存的直接说明。

对强学会和强学书局的关系，其实从《上海强学会章程》中可以看得很清楚。它是上海强学会的章程，但以很大篇幅，讲一个"局"或称"强学总局"、"分局"、"书局"的运作规则及强学会会员与"局"的关系（汤志钧、陈祖恩编《戊戌时期教育》，上海教育出版社1993年版，第77页）。这说明，上海强学会发起后，随即成立"强学书局"，作为学会的办事机构，落实办会宗旨，处理日常事务。入会者向书局入股或捐款，然后成为会员。京师强学会的运作模式也是如此，强学书局是强学会的办事机构，学会通过书局才能运行，这也是为何强学书局主持人的行为会关系到强学会的兴衰存亡。强学会与强学书局二位一体，同时存在。

四、《作别札》与梁启超退出强学书局

光绪二十一年十二月初七日，御史杨崇伊以"奏为京官创设强学会，植党营私，大干法禁，谨据实究参，仰乞圣鉴事"上疏，要求查办强学书院（即强学书局）（奏折全文可见《被忘却的近代新闻史第一章——甲午战争与中国报刊的初春》，孔祥吉《惊雷十年梦未醒》，广东人民出版社2017年版，第306

页）。此疏所参为"强学会"，列举的事实却是"强学书院"的行为，于此也可见强学会与强学书局的关系。

吴樵在写给汪康年的信中说："京会闻发难于卓如之文。渠有《学会末议》一篇，甚好，脱稿后曾以示樵，不知局中谁人献好，闻于政府（原注：闻系常熟），遂唆杨崇伊参之，而杨与合肥之子为儿女亲，因此亦可报复。"强学书局招股时，李鸿章欲入股三千两，被同人拒绝，再加上政见不同，李遂扬言报复。杨崇伊与李鸿章为姻亲，此举有挟嫌报复的嫌疑，导火索则为梁启超撰写《学会末议》。

杨崇伊参奏后，强学书局于十二月初九日被查抄封禁。

强学书局有京中官员的大量股份，他们自不会坐视被封，于是运动解禁，至当月二十二日，由御史胡孚宸上《书局有益人才请饬筹设以裨时局折》，有旨交总理各国事务衙门议奏。次年正月十二日，总理大臣李鸿藻奏请将强学书局改为官书局，二十一日奉上谕准许，交工部尚书孙家鼐管理。二月二十一日，孙家鼐奏定章程，官书局随后开业。

在筹备官书局期间，孙家鼐拟定了管理官书局的二十三人名单（由强学书局到官书局的变迁，参见王晓霞《书局与政局：京都官书局始末》，《现代出版》2019年第2期），大多数为参与强学书局的京官，梁启超却被屏除在外。三月，梁启超应黄遵宪之请，赴上海筹办《时务报》。《作别札》说"书局复开，仆以婞直见挤"，又说"行期在二十间"，即作于光绪二十二年的二、三月间。

吴保初从信中得知梁启超遭遇，立即向孙家鼐进言，请他收回成命，延聘梁启超。三月十二日是孙家鼐的生日，他去祝寿时当面请求，后孙家鼐两次回拜，皆未相遇，吴保初于是又给他写了一封信，即收入陈诗编《北山楼集·北山楼文》的《上孙尚书书》，略云：

> 两蒙高轩枉过，有失迎迓，罪甚罪甚。……近日朝廷以书局属公，实欲公之造就人才，以待国家异日之用，斯事虽细，关系天下，则公安可不广罗俊乂，上承明诏？窃见广东举人梁启超，年二十四，奇才淑质，独出冠时，综贯百家，凌跨一代，九州万国之纪，旁行斜上之书，莫不取其精华，得其指要。绮岁不廉之誉，方之蔑如；何休学海之称，奚足拟美。求之近日，诚为罕觏。今以不合当世，思褰衣远去，公倘不以年少少之，折节往拜，慰而留之，延揽入局，于大局不无小补。……梁君行期甚急，愿公速图之，不胜大愿。

他写好这封信后，先寄给寿富看，寿富并不赞成他的做法，两次回信请他三思。这两次来信，即初印本《师友绪馀》中的《论留任公书》和《再答》。因涉及早岁友人对梁启超的评价，且资料罕见，全文移录于此：

论留任公书

君遂老弟足下：日昨为风所中，头晕骨痛，大有伤寒意。任公事似须细思详酌。老弟爱才之心，实为近

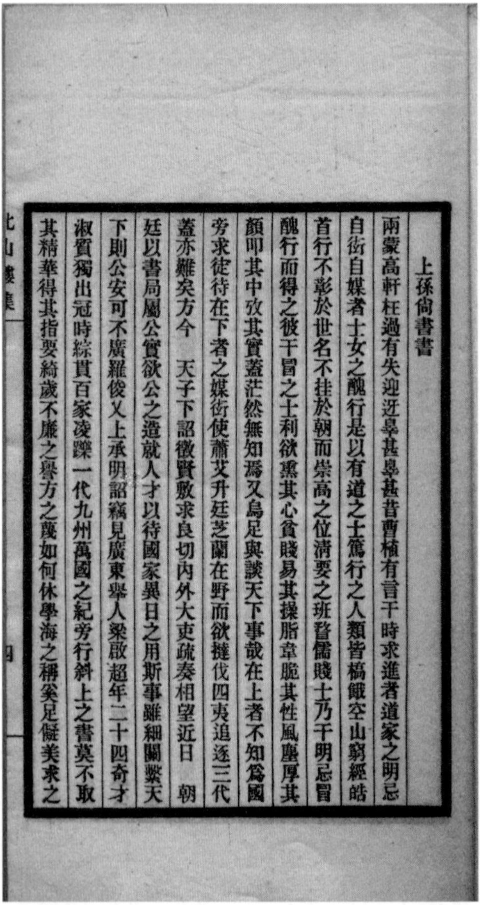
北山樓集　四

上孫尚書書

兩蒙高軒枉過有失迎迓辠甚辠甚昔曹植有言干時求進者道家之明忌
自衒自媒者士女之醜行是以有道之士篤行之人類皆槁餓空山窮經皓
首行不彰於世名不挂於朝而崇高之位清要之班登儒賤士乃干明忌冒
醜行而得之彼干冒之士利欲熏其心貪賤易其操脂韋脆其性風塵厚其
顔叩其中攷其實蓋茫然無知焉又烏足與談天下事哉在上者不知爲國
旁求徒待在下者之媒衒使蕭艾升廷芝蘭在野而欲攘伐四夷追逐三代
蓋亦難矣方今　天子下詔徵賢敷求良切內外大吏疏奏相望近日　朝
廷以書局屬公實欲公之造就人才以待國家異日之用斯事雖細關繫天
下則公安可不廣羅俊乂上承明詔竊見廣東舉人梁啟超年二十四奇才
淑質獨出冠時綜貫百家淩轢一代九州萬國之紀旁行斜上之書莫不取
其精華得其指要綺歲不廉之譽方之蔑如何休學海之稱奚足儗美求之

吴保初《上孙尚书书》（陈诗编《北山楼集·北山楼文》）

今所罕。但惜不在高位，在高位者又无此副心肝，此时事所以难也。某大臣奉旨管理书局，当广求异材，以开风气，方于时事有益。乃不出此，尽散股分，惟奏举二十二人办理局务（川按：孙家鼐拟定的官书局人员名单，本以文廷式为首，共二十三人，但光绪二十二年二月十七日文廷式被参奏罢官，故寿富信中说"奏举二十二人办理局务"），则其有先入之言已可见矣。任公去岁在局，职司掌笔，本为局中不可少之人。今乃不在二十二人之列，此必有以好事狂妄谮任公者，盖所以必欲谮之者，实恐任公分其权也。老弟身往力荐任公，某大臣若以爱才为心，当殷殷下问，如恐失之。乃言者殷然，听者漠然，是其心不重任公，并不重老弟之言，明矣。老弟谓渠两次过访，似为任公之事，设如所度，讵不大佳，但恐仍是老弟爱才之心耳。故欲老弟亲往探之，若果为此，上书不晚，设不为此，渠疑任公倩老弟营求，于事无济，于己于人皆有损。君子爱人以德，老弟爱之，当保全其名节，详筹其出处。任公才识，安往不得，某大臣不知求任公，任公乃求某大臣耶？必不然矣。迩年营求之风炽，在上位者动以营求轻天下士，故士之自立者，往往矫情以震之，盖不得已也。夫任公留京，于任公毫无益处，于书局则大有益。若令某大臣疑任公营求，必轻视之，必不留任公。不惟不能留任公，转使某大臣疑任公为营求之士，是老弟爱之适以害之也。兄之呶呶为此者，既重任公，又重老弟，诚不欲任公与老弟为人所轻也，望详度之。原书文字甚佳，姑存兄处，如某大臣诚有求才意，即当奉还。兄富白。

再答

今日大人先生之心最难测度，恐其以老弟为卓如游说，则老弟无置身地矣。设更以卓如倩老弟游说，则并卓如无置身地矣。此事所关不小，望更细心酌之。鄙意以为近日某大臣过访相左，或是谢寿，老弟未可造次上书也。原件奉缴。

寿富深知孙家鼐排斥梁启超，其后有复杂原因，并不会因吴保初一言而改变做法，且以梁启超的才识和当时的官场陋习，也无必要去乞求高官延聘，因此极力劝阻吴保初办理此事，并暂留了他写给孙家鼐的信。最终不知吴保初是否递交了这封信，但可看出，他为梁启超的前途奔走，完全出自对他思想和才华的激赏。梁启超此时年方二十四岁，二人相识不过数月而已。

在对吴保初的研究中，常见一种说法，谓梁启超初来京师，系吴保初向孙家鼐举荐，使他得露头角。此说的源头是陈诗所撰《吴北山先生家传》。其传略云：

先生尤善知人，丙申邂逅新会梁启超于京师，时工部尚书寿州孙文正公家鼐方领自强书局，先生与有雅故，致书荐启超，（下文节引《上孙尚书书》，略）……

孙公于是礼聘启超，为订章程，启超旋游湘，后卒以才名显。

从上述当事人信函可知，此说与真相大相径庭，应予更正。

五、《别后书》与《时务报》的推广

梁启超离京去上海，是在光绪二十二年（1896）三月二十日前后。《别后书》说"国门分携，倏已两月"，当作于五月。

《时务报》于七月初一日创刊，此时正进行紧张的前期推广。梁启超给吴保初写信，寄去公启三十份，希望他在京师向同人推销报纸，并推荐家乡安徽的联络人。吴保初于是作《蕲同人阅时务报小启》，略云：

> 乃者梁君卓如，特在沪滨创立时务报馆。观其体例，首陈治道，继译新闻，采国风于六洲，置苦口于万户。虽迹类商鞅，言同邹衍，而略其形似，要厥指归，知长沙痛哭，乃心汉家；杜牧罪言，输忠唐室。针膏起废，此洵活国之扁仓也。蒙嘉美卓如之心，思推广其意，兹购得三十分，以次递传，足够百人浏览，限三日专足走取，原报外不索分文，其有愿自购者、有愿助款者，各听其便，不有博弈犹贤乎已，诸君子或亦有意于

此邪？（陈诗编《北山楼集·北山楼文》）

吴保初一边倡议阅读《时务报》，一边自购三十份报纸供同人分阅，并号召大家订购和捐助，为梁启超的办报事业出了一份力。

梁、吴二人京门分别时，梁启超为吴保初书写自作词十三阕，吴保初则作《送任父之申江》诗送别：

吾友梁任父，飘零真可哀。少年入京国，下笔挟风雷。亦有新亭泪，斯人贾谊才。江湖须自重，獝獚久相猜。（陈诗编《北山楼集·北山楼诗》）

他们二人的交往时间只有短短数月，见面不多。梁启超去上海后，又去长沙主办时务学堂，吴保初则于光绪二十三年秋辞官归里，戊戌政变时未在京师，随后梁启超流亡日本多年，二人再未晤面。但吴保初对比他小四岁的梁启超，可谓一见倾倒，除了在事业上多方帮助，甚至还学习他的文风（寿富致吴保初《覆札》："大作淋漓顿挫，大有卓如气致。"《师友绪馀》第二十一页）。在梁启超被通缉后，冒险刊行他的作品，尤可见其真情。梁启超在书信中也对吴保初多有期勉，《别后书》谓"君智慧才力，独出冠时，惟冠盖京华，销磨太甚，尚望稍节酬应，以劭大业"，实中吴氏之病。吴保初交游泛滥，不只梁启超指出，寿富也曾规劝，言"妨学者大半皆在交游"、"愿左右毅然自克"（寿富《报书》，《师友绪馀》

第六页），但终其一生，未能去除这一名士习气，梁启超进以药言，足见知爱。

通过《师友绪馀》初印本保存下来的梁启超与寿富、吴保初等友人的往来书信，可以对梁启超在强学会时期的经历有更深了解。强学会在成立之初，就因参与者的芜杂、主事者的偏颇，陷入分崩离析、名存实亡的境地。为扭转局面，梁启超撰写《学会末议》，拟定《强学会条规》，发起"小会"，使用各种方法试图将强学会拉上正轨，却点燃导火索，导致强学会和强学书局被封禁，自己被逐离场。康、梁心目中的强学会，是一个学校与政党兼而为一的社会组织，而实际上在短短几个月的筹备期和运行期中，强学会"学校与政党"的功能无从实现，惟一成功的工作，是梁启超主办出版了《万国公报》和《中外纪闻》两种报刊，为他的新闻和政治事业开启了新的历程。

辜鸿铭教蒙学

辜鸿铭一生，很多时间在教书和讲学。宣统末年，他辞去外务部左丞之职，在邮传部上海高等实业学堂任教务长，结果因反对辛亥革命触怒学生，挂冠而去。入民国后，他又成为北京大学的名教授。

一、爱讲中国经典的英文教授

在北大，辜鸿铭除了是众口一词的"顶古怪的人物"，还是五四风云年代蔡元培"兼容并包"主义下被"兼容"的典范——他"拖长辫而持复辟论"，与北大政见不同，但北大仍请他讲授英国文学。

从1914年9月后受聘，到1920年解聘（见吴思远《辜鸿铭出入北大及生辰考述》，《中华读书报》2019年5月15日），辜鸿铭在北大教习英文六年，主要是给二、三年级学生讲授英国诗。他讲课的教材未见流传，今天人们了解上课内容，主要靠学生的零星回忆。

罗家伦是北大1917级英文系学生，晚年曾作《回忆辜鸿铭先生》一文，说起当年的讲课与听课：

> 辜先生对我们讲英国诗的时候，有时候对我们说："我今天教你们外国大雅。"有时候说："我今天教你们外国小雅。"有时候说："我今天教你们外国国风。"有一天，他异想天开地说："我今天教你们洋离骚。"这"洋离骚"是什么呢？原来是密尔顿（John Milton）的一首长诗"Lycidas"。为什么"Lycidas"会变"洋离骚"呢？这大概因为此诗是密尔顿吊他一位在爱尔兰海附近淹死的亡友而写成的。

> 在辜先生的班上，我前后背熟过几十首英文长短的诗篇。在那时候叫我背书倒不是难事，最难的是翻译。他要我们翻什么呢？要我们翻千字文，把"天地玄黄，宇宙洪荒"翻成英文，这个真比孙悟空戴紧箍咒还要痛苦。我们翻过之后，他自己再翻，他翻的文字我早已记不清了，我现在想来，那一定也是很牵强的。

对英文《千字文》，1915级的袁振英回忆说：

> 辜先生常常教我们念英文本《千字文》，
> Dark' Skies' above' The yel' low' earth'
> 音调很齐一，口念足踏，全班合唱，现在想起来，也

很觉可笑。看他的为人，越发诙谐滑稽，委实弄到我们乐而忘倦，也是教学的一种方法，所以学生也很喜欢。（《补记辜鸿铭先生》，署名震瀛，《人间世》1935年第28期）

看来，英译《千字文》给学生们留下深刻印象。

罗家伦说，"我们在教室里对辜先生还是很尊重的"，但在教室外就不一定了。前些年在北大档案馆发现一份文件，是罗家伦写给教务长和英文系主任的信，强烈要求辜鸿铭"下课"，改由胡适教授英国文学课程。这封信写于5月3日，正是五四运动的前夜，而在运动之后的8月8日呈交。罗家伦要求更换教师的理由，是辜鸿铭不好好教课，有误学生前程。其信列举了四项"罪状"：一是每次上课，教不到十分钟的书，甚至于一分钟不教，次次总是鼓吹"君师主义"；二是上课一年，所教的诗只有六首另十几行，时间被他骂人骂掉了；三是西洋诗在近代大放异彩，但他总大骂新诗，以为胡闹；四是他教课的时候，只是按字解释，对英诗的精神，一点不说，而且说不出来，总是说：这是"外国大雅"，这是"外国小雅"，这是"外国国风"，这是"外国离骚"。这些行为不但有误学生的时光，并且有误学生的精力。为此罗家伦要求学校设法调动辜鸿铭的教职，并表示，如年中不便更动教授，那么宁可让辜鸿铭白拿一年薪水，也不能让他继续上课。（见邱志红《从辜鸿铭在北大任教始末看北大"英文门"时期的师生状况》）

对比罗家伦早年的信和晚年的回忆，辜鸿铭教课的细节有同有异。相同的地方，是均提及辜鸿铭将英国诗比附为中国的《风》、《雅》、《离骚》；不同的地方，

辜鸿铭中年照

是信中说辜鸿铭上课一年，所教诗只有六首另十几行，而回忆录则说自己在班上背熟了几十首英文诗。罗家伦听辜鸿铭讲课的实际时间至多两年，这几十首诗的差别，不知是辜鸿铭在最后一年改弦更张，多讲了若干，还是罗家伦在信中夸大其词。

罗家伦是英文系的学生，但又是起草五四学界宣言的学生领袖，他出面要求撤换教师，学校自然要有所回应，再加上蔡元培辞职，辜鸿铭失去了包容他的人，就这样，到1920年新学年，他被北大解聘。

辜鸿铭教师生涯的终点是北京，起点乃在湖北。早在清光绪二十年（1894）前后，湖广总督张之洞开办自强学堂，其幕中的辜鸿铭就在学堂充任洋文教员。掌故家刘成禺是该校的学生，他回忆说：

予十七受英文于先生。时先生居张香涛幕府，以

尊王、尊孔日训生徒，见人必令背诵《论语》、《五经》一段，曰西洋无此道德礼义之学也。

以英语老师而热衷于教授汉文经典，辜鸿铭从一开始就是这样做的。当时他还没有后来的显赫名声，当局者也没有蔡元培那样的雅量，自强学堂提调钱恂在写给汪康年的信中就痛骂说：

> 辜鸿铭为人，荒谬绝伦，不告于帅，不告于我，而作沪游，大约别有所图，能不再来学堂，则大妙耳。其人英文果佳，然太不知中国文，太不知中国理，又太不知教学生法，是直外国文人而已矣，何用哉!（《汪康年师友书札》〔三〕，第2740页）

自强学堂是中国最早的近代学校，北京大学则是最高学府，辜鸿铭在各校都一以贯之地尊王尊孔，惜乎未能得到学生的共鸣。

二、推广诗歌教化的幼学老师

除了教大学，辜鸿铭还教过蒙学，这样全科的教师，放眼古今中外，大概都属凤毛麟角。在辜鸿铭研究中，对他教授蒙学的事也有所提及，但均语焉不详。追踪来历，应为罗振玉在《读易草堂文集》序中所记：

予以光绪己亥始识君，值甲午战后，海内士夫愤于积弱，竞谋变法以致强，相见辄抵掌论天下事，汲汲如饮狂药，而君则独静谧，言必则古昔、称先王，或为谐语以讽世。予洒然异之。庚子客鄂中，则君方设义塾，日以儒先之言训童稚，益重君不同流俗，然尚未深知君也。

光绪庚子是1900年，去今正好两个甲子，辜鸿铭在武昌设义塾、训蒙童的事，只有罗振玉寥寥数字的记载。这也不奇怪——辜氏此时的学生是儿童，虽亲承教诲，但无法像北大学生那样留下回忆文字。不过幸运的是，辜鸿铭留下一部为蒙童编写的教材，这让了解他的蒙学教育思想和实践，比研究他的北大经历更为便利。

这部教材就是《蒙养弦歌》，其序收入《读易草堂文集》，其书则未见专门研究。下面先说一下这本书。

《蒙养弦歌》不分卷，卷端上题书名，下题"汉滨读易者手编"，辜鸿铭曾用这个别号撰写了著名的《张文襄幕府纪闻》。全书四十七叶，半叶六行，每行八字，真正字大如钱，便于儿童阅读。卷前有《蒙养弦歌序》，末署"光绪二十七年仲秋月，汉滨读易者识"一行，在收入《读易草堂文集》时被删去，序文说：

袁简斋谓诗论体裁不论纲常伦理，殊非笃论。诗固必论体裁，然岂无关纲常伦理乎？惟诗贵有理趣而忌作理语耳。近日士人教子弟读文读诗，惟期子弟能文能诗，此于诗教一道，已乖孔子"迩之事父，远之事君"之意，又奚怪世教之不兴、人心风俗之不厚。前平江李次青先生有鉴于兹，曾编《小学弦歌》一集，原为缙绅家子弟诵本，至为民间小学用，卷帙未免繁夥，所选品格词义过于文藻，未易为民间童稚领会。溯自汉以来，诗集存者皆出文人学士之构思，非所谓里巷歌谣之作

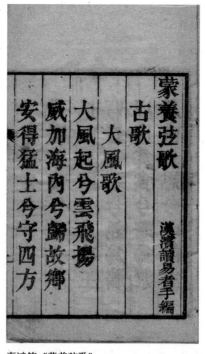

辜鸿铭《蒙养弦歌》

也。惟古诗、古乐府质而不鄙，尚有国风之遗意存焉。今就古诗、古乐府偕《小学弦歌》集中专择文义浅近、易于成诵者，共得一百首，录成一编。次青先生谓"凡以诗之为教，温柔敦厚，其善者足以感发人之善心，其辞气音节抑扬抗坠，使人涵泳优游而自得之，故其感人尤易"、"在小学时，天性未漓，凡事以先入之言为主，尤当使渐摩于诗教，培养其生机，庶能鼓舞奋兴而不自已"云，此皆阅历这里（川按："这里"二字似衍文，《读易草堂文集》删去）甘苦之语也。此编庶几其于先生诗教之义或不甚背戾乎？

据此序文，辜鸿铭此编无论宗旨还是选目，都受到李次青《小学弦歌》的影响。李次青即李元度（1821–1887），湖南平江人，道光举人，初随曾国藩镇压太平天国，官终于贵州布政使。李元度留心史事，著有《国朝先正事略》等史书，又注重子弟教育，编辑《小题正鹄》和《小学弦歌》等教材。

《小学弦歌》编于光绪五年（1879）。在序中，李元度远绍孔子"诗可以兴观群怨"之旨，近以程朱讲求而未及实行诗教为憾，自云"山居多暇，窃体程朱之意，摭古今诗可以厚人伦、励风俗者，博观而约取之，汇为一编，以教小学。凡为教者十有六，为戒者十有二，而以广劝戒终焉，计得诗九百三十馀篇，名曰《小学弦歌》，冀附《小学》以行"，期望让儿童先入为主，通过读诗得到礼乐教化，达到"性情可理，伦纪可敦"的目标。

中国传统，素来重视诗歌教育，就普及性教材来说，前有《千家诗》，后有《唐诗三百首》，都堪称脍炙人口、家弦户诵，为何李元度还要另起炉灶自成一编呢？主要是像辜鸿铭在《蒙养弦歌序》中批驳的袁枚所言"诗论体裁不论纲常伦理"那样，传统诗教是从文学角度来教育学生，而不是从"纲常伦理"角度来教化学生的。这对理学家来说难以容忍，觉得浪费了孩子的可塑性，必须从小学开始诗歌教化。李元度编辑《小学弦歌》，是给"诗教"的重新定义。

既然是为朱子《小学》补上诗教短板，《小学弦歌》自然充满理学气息，只须看看书的类目即可明白：全书八卷，分教孝、教忠、教夫妇之伦、教兄弟之伦、教朋友之伦等"教门"十六类，戒贪、戒淫、戒杀、戒竞等"戒门"十二类。虽然李元度自称在编选时摒弃单纯说

李元度《小学弦歌》目录

教的理学诗，"皆取其含蓄而有馀味者，使读者领取弦外之音"，但内容决定形式，《小学弦歌》中大量的诗篇，都是吟咏吊唁孝子忠臣、贞女烈妇的作品，充斥着《割肝行》、《绝命词》、《烈女操》、《节母诗》等内容，单从目录看就阴森可怖，实在不适合儿童阅读。

三、回归人文主义的启蒙教材

辜鸿铭在自序中附和了李元度的诗教论，也指出《小学弦歌》的问题——"卷帙未免繁夥"，"所选品格词义过于文藻，未易为民间童稚领会"，所谓"过于文藻"，是对那些"少儿不宜"内容的委婉批评。《蒙养弦歌》将对孩子进行诗教的年龄段，从小学提前到蒙学，似乎是对《小学弦歌》的发扬，但从内容看，其实是对《小学弦歌》的"反动"。

辜鸿铭将《蒙养弦歌》的一百首诗分为七类，一为"古歌"，选《大风歌》、《乌孙公主》、《悲歌》（"乐莫乐兮新相知"）、《短歌行》（节录）等十首，多选自沈德潜《古诗源》；二为"古谣歌"，选《古歌》（"上金殿，著玉尊"）、《越谣歌》、《淮南民歌》等古代民谣十首，多出自杜文澜《古谣谚》，后附当时流传的《湖北童谣》（"天上星，烂稀稀"）和《闽省童谣》（"月光光，照池塘"）二首；三为"古诗"，选《客从远方来》、《孔雀东南飞》（只节录十句）、《上山采蘼芜》、《木兰诗》等古诗十首，多为节选，出自《乐府诗集》等书；四为"五言诗"即五言绝句二十首；五为五言诗（长篇)即五言律诗和古诗十首；六为七言诗即七言绝句三十首；七为七言诗（长篇）即七言律诗及古诗十一首，以《兴义学》结束全编。

这些诗歌，与《小学弦歌》可谓大异其趣。辜鸿铭特别重视、放在前面的古诗和古歌谣，都是李元度不屑收录的作品；五言诗和七言诗，多是唐宋人名篇，也有一些明清人作品，如宋凌云《偶成》、无名氏《卖子》、周淑媛《哭先大人》、沈受宏《忆母》等，选自《小学弦歌》。这些诗带有教化色彩，但表达的均是人类正常情感。可以说，在李元度塑造的诗教环境下，辜鸿铭为孩子们选的诗，闪烁着难得的温情光芒。

根据罗振玉记载，辜鸿铭兴办义塾是在庚子年即光绪二十六年（1900），《蒙养弦歌》编成于二十七年八月，他的启蒙教育实践至少延续了一年。现在我们不知道谁听过他的诗歌课，但知道《蒙养弦歌》也曾产生过一点影响。伍蠡甫回忆童年说：

> 我们姊妹兄弟五人在家塾读书时，有一部教材是辜氏编选的《蒙养弦歌》，父亲亲自讲授，反复强调：散文写得自然而无斧凿痕，方有韵致，时常是从声调、节奏中来，在这方面古体诗胜于近体诗，多读多背古诗，文章将会写得流畅，琅琅上口。

伍蠡甫的父亲伍光建，是严复的学生，也是清末民初著名的翻译家。除了都精通英文外，他与辜鸿铭别有渊源：宣统元年（1909），严复、辜鸿铭和伍光建被赏给文科进士，三人算是同年。伍光建用《蒙养弦歌》教育子女，并特别重视古诗，是对辜鸿铭诗教思想和教材的肯定。

如果允许推测，辜鸿铭的诗教思想可能还发挥过更重要的作用。清光绪二十九年（1903），清政府推行癸卯学制，张之洞等负责起草章程，在初等小学、高等小学、中学堂三个章程中，重复了同一篇《中小学堂读古诗歌法》，要求"小学、中学所读之诗歌，可相学生之年齿，选取通行之《古诗源》、《古谣谚》二书，并郭茂倩《乐府诗集》中之雅正铿锵者（其轻佻不庄者勿读），及李白、孟郊、白居易、张籍、杨维桢、李东阳、尤侗诸人之乐府，暨其他名家集中乐府有益风化者读之"。这个读诗法自称秉承王守仁、吕坤的学说，但他们二人并未留下教材、做出示范，倒是张之洞幕中的辜鸿铭此时正提倡诗教，并特别重视"古诗古乐府"——《蒙养弦歌》前几章基本取材于《古诗源》、《古谣谚》和《乐府诗集》三书，与读诗法划定的取材之书相同，并且历朝诗人李白、孟郊、白居易、张籍、杨维桢，也都有作品选入。从这两个高度重合的目录看，《中小学堂读古诗歌法》有可能由辜鸿铭起草，或吸收了他的意见。那样的话，他教蒙学的成绩，要强过教大学了。

附记：

辜鸿铭的生年，向有1856年和1857年两说，各有出处。

罗振玉《外务部左丞辜君传》谓"君生于咸丰丙辰，卒于宣统戊辰，得年七十有一"（《辽居乙稿》，"七十有一"应为"七十有三"），咸丰丙辰即1856年。《碑传集补》卷五十三录赵凤昌《国学辜汤生传》，闵尔昌案语谓"杨歔谷撰墓表云：鸿铭年十三游学欧洲，归国已三十。生清咸丰七年丁巳闰五月廿八日，民国十七年三月十一日卒，年七十二"。咸丰七年即1857年。

杨歔谷所记详于月日并载入墓表，自应信从，故近来言辜鸿铭生年者多取1857年。吴思远在发表于2019年5月15日《中华读书报》的《辜鸿铭出入北大及生辰考述》中复披露辛酉十二月辜鸿铭自题照相，云"时年六十有五"；汪凤瀛《辜鸿铭先生六十寿序》，内云"岁次丙辰五月二十有八日，为君六十初度之辰"，以及西文报纸数年中对辜鸿铭祝寿活动的报道，均为可证实其生年的确凿材料。惟吴思远未以中国传统计岁法减一岁推算，而径以民国丙辰即1916年减去六十周岁，又忽略了闰月，以为"辜鸿铭的生日是农历一八五六年五月二十八日，即公历1856年6月30日"，结论错误，实属遗憾。

辜鸿铭生于清咸丰七年闰五月二十八日，卒于民国十七年旧历三月十一日，换算成公历，为生于1857年7月19日，卒于1928年4月30日。

齐白石"演电影"

1955年，中央新闻电影制片厂摄制彩色纪录片《画家齐白石》，为老人留下珍贵影像，其时他已年逾九旬。

不过说起演电影，齐白石这不是第一次。

民国十一年（1922），陈师曾带着自己和齐白石的作品东渡日本，参加第二次中日联合绘画展览会，结果大受欢迎。齐白石的画不仅全部卖出，还得到在国内不可想象的善价："听说法国人在东京，选了师曾和我两人的画，加入巴黎艺术展览会。日本人又想把我们两人的作品和生活状况，拍摄电影，在东京艺术院放映。这都是意想不到的事。我做了一首诗，作为纪念：'曾点胭脂作杏花，百金尺纸众争夸。平生羞煞传名姓，海国都知老画家。'"（齐璜口述、张次溪笔录《白石老人自传》）这是齐白石画作获得世界声誉的开始。当时电影是否拍摄，没有下文，但八年之后，喜爱齐白石绘画的日本人终于为他拍摄了一部电影，此事今天还有踪迹可寻。

樊樊山的绝笔诗

民国二十年（1931）8月31日的《申报》，发表了作者"绡"写的《志樊山先生之最后遗作》，其文略云：

恩施樊樊山先生增祥，为一代宗匠。主持骚坛数十年，不幸以中风疾殂，享寿八十有六。先生生平所为诗，除已刊者外，有两万馀首之多。其最后遗作，实为客冬所作之《〈丹青诀〉电影歌为齐白石林实馨两画师赋》。歌云：

"有宋影戏始阜宁，雕绘人物蒙以缯。偃师提挈歌且舞，日月不照光在灯（见吕惠卿对荆公语）。迄今七百有馀载，泺南渭北制作精。圆颅方趾不可见，刚如剪贴纸一层。海邦晚出擅淫巧，以电摄影罗万形。登场忧疑游镜殿，事事物物俱有情。独惜欧美师郑卫，探腰杨柳唇接樱。东瀛有意整风俗，雅正力与奇衰争。中华字画有嗜癖，岁币百万收吴绫。酒渴诗狂齐白石，机声灯影林实馨。以二画师为导演，扬州八怪逞其能。画中有画影中影，风雅好事推伊藤。携林就齐商绘事，蛾眉并是高材生。齐也白髯气郁勃，林也鬈发云鬒鬖。短布衣裁周伯况，敝袍纸补庾兰成。时维九月暖寒平，东篱菊秀风日晴。两贤解衣势磅礴，溪藤端玉陈中庭。曹衣吴带风水别，粗文细沈神鬼惊。雍邱苏米接长案，一日宣笺百幅盈。画成美人恣题品，汝南月旦皆真评。自入门至评画止，神工意匠烦经营。一幅一画照药镜，一灯一影呈纱屏。一人一态无衰嫚，士则狂狷女则贞。影出蝉嫣过千尺，伊藤卷纸归东京。东人雅爱樊山笔，影中惜少画妃亭。"

《〈丹青诀〉电影歌》虽然像樊山老人樊增祥的其他两万首诗一样，生前未及发表，但在他身后很快面世。樊山逝世于1931年3月14日，数日后上海《新闻报》的副刊《快活林》即刊出他的门人、歌中另一位主人公林实馨的悼念文章，披露了这首长诗，然后被"绡"搬运到《申报》。《快活林》现在不易见，但常熟人徐兆玮当年3月22日的日记记下此事：

> 今日《新闻报·快活林》，林华实馨记樊山老人逝世，中有遗词传诵一条云：
> 客冬横滨银行伊藤为雄氏在平摄制《丹青诀》影片，导演者齐白石及实馨二人。此片轰传中日，后实馨至老人宅谈及此事，老人应实馨请，作长歌纪事。病中之长歌，字字珠玑，以此为最。其歌曰：（诗略）此题若时贤为之，直无从着手，老人好为其难，以两君皆挚友故。若他人欲得此诗，虽千金不易也。双十节樊山。（《徐兆玮日记》五，黄山书社2013年版，第3370页）

"此题若时贤为之，直无从着手，老人好为其难，以两君皆挚友故。若他人欲得此诗，虽千金不易也。双十节樊山"云云，乃是樊山诗后题记。惟"绡"文说樊山在民国十九年（1930）重阳节后虽屡次跌伤，"犹不废吟咏"，再后来才中风不语。这一年重阳节为公历10月30日，比樊山作《〈丹青诀〉电影歌》的双十节还要往后二十天，自与"绝笔"说法有些龃龉。但此诗为樊山最后作品之一，总无疑义。

光绪二十八年（1902），齐白石第一次出湘远游，年底在西安见到陕西臬司樊增祥，就受到樊的赏识，樊为他亲拟、亲书刻印润例，可谓有知遇之恩。民国后齐白石定居北京，樊樊山也息影燕市，二人诗画往还，唱和不绝，樊山并为白石选定诗草，为其父母撰写墓志，这些都让白石心存感激，视为知己。樊山去世后，白石的悲悼之怀难以形容，特意刻了一方"老年流涕哭樊山"印，并作诗云："似余孤僻独垂青，童仆都能辨足音。怕读赠言三百字，教人一字一伤心。"樊山在衰暮之年，为齐白石出演的电影题写长歌，实在是二人"挚友"之谊的最好见证。

齐白石篆刻"老年流涕哭樊山"

"演员"林实馨

樊樊山的诗，更重要的是记下了《丹青诀》这部已不知

林实馨（左）和他的女弟子，摄于1935年

所踪的电影的基本情况：1930年10月某日（本文在《掌故》第三集发表时，误将10月写作9月，感谢张涛先生指出。见张涛《摩登老人——齐白石拍电影三记》，《齐白石研究》第八辑），日本人伊藤为雄与画家林实馨来到齐白石家中。齐与林二人在院中摆下画案作画，并请来女学生围观。二人作画百幅，众人逐一品题，然后由伊藤卷起，携往东京。这个电影，除了摄下齐白石对案挥毫的画面，更透露出他画名鼎盛时向海外售画情景之一斑。

　　虽然诗中说"以二画师为导演"，但在这部纪录片中，二人实为主演，伊藤才是导演。另一位画师林实馨，名华，以字行，福建闽县人。林实馨能作诗文书画，曾入林纾城南古文讲习会听讲，列名《林氏弟子表》。后来他遂以林纾之侄的名义，结交京城文人，以鬻卖诗文书画谋生。他曾组织中华画会，自任会长，并于民国十八年（1929）将画会扩充为林实馨诗文书画研究馆，在东城大佛寺开馆，招收门徒。1930年3月《上海画报》第570期有郑天放《鸡林声价之名画家林实馨》短文云：

闽人林实馨（华），奇士也。幼耽绘事，性至孝，天资聪颖。民国十年春，曾由其师友樊山、郑苏戡、马通伯、姚茫父介绍，以诗文书画问世。彼时问津者，即不乏人。近年来林君艺事蒸蒸日上，而求字画者，大有门限为穿之势，日人不远重洋求见，长春边业银行王经理、哈尔滨交通银行陆钧石，曾收藏林君字画甚多。近闻林君因画不应供，将再行四次增润云。

据此得见林实馨的书画在日本也有市场，所以伊藤为雄会邀请他与齐白石同摄电影。

齐白石与林实馨也有笔墨交情。民国十六年（1927），林母孟太夫人七十寿辰，前一年林实馨自绘《寒灯课子图》，广征题咏，一时名流陈宝琛、樊增祥、卓孝复、姚华、郭曾炘、王树枬、陈衍、吴闿生等均有题赠。齐白石也受到邀请，他却未在图上题诗，而是在丁卯（1927）正月画了一幅松树立轴为寿（此画现藏西安美术学院），题云"实馨仁兄属画寿孟太夫人"，并另作长题云："实馨仁兄为尊太夫人所画《寒灯课子图》，本欲奉题，因樊山老人有诗在上，眼前有景说不得也。齐璜请谅之。"（《齐白石全集》第2卷，第303页）益见白石对樊山的尊重。至民国三十一年（1942），林母去世，翌年林实馨将《寒灯课子图》及诸家题咏编辑出版，复请白石题跋，白石遂在画幅上方篆书"林母寒灯课子图"七个大字，署款"八十三岁齐璜"。

因陈宝琛《题林母寒灯课子图》诗中有句"莫忘书味一

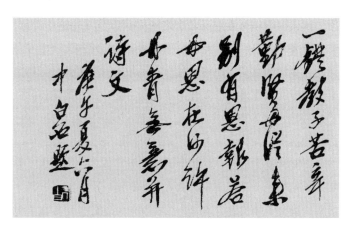

齐白石为林实馨题诗

灯时",林实馨遂以"一灯楼"为名,陆续出版诗文书画集。民国十九年(1930)先印行《一灯楼扇面》,樊樊山及齐白石等均有题赠,白石题诗云:"一灯教子苦辛勤,贤母从来别有恩。报答母恩在何许,丹青无意并诗文。"黎锦熙辑《白石诗草补编》第二编收录此诗,字句略有不同。民国二十六年(1937),林实馨印行《一灯楼诗集》;二十七年,印行《一灯楼集》,内含词钞、联句及诗续集;二十九年,印行《一灯楼文集》,将《〈丹青诀〉电影歌为齐白石林实馨两画师赋》列入卷首。

虽然有这些笔墨交往,但齐白石与林实馨的交情仍属泛泛。《白石老人自传》曾历数居京以来的旧友新知,并未提及林实馨之名。

林实馨曾拜樊樊山等人为师,又自称是林纾(琴南)之侄，这让他能以寒士厕身名士之列。"琴南犹子"这个身份，给他带来声名与利益，与他交往的诸老辈，应酬文字中多会提到与林纾的交情。但这个身份却是假的，林实馨除了可能听过林纾几次课外，二人并没有更亲密的关系。他是林纾侄子的说法，纯为自己编造。除了在社会交往中以此自诩外，林实馨甚至在为父亲林金秀（字式如）撰写的《先府君墓表》中，还坚持这个谎言，说林金秀"与兄琴南先生，同居十馀年，怡怡如也。每际夏月，两人徒步后屿，乡沽村酿，月下赏荷，酒酣，不知生之与死"，这就未免过分了。林金秀世居横山，父亲名林文冠，祖父名林孔嘉。林纾家居莲塘，父亲名林国铨，祖父名林邦灏。两家既非同乡，更非同族。自古冒名人之后招摇蒙撞者多有，但将冒认之人写入先人墓志的，实属罕见。

自民国四年（1915）父亲卒后，林实馨即离乡来京谋生。从他撰作的文字看，直到民国三十一年母亲去世，近三十年里，他给母亲寄过钱，但并没有特别的孝行。然而在民国三十二年，林实馨由学生出面，呈请北平市政府旌表孝子，于3月获得社会局颁发"孝行可风"匾额。他随即编印《林母寒灯课子图题咏集》等书以为标榜，其中罗列各界名流赞颂诗文，居然有周作人的一首诗。

在林母"挽诗"中，第一首是王揖唐的诗，第二首题为《林实馨先生丁内艰特以诗唁之》，下署"绍兴周作人知堂"。诗云：

闽峤山中一草庐，堂前爱日自籧篨。诗篇每谱陔兰句，绘事争传画荻图。岂意春晖方待报，忽惊西崦已云徂。遥知立雪诸君子，忍听莪蒿卒读无。

民国三十一年，王揖唐任伪华北政务委员会委员长，周作人担任华北教育督办，有无必要应酬林实馨这样的人，值得怀疑。而且以我们对周作人的认知，他也不会写这种格调的诗。当时林实馨在北平开办书画学校，授徒谋生，需要拉周作人等给自己充门面，从他多年假冒身份的行为看，这首诗很有可能也是假造的。是耶非耶，留待知堂研究专家去判断。

"画事知己"伊藤为雄

虽然林实馨也"出演"了《丹青诀》，并且请樊山写诗，传下这一往事，但他显然是个配角。就《丹青诀》电影来说，戏里的齐白石和戏外的伊藤为雄，才是真正的主角，而在齐白石盛名时期的朋友圈中，也是如此。

在2011年之前，人们除非读到樊樊山的《〈丹青诀〉电影歌》，否则很难知道齐白石有伊藤为雄这样一位日本友人。但2011年，齐白石写给伊藤为雄的六十馀封书信，出现在嘉德拍卖公司和香港佳士得拍卖公司的秋季拍卖会上，书信中透露出的信息，让我们认识了伊藤为雄其人，也藉以了解齐白石向日本售画的情景。

前文说过，齐白石作品真正遇到知音，是从 1922 年在日本参加第二次中日联合绘画展览会开始的。此后他的画作风行日本，被大量收藏，但是通过何种途径、何人中介，一直不太清楚，《白石老人自传》中也基本没有道及。现在来看，伊藤为雄就是一位重要的中间人。

伊藤为雄是横滨正金银行在中国分行的职员，先后在北京、大连、烟台分行任职。他既是齐白石绘画的爱好者、收藏者，又经常介绍日本人来购买白石画作。他还帮助齐白石办理一些生活中的琐事，被白石视为忘年的朋友。

民国二十三年（甲戌，1934），伊藤为雄从北平调任大连，齐白石题赠照片为别，说："伊藤仁弟乃余画事知己也，今欲之大连，来借山馆作别。余与相往还十又四年矣，赠此伤如之何。甲戌七月，小兄白石璜。"流露出深深的惜别之情。由此上溯十四年，是民国十年（1921），那时齐白石尚未在日本得名。最后的通信有民国二十七年 9 月的，二人交往至少持续了十八年。

齐白石和伊藤为雄两人经常互相拜访，齐白石画好了画，会亲自给伊藤送过去，新年的时候去贺年，并赠送家乡特产的麻菌。伊藤则为白石做了很多杂事，如帮他在正金银行办理存取款业务，为胡宝珠生产代请接生者，代买刀、木履、日本产"巧锁"，有应酬时为他陪客或拒客，等等。

艺事方面，齐白石几次向伊藤赠画，如赠端节图、赠画牛，又直言不讳地为伊藤鉴定所买古今字画。如曾鉴定一画册，说："白石今年七十又一矣，经看古人之画，不计几千

1934年齐白石题赠伊藤为雄照片，中国嘉德2011年秋季拍卖会

万纸，若论真本，万中无一。承问此册，伪本中之最丑者。"白石七十一岁，是在民国二十三年，惟所看画册不知是谁的作品。又曾看八大一画："八大山人之画，未必真，若价廉，留之可矣，较他伪本可观也。"还曾鉴定吴昌硕和陈半丁两位同时人的作品，结果有真有假："老缶之画，当作真看"，"承送来芙蓉画一幅，伪本也。不能应命，请使人取归。若有半丁真迹，余补添虫子可矣"。齐白石鉴古之论不多见，此寥寥数语，弥足珍贵。

齐白石也为伊藤鉴定自己的作品："二画，皆非余画也。吾弟喜在琉璃厂收买画件，谚云，图贱买老牛。牛虽老，不能耕田，还是一牛，喜买假画，画假，一文不值矣。"末书"伊藤仁弟鉴言"，可谓语重心长了。

齐白石致伊藤为雄的信，更多内容涉及画作交易。伊藤向齐白石订购了大量画作，其中一些题写上款，应是自己收藏的，不题款的也许拿去转卖。从信中看，伊藤订画，动辄五六张、十几张，有一次多达二十二张。他致送的画润，多的一笔有一百九十二元。可见，在上世纪二三十年代，伊藤为雄是齐白石画作重要的买家。1967年，日本求龙堂出版杉村勇造所编《画人·齐白石》，内收画作有多幅题写"伊藤先生"上款，当即伊藤为雄所藏。

除了自己收藏、转卖齐白石画作，伊藤为雄也介绍一些日本人买画，并代收代转润金。他喜欢擅自减润或打折，这让齐白石颇为不快，多次在信中要求按润格付钱。如："四尺四幅，交来足转呈。润金收到，此后如承介绍，请按润格为幸。""承送之数收到，只是刻字减半价，请吾弟往后勿介绍可矣。""柏年润金，承先生遭送，甚感。只是先生又为我短去四元八角，何待柏年之厚也?""又承介绍画五条，按旧价九元二角。弟既与上海友人接应，白石不能却。下次若有要按旧价者，请弟辞退，白石不愿画也。"言者谆谆，听者藐藐，未始不是对老人的一种伤害。

齐白石的信，有一封谈及他的山水画创作及画润，可作画史资料拈出。这封信说：

> 伊藤仁弟：居于北平之卖画者，二尺山水，需五六十圆，三尺需银尤多。白石之画山水，似不在诸人之下，其价独廉。过此年节，四尺花卉，长价廿四圆（实得二十圆，以四元作为介绍人之车费）；四尺山水，长作七十二圆（实得六十元）。白石之山水，看来觉容易画，画来太难（不喜用别人稿本，画局奇特不易），愿吾弟少介绍画山水为幸。若有人一定要画，请弟代收三十六圆，不胜感谢之至。若是吾弟自家要一条两条壁上挂挂，白石断不受润金，当奉赠也。此事承弟关切，即请谅之。兄璜复。

这些与《丹青诀》同时的书信，为电影的由来写下注脚。作为齐白石画作的收藏者和经营者，伊藤为雄拍摄电影，既为介绍白石画艺，也不乏商业考虑。从樊山"一幅一画照药镜，一灯一影呈纱屏……影出蝉嫣过千尺，伊藤卷纸

1925年齐白石为伊藤为雄作《岱庙图》，
2014年香港苏富比春拍

归东京"诗句看，将这次现场作的画摄入电影，也有为日后东京卖画证真的意图存在。

香港苏富比拍卖公司2014年春拍图录关于齐白石《岱庙图》的介绍文字说："1931年，他（伊藤为雄）为齐白石与福建画家林实馨拍摄电影，在东京影场连映五日，无不满座，当时报纸记载：'在野名流，如犬养氏，亦到场参观，赞美我国丹青妙诀不置'"（"当时报纸记载"乃《天津益世报》1931年3月18日第三张《樊山翁逝世前长歌》一文）。近年来，伊藤为雄收藏的齐白石画作频频面世,《岱庙图》即为其一,但《丹青诀》电影是否无恙,迄未可知。今后这部齐白石出演的电影若能重出人间,当比挖掘出几幅老人画作更加令人期待。

小万柳堂纪事

　　民国以来，喜欢谈掌故的人，总爱谈小万柳堂主人廉泉（1868-1931）和吴芝瑛（1868-1934）夫妇的轶闻逸事，这自有道理。廉泉以江南名士，富收藏，广交游，拥有上海和杭州两座小万柳堂，都是极一时之盛的园林。吴芝瑛则冒险安葬秋瑾，负有侠义之名，并以诗文书法得享盛誉。这样的人物，是天然的掌故主人公。

　　于是掌故家的笔下，时常会出现廉泉、吴芝瑛夫妇的身影，而他们的事迹，多赖掌故以传。不过细究起来，现在读到的小万柳堂故事，几乎都和真相有些距离，云环雾绕，难言信史。这固然是掌故的局限，却难免终成读者的遗憾，因此有必要让小万柳堂走出旧掌故，显露真面容。

　　廉泉与吴芝瑛既擅诗文，又与人合股开办文明书局，印书方便，著作也多。文献足征，为重新认识小万柳堂打开方便之门。二人的著作，人们今天最熟悉的，恐怕还是吴芝瑛编著的《帆影楼纪事》，它所涉事件虽小，影响却大，并且贯穿起主人一生几个大关节。拨开小万柳堂迷雾，不妨从《帆影楼纪事》入手。

一、廉李公案真相

《帆影楼纪事》揭出廉泉与李鸿章后人之间的一段公案。此书出版后，廉家曾"广送海内知交"，流传自多，已有很多文章写过，再从头介绍未免辞费。但本文要顺利写下去，总要道个来龙去脉，所以还得简单复述一下。

光绪三十年（1904）旧历十一月，廉泉受李鸿章的次子李经迈之聘，为李家编辑校印《李文忠公全书》。他辞去户部郎中一职，南下江宁，设立书局，主持《全书》的编校。至光绪三十四年六月，《全书》刊刻完成，廉泉撤销书局，委托李光明庄刷印装订，自己则辞谢薪俸，义务负责监印、销售等后期工作。印刷所需款项由廉泉从李经迈开设的庆丰成洋货庄申领，再转付给李光明庄。

到宣统二年（1910）十月，《李文忠公全书》刷印装订完毕，李家尚欠李光明庄银洋三千一百八十馀元。当时庆丰成已经停业，廉泉与李经迈商定，用安徽的购书欠款三千两，结清与李光明庄的欠账。不料安徽书款迟迟未结，辛亥革命爆发，这笔账无人理会，变成烂账，李光明庄的东主李仰超（名鸿志）只好向廉泉讨还，六七年里催询不下数十次，因廉泉与李经迈无从谋面，事情也无法解决。

民国六年（1917）中秋，李仰超又来上海索债，此时李经迈也住在上海，避不见人。廉泉行将东游日本，乃于9月27日致信李经迈说明情况，要求他即日派代表当面清算，以了首尾。李经迈收信后并未作答，忽于10月1日通过哈华托律师（Platt，Maceod & Wilson）发来一封西文的律师信，声明"不承认对李光明庄有欠款之事，完全拒绝再提此事，并不能再付分文"。这封信和李经迈的做法激怒了廉泉与吴芝瑛，遂引出《帆影楼纪事》的出版。

《帆影楼纪事》由吴芝瑛具名，汇集了廉泉就李光明庄清欠一事与李经迈和哈华托律师的往来信件，也汇集了此前有关《李文忠公全书》刷印、结算的函件、账目，直言李经迈存心抵赖，并痛骂他"没良心"、"觍然于立直动物之丛"。

编著《帆影楼纪事》时期的吴芝瑛

由于编校《全书》期间廉泉曾向李经迈借过一笔巨款，后来用家藏三王恽吴名画抵偿，两事有些关联，吴芝瑛又将此前编撰的《小万柳堂王恽画目》附在后面，一并影印出版，广为散发，争取舆论。

书编完后，廉泉于11月8日乘春日丸赴日。舟行海上，他作《题芝瑛帆影楼纪事》诗一首："阅世方知厌老成，轮囷肝胆为谁倾。

挑灯纪梦馀孤愤，扶病抄书依晚晴。万本流传偿笑骂，一编生死见交情。匣中宝剑分明在，忍向夷门说不平。"看来心中舒了一口气。

《帆影楼纪事》"万本流传"，少不了李家的一本。果然，李经迈读后自有会心，立即编书回击，"将哈华托复书及聘请律师作复时所用之刊书交涉事略暨拒绝廉君所请理由

东游日本时期的廉泉

编为此录，并略书颠末于卷端，以质诸天下后世"，在旧历十月请人抄写，也是影印出版。为了让廉氏夫妇反躬自省，书名就题作"自反录"。

李经迈提出的拒绝付款理由，梳理起来，大致有以下数端：

一、廉泉是印书的经办人，并且是他提议用安徽书款来清偿李光明庄尾欠的，因此追讨安徽欠款并与李光明庄结算是廉泉的责任，不是李经迈的责任。

二、廉泉未经李经迈同意，在庆丰成冒领银洋一万六千元、银三千两。印刷商的欠款是由廉泉侵吞公款、不愿退赔造成的，李家不追究已属宽仁，不会再为他垫款。

三、廉泉开办的文明书局翻印《李文忠公全书》牟利，导致正版销售不畅，给李家造成损失。

《自反录》是用来"质诸天下后世"的，写印精工，中英文对照，发行量应该不小，但流传下来的似乎罕见。以前人们谈起"廉李公案"，都是说到《帆影楼纪事》为止，直到辛德勇先生收得一本《自反录》，将它与《帆影楼纪事》对读，在《藏书家》第8辑发表《迷离帆影楼》一文，此书才广为人知，那时已是2003年。李经迈提出的理由特别是后两项，都是性质严重的指控，足以动摇人们对廉泉的信任，如辛先生是廉泉和吴芝瑛的同情者，读了李经迈所言仍不免有所困惑。站在今天看，在这场舆论战中，《自反录》防守反击，可以说为李经迈挽回一局。

《自反录》传到廉家，又被吴芝瑛寄给廉泉。此时的廉泉在日本神户置办了又一所小万柳堂，娶妾生子，已不想过问那些陈年旧账了。无奈李经迈的指控太过严重，影响远溢出事件之外，再加上事涉文明书局，书局股东纷纷来信要求解释，他不得不写下事关这一事件的第三本书——《自反录索隐》，对《自反录》逐条驳斥。这本书由日本女抄书人藤田绿子手书，用珂罗版印成巾箱小册，精雅可爱。此前，绿子已为廉泉抄写过《南湖东游草》。

《自反录索隐》共八篇，从廉家的角度对《李文忠公全书》的编印过程及李光明庄尾欠由来进行说明。也许是因为该书出版于日本，更是少见，至今未见有人引用，但其内容对了解事件真相大有裨益，现撮述于下。

第一篇"李集之继述"。此篇说明吴汝纶去世之后,《李文忠公全书》编纂后继无人,经李经迈再三敦请,廉泉为继述吴汝纶未竟事业,同意接手,于光绪三十年冬挈家南下,在江宁设局编刊李集,从李家月支薪银二百两。

第二篇"全书之编录"。因为《自反录》中说廉泉等编校李集的工作"不过经理刊版校雠误字而已",语颇不屑,廉泉特述他与孙揆均(1866–1941,字叔方,又名道毅,号寒厓)编录全集之辛劳。其中数事可资考据:一是《李文忠公全书》奏稿八十卷、电稿四十卷,吴汝纶生前并未寓目,系孙揆均据档案编辑,为归功于吴氏,未署己名;二是当时刻工恶习,预领工钱后往往逃走,或相率罢工要求加价,难以应付;三是奏、电二稿的封面书名是由邓毓怡(字和甫)模仿吴汝纶笔意写成的,并非吴氏亲笔。

第三篇"刊印成本及售价之收入"。从光绪三十年(1904)旧历十一月设局,到三十四年六月全集刊成,"编录清本、缮刻版片以及同人薪俸、局用火食"共用洋二万六千馀元;嗣后刷印装订共

日本女抄书人藤田绿子

付银洋一万五千元、规元一千零二十两，尚欠三千两。而廉泉经手卖书，实收书价二万四千两。其后的第四篇还提及一个有趣的"风闻"，李经迈"当日所领得之刻集公款六七万金"，照此统计，李经迈通过刻印《李文忠公全书》，获利在四万两以上。

第四篇"庆丰成借款与恽王之让渡"。《自反录》"冒领巨款"的指控，让廉泉最难忍受，为此他详细申辩：

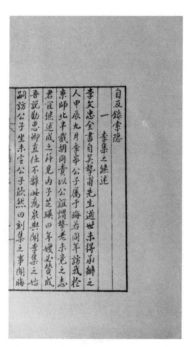

《自反录索隐》首页

《自反录》曰"先后在庆丰成冒领银三千两、洋一万六千元，并未得李公之允许，事后方以'周急'二字了之"云云，不知庆丰成借款是泉个人与该号银钱之往来，且曾为友人绍介存款于该号，凡存款与借款，有该号经理吕吉生先生完全负责，于公子之为东家者本不相干。泉之借款，由庆丰成支付者，只洋一万六千元，其银三千两，则在经售书价二万四千两内借用，并非庆丰成支款。两项各有结单，由吉生转交公子，当时并语吉生，愿照市认息，与经手印刷支款如风马牛之不相及。阅《帆影楼纪事》中所刊南湖经手刷印处收付清单及宁垣撤局时泉与公子书有"庆丰成周急"之语，公私界限，本自分明，安得以"冒领"二字加以恶名。借款本可从容筹偿，因庚戌之秋一病几死，又值庆丰成号收账停止营业，乃以恽王吴画精品三十种，不论价值，抵偿前欠。时公子在京师，电商许可，特属江趋丹先生到吾病榻点收画幅，旋由公子专使赍京，除结清借款洋一万六千元、银三千两外，尚欠庆丰成尾款三百馀元，由吕吉生凭当日往来折算，泉如数补缴，此当日情事也。

第五篇"减印四百部之原因"。《自反录》说，廉泉冒领经费，化公为私，导致印刷经费不足，最终少印《全书》四百部。廉泉的说法是，《全书》刊成，初拟刷印二千部，由各省订购分发学堂，但除了北洋、山东和安徽共订购一千三百五十部外，各地并无响应，不得不减印四百部。

第六篇"文明翻版之被诬"。否认李经迈指控文明书局翻刻小版致使正版销售大受损失的说法，声明"文明书局是有限公司，非廉泉个人营业，倘有翻刻《李文忠公全书》之事，该局经理人自当负责。若被诬也，则对于文明书局名誉之损害，李经迈亦当负完全责任"。

第七篇"印刷尾款之结欠"。重述《帆影楼纪事》所记李家拖欠李光明庄书款的过程,补充廉泉与李经迈交涉的细节。

第八篇"结论"。谴责李经迈混淆是非、拖累书商。书的最后透露了一个信息:李经迈向李仰超提出有条件解决尾欠问题的方案。廉泉"差幸此事已有转圜地步,该商生机不致遽绝,爰就《自反录》所及者,加以引申,名曰'索隐',俾天下后世阅是录者与吾《帆影楼纪事》者,得据以判断焉",就此结束了申辩。

读过上面三种书,可以发现,这桩公案的是非曲直还是清楚的。售卖《李文忠公全书》的书款均汇给李经迈,廉泉辞谢薪酬,义务负责监印和售书事宜,未从售书中获利,其间损失也应由李家承担。至于廉泉在庆丰成的借款早已还清,与印书也没有关系,《自反录》说他冒领巨款,未始不是在混淆是非。大概舆论战打起来,李经迈也意识到这一点,事件遂向积极方面发展。民国七年(1918)2月22日《申报》刊登了一个《南京李光明号启事》,道出这件事的结局:

> 启者:本号承印《李文忠公全书》书价尾欠,已与廉惠卿完全脱离关系,自行直接办理,呈请皖省发给欠价,并报告李府,业于阴历去岁腊月登报声明。嗣接皖督函开尚须行查等因,本号与李府情商,请其先行垫付皖省欠价。李府因刊书之事向未与本号直接,其后种种轇轕,人皆以本号为名,别生枝节,今垫付此款,为防

弊起见，立合同摘录如下：

一、李光明号承认，以后任何举动、任何印刷品于《李文忠公全书》之事如《帆影楼》、《自反录》二书中所载者，悉由李光明号与之严重交涉，不听即行控告。二、皖省尚欠一百五十部之书价，李光明号承认清理，不得中止。三、此项合同必须登报声明，并聘请律师在会审公堂及沪宁两处官厅存案，仍由李光明号东仰超函知廉惠卿查照。

李光明号东仰超登布。

公案以李经迈垫付欠款了结。

有意思的是，李经迈与李仰超所立合同的第一条，要求以后不得再提此事，当然是要封廉家的口，但即使自家《自反录》中的内容也不得传播，就很有点乾隆禁毁《大义觉迷录》的意味了。这说明李家已看出舆论对己方不利，还是尽早停火为好。

不过，李家的部署还是晚了点。藤田绿子抄写《自反录索隐》，时在戊午年（1918）新春，此年旧历元旦为公历2月11日，李仰超发启事时，廉泉人在日本，书已经写完，说不定也已印好，这才给后人留下一份史料。如果当时廉泉受到二李合同的节制，也许会放弃声辩，那么这桩公案的真相，就只能迷离下去了。

《帆影楼纪事》等书记录下的廉李公案，或说李光明庄公案，是廉泉、李光明庄和李经迈之间的债务纠纷，后来演化为通过出书相互攻讦的舆论战。对廉、李两家来说，此事在经济上都不算大事，也未进入法律程序，更多是一场名誉之争。有些文章说廉家为此赔累甚巨乃至破产，实为无稽之谈。

二、小万柳堂始末

廉泉与李经迈的合作，虽以不愉快告终，其间也发生过愉快的事情。《李文忠公全书》顺利刊印是其一，廉泉借助李家的财力，在上海和杭州建起两座小万柳堂，是其二。

《自反录》指控廉泉冒领巨款虽然不实，廉泉向李家借贷则是事实。廉泉对借来的折合近二万元银洋的用途，但云"周急"，其实是修了房子，用李经迈的话说，"问之则以为买山之资，廉君夫妇方徙倚于其中，即今日著书标以为名之帆影楼也"。

光绪三十年冬廉泉出京的时候，十分困窘。他在《自反录索隐》中说："浮沉郎署者十年，一旦携眷出京，谈何容易。逋负累累，将及万金。乃出书画碑版，由陶杏南先生绍介，售于同官户部之张笃孙，得数千金。芝瑛又悉售其珠饰，始得了债成行。"而他到上海不过一年，就以万两白银的大手笔，从怡和洋行买办潘澄波手中买下小万柳堂，显然与他可以容易地获得贷款有关。

《自反录》说廉泉冒领之事发生在丙午即光绪三十二年（1906），上海小万柳堂的购置应该就在这一年。此堂本来只有一栋房屋，廉泉接手后加以扩建，筑东西二楼，东楼名为帆影楼，两楼之间的连接处为翦淞阁。工程到当年夏秋已经完成。廉泉《南湖集》卷三有《丙午中秋小万柳堂作》四首，其四云："十年梦落沧洲迥，今日新堂有主人。"从此，上海多了一所著名建筑，吴芝瑛也被称为万柳夫人。

上海小万柳堂造好不久，杭州西湖之南湖附近的小万柳堂也开工了。工程开始的具体日子不太清楚，但至晚在光绪

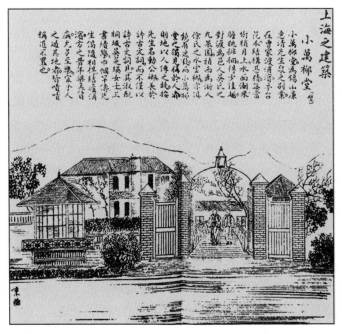

上海小万柳堂图，原刊于宣统元年（1909）第七十三期《图画日报》，周继烈先生赠图

三十三年（1907）冬已在进行。

这年旧历十月，吴芝瑛在《时报》连续发表诗文悼念秋瑾，流露出为秋瑾营葬之意。十一月，杭州大悲庵尼慧珠致信吴芝瑛，称庵旁有馀地三亩，愿献为秋瑾葬地，并请吴芝瑛来杭时登报预示日期行程，以便接洽。吴芝瑛遂于十二月三日在《时报》上刊登广告说："慧珠鉴：芝瑛筑小万柳堂于南湖之滨。初十前仍来湖上，寓丁家山刘庄（水竹居），请来庄相会。"结果慧珠届时并未前来，多方打听未找到此人，甚至连大悲庵也无人知晓，献地一事不了了之，但可见西湖小万柳堂那时已在建造中了。

旧历十二月，廉泉在西湖西泠桥畔为秋瑾营建墓地，二十二日秋瑾灵柩下葬。此时，廉家遇到第一次财务危机。转年的正月二十一日，吴芝瑛致信徐寄尘说："妹因葬秋事，无识之亲友群相疑忌，恐有不测之祸。平日缓急相恃者，皆一变而为债主，至有挟洋势来迫债者，客腊几至不能卒岁。世情如此，可为一叹。今将上海住宅抵出，而西湖新筑，拟草草了事，为移家之计，不知能如愿否。"至二月十二花朝日，吴芝瑛来到西湖秋墓吊祭，作诗四首，其四云："不幸传奇演碧血，居然埋骨有青山。南湖新筑悲秋阁，风雨英灵倘一还。"自注"余今在南湖之滨结茅数椽。中建一阁，名为悲秋，以为纪念"。此时工程殆将竣。至八月，廉泉举家移居杭州小万柳堂，这也是廉泉自号南湖的开始。现在介绍西湖名胜的书，都说蒋庄即小万柳堂的第一期建筑始于1901年，并无根据。

民国初年的西湖小万柳堂

如果对吴芝瑛了解不深，也许会以为她向徐寄尘自诉窘状，是对葬秋有所怨艾。实际上她说的全是实情。或因借贷建造花费浩大，沪、杭两堂建成后，廉家就一直债台高筑，可以说，"小万柳堂保卫战"贯穿了廉泉和吴芝瑛的后半生。

宣统元年（1909）春，西湖小万柳堂住进不过半年，廉家债务已恶化到新旧两堂都难以保有的地步。好友孙寒厓闻之，终夜不寐，写信慰问，廉泉则寄诗以宽解，至有"沧洲何处是，不敢问前津"之语。迁延至第二年九月，庆丰成洋货庄歇业，本不急着还的债务需要一次还清，廉泉最后用家藏三王恽吴名画抵偿，度过危机，这在《帆影楼纪事》和《自反录索隐》中已反复说明。

以画抵债虽然解了燃眉之急，但未能解决廉家的根本财政问题。进入民国后，廉家家境每况愈下，小万柳堂的售卖也进入实施阶段。

先是西湖小万柳堂被卖给江宁人蒋国榜（苏盦），经蒋氏添建改造后，更名兰陔别墅，世人称为蒋庄，至今尚存。这宗交易的过程未见明确记载，但根据当事人说法，大致可以勾勒还原。

1931年6月9日《申报》刊有散原老人的《兰陔寿母图记》，引述蒋国榜之言说：

> 辛亥武昌之变起也，金陵亦乱，举家苍黄奔沪渎，适弟国平夭逝，吾母忧伤殆不胜。国榜遂贸得杭之南湖廉氏宅，为改建而新其桥亭，题曰兰陔别墅，冀娱吾母，杀其悲。

今日所见谈及小万柳堂与蒋庄沿革的文章，多谓交易发生在宣统间，当是根据陈散原转述的这段话。但"辛亥武昌之变起"只是蒋母丧子忧伤的前因，这宗交易实则完成于民国六年（1917）。

《南湖集》卷一有《得寒云天平山中书报以诗》，末句注云"寒云乞让南湖一曲"。诗作于丙辰即民国五年（1916）末，此时湖庄尚由廉氏支配。吴芝瑛于民国七年（1918）编辑的《鞠淞留影集》，收有吕公望（字戴之）的两首诗，其一为《夕照亭雅集奉酬南湖居士》，诗云："返棹扶桑述异闻，携尊相就坐斜曛……南湖权作西湖主，袖稿知无封禅文。"也说廉泉是湖庄的主人。这次雅集，廉泉有《吕戴之将军单骑过我越日复携尊酒饮我于夕照亭赋此陈谢并示童伯吹师长》诗，味其诗句"渡江漫撒英雄泪，拄笏同看处士云"，当作于吕公望被迫辞去浙江督军兼省长之后，其时已在民国六年（1917）年初。

在《翦淞留影集》中，吕诗之后就是蒋国榜的两首诗。其一题作《作呈南湖先生》，诗云：

> 宁忍去故国，偷生系扶桑……素心隔天末，感叹惊归装。贱子历忧患，志意谢翱翔。中诚仰高躅，饥渴凤未偿。芳讯获心许，良觌劳远望。先用拜嘉贶，抠衣待升堂。结邻谬自托，末学伤微光。庶以附令名，报答不成章。

廉泉是在从日本归国之际，同意出售西湖小万柳堂的，此时蒋国榜与廉泉还未相识。他的第二首诗《赋尘南湖道长》有长序，说：

> 南湖昨以湖居割爱，欣志一诗，便拟稍加补葺，为南湖留一纪念，专设一榻，藉答高谊。因念湖山，叠为管领，得闲便是主人，觉今日之云岚署券，反为多事，知不免为达人呵也。

这说的是交易达成、签署契约以后的事。《南湖集》卷二有《芝瑛书来述五弟颇恋恋于南湖一曲不知其已易主人也诗以答之》一首，当作于戊午（1918）正月，可知湖庄易主时在民国六年丁巳。

那么，为这宗交易，蒋国榜付出多少代价呢？1930年11月9日《申报》刊慧剑《西湖印象记（三）》说，"此宅先本属之无锡廉南湖，原名小万柳堂。廉后为宿逋所苦，蒋遂以三万金得之，稍加修葺，焕然一新"，若所言有据，可称价值不菲了。

在售卖西湖小万柳堂的同时，廉家也在为上海小万柳堂寻找买主。

1913年6月1日《申报》刊出樊增祥的一组诗，题作《南湖芝瑛贤伉俪将以小万柳堂乞人致书子培谓余能受者当以廉价相让心感之而力不赡也为诗谢之》，其一云：

> 十年种柳绿成围，叶叶枝枝绾别离。廉者不求贪不与，孟城来者后为谁？（有人愿出值四万金，君固靳弗予）

其三云：

> 三载吴淞江上居，瞻园鹤俸渐无馀。姜家纵写云岚券，也是空言博士驴。

从诗句看，这说的是上海的小万柳堂。这次生意没能成功，但恰好为文坛增添韵事。这一年，海上诗人频聚小万柳堂，读画赏花，迭为唱和，是帆影楼筑成后迎来的最风光年头。

不过，在此前后的小万柳堂，也不是初建时的小万柳堂了，因其附属的南园由汪兰皋（文溥）帮助已被卖去。《南湖集》卷一《有马山中怀汪兰皋题所临书谱卷子》，"云岚署券关风谊，夜彀翻松起怒涛"，自注："割去南园，还我小万柳堂，兰皋力也。"这个南园位于柳堂之南，吴芝瑛曾记之：

> 园在小万柳堂南，故曰南园。地可六亩，环以垂杨数百株，中为球场，面场编竹为屋，繁花匝之，时鸟弄音，若能与主人同乐者。当窗植芭蕉十数，尤于深秋听雨为宜。西南两面有溪流环抱，斗折蛇行，由吾菜畦而过，潮来瀍瀍可行小船，至柳荫而止。西南隅有亭，耸然而特立，登其上者见平畴弥望，悠然有高世之想。园成，主人因以自号。

此园一去，柳堂不免减色。

由于多方筹措，上海小万柳堂又得保十年。到1929年，廉家的债务大山再次压来，此时廉泉已腾挪无术，小万柳堂在历经多次抵押、赎回后，最终卖掉。卖房过程当时有一篇翔实的报道，刊于1929年9月7日的《申报》：

小万柳堂让渡记

陈元良

小万柳堂出售消息，报纸曾揭载告白，但其成交经过情形，社会人士，知者甚鲜。逖予探悉内容，特志崖略于后。

小万柳堂地处沪西曹家渡一百八十号，占地五亩馀。远离市廛，幽静荒僻，而交通却又便利，无轨电车及公共汽车均可直达，恰合闹中取静之意。因进口长廊两边植有杨柳无数，绿荫四盖，故以为名。先本为潘澄波先生所有，在二十馀年前，以万金出让于廉南湖先生，计道契三张，由爱尔德洋行注册。彼时只有洋房一所、茆亭一角而已。南湖先生风雅士也，名满江南，胸有丘壑，经营布置，花石池沼，亭台楼榭，宛然入画。其夫人吴芝瑛女士亦文学士，门上题眉即为其手笔，秀媚纤丽，人多悦之。伉俪唱和其中，一时传为佳话。

后因营业失败，乃由其娇婿粤人连炎川介绍，计银三万五千两、月息二百五十两，以三年为期，复押于潘君。奈廉先生境遇未佳，到期无力取赎，乡人悯其遇，同乡会为设维持会，储款农工银行，按月代为付息。又一年，终以命运多舛、宏猷莫展，无已，乃恳唐绍仪先生婉向潘君说合，潘君慨然允诺，愿照原数折减二千两，任廉君赎回。后由吴稚老及孙寒崖向杨杏佛先生接洽，以三万五千两出售于法租界亚尔倍路国立中央研究学院，已在上月交付纹银三万两。剩银五千两，俟两月后，再为交清。因南湖先生虽旅居旧都，而夫人及爱媳仍寄寓其中，且其媳黄雪兰女士，身怀六甲，不日分娩后，即须荣任江苏教育厅高级职员也。闻中央研究院主要课程为地质学，馀如文学、美术及音乐诸科，亦皆完备，供人研究，其性质似与普通学校稍有差别。将来迁入，莘莘学子，吟佳句，弄管弦，穿林渡水而来，诚为沪西最优美之学府也。未知南湖先生，追想名园，低徊往事，能不感慨寄之欤？

此文虽称翔实，但也有不准确的地方，即小万柳堂的买主"国立中央研究学院"，多了一个"学"字。去掉这个字，其实正是中央研究院，如此才能由杨杏佛经手买入。其"主要课程为地质学"，则因中研院最初将此楼拨给地质研究所使用。后来地质所搬出，南下的历史语言研究所进驻，海上名宅一举化身学术重镇，不能不说是历史的奇妙安排。

陈元良想知道南湖先生对小万柳堂易主有何感慨，他其实应该看看后来出版的廉泉《梦还集》。这卷诗的最后一首，是《送芝瑛南还即题棠阴话别图》，前有长序，略云：

丙午夏，余营小万柳堂于沪西曹家渡，与芝瑛徙倚其中者二十有三年。一曲淞波，行将易主，不无三宿之恋。今岁首夏，芝瑛送女砚华于归津门，语余欲保留别业，计无所出。阅两月，将挈砚华南还，先期来谒忠靖祠，小住兼旬。春姬适归宁神户，所遗七岁男牛与平湖、小湖侍，芝瑛爱之逾所生。一日于海棠树下摄影……芝瑛此行，病苦颠连，南北数千里，出入烽燧，端赖令弟与兄苓泉居士药裹关心、损金见贶，老友麦君佐之于其南也，为戒归觐、供盘飧之费。鲍叔知我，不能措一词，但有涕泪而已。摄影次日，芝瑛即就道，余送至正阳门外，握手旗亭，索然而返，篝灯书此，分贻我爱诸君，达恫曲焉。戊辰六月十四日。

戊辰即民国十七年（1928），此时小万柳堂尚未卖出，但已到无计可留的地步，廉泉所述老病困苦之状，令人怃然。其诗云：

> 兼旬小住沁寥天，亲故难禁聚散缘。萧寺闻钟偏在客，云岚署券不论钱。乡心怅触凭谁问，生计艰难仗汝贤。肝胆照人今有几，关山行矣倍潸然。
>
> 略解萧闲能忘世，清溪绕屋讵风流。于今姓氏畏人识，别后园林似旧不。赌墅到头还自悔，鬻淞留影肯遗羞。写经楼上娟娟月，难写清闺万里愁。

所谓"赌墅到头还自悔"，当指廉家经济状况如此不堪，与廉泉此前参与上海多个交易所的投机生意并以亏空收场有关。小万柳堂一去，结束了廉泉和吴芝瑛的时代。此后廉泉借居北平翊教寺，于民国二十年（1931）11月15日辞世，吴芝瑛移居无锡廉氏祖宅，于民国二十三年（1934）3月1

日辞世，二人棠阴一别，再未相见。

三、吴芝瑛书法的亲笔和代笔

廉吴夫妇徙倚小万柳堂、编著《帆影楼纪事》，正是吴芝瑛以善书得享盛名的时候。《帆影楼纪事》一直被看作吴芝瑛"瘦金体"书法的代表作。不过，作为书法史上不可忽视的女书家，吴芝瑛的书法也一直笼罩着代笔疑云。

早在民国初年，吴芝瑛的字尚广受欢迎和好评的时候，代笔的说法已出现了。1917年5月出版的《留东外史》，就借"英雌"胡蕴玉（影射傅文郁）之口，说吴芝瑛的书法均为廉泉代笔。虽为小说家言，也反映了舆论所向。

再后来，指出吴芝瑛书法代笔的人就更多了。安迪先生《吴芝瑛的代笔》一文（刊于2015年9月13日《深圳商报》），就拈出顾颉刚和陈定山的说法，他们都是比吴芝瑛晚一代的人。安迪的文章说：

《顾颉刚读书笔记》（中华书局2011年1月版）卷十三写道："予少年时，桐城吴芝瑛书名藉甚，观其笔姿劲挺而纤细，亦确似出于女性。及壮，见无锡孙君书酷似吴，询诸人，乃知吴夫廉泉号南湖者馆于家，而为吴作字，吴遂得名而孙君晦，及吴氏没，乃得解放出廉家，卖字自活而标出其真名也。"（263页）

顾颉刚没有说代笔者孙君叫什么名字。近读海豚出版社新出陈定山《春申续闻》(2015年7月版)，其中说到吴芝瑛："夫人书法深得欧褚精髓，书名满大，仆小时数侍几席，或谓夫人书出无锡孙寒厓代笔，余固不信也。其后廉氏与孙失欢，寒厓特作榜书、楹帐（帖）张之无锡梅园，乃与芝瑛夫人书笔无二，人遂认为孙固吴之捉刀人，而廉氏亦不辩。"(67页)

顾颉刚和陈定山的说法代表了民国以来人们对吴芝瑛书法代笔的普遍看法，启功先生也持此论。孙寒厓的女儿孙寒华（1910-2002，字小厓）为无锡市史志办公室等单位合编的《状元孙继皋》撰写《内阁中书孙揆均》一文，内云："世传女书法家吴芝瑛为鉴湖女侠秋瑾立碑传记、为救国上两宫太后书、写经等文字多半出自孙揆均代笔。"可见，无论是舆论还是孙氏家人，都认为孙寒厓是吴芝瑛的代笔人。孙寒厓就是和廉泉一起编校《李文忠公全书》的孙揆均。

还有别的说法，如郑逸梅《艺林散叶》第2858条说："吴芝瑛所写之《楞严经》，乃汪兰皋代笔。"汪兰皋即武进汪文溥（1869-1925）。

对吴芝瑛的代笔有这么多说法，但一直未见到基于书法本身的研究。实际上，只有通过对作品的鉴定，才能解决吴芝瑛的书法是否代笔、是部分代笔还是全部代笔、代笔人到底是谁等诸多问题，现在到了应该并能够解决这些问题的时候了。

世传吴芝瑛法书尤其是印刷品甚多，令人印象深刻的是

那种纤秀挺拔的"瘦金书",但从作品看,早期和晚期面貌不同。廉泉在《澄清堂帖》第九跋中说:

> 紫英书法董文敏,甲辰(1904)南还,乃与寒厓同习崔敬邕墓志,一变香光之面目,后写《楞严经》,自谓有得于元公、姬氏二志笔意。

可见其风格前后有变。现在见到的吴芝瑛前期作品,如甲辰九月写就的《妙法莲华经观世音菩萨普门品》、未纪年月的《小万柳堂摹古》等,都是有些圆熟的董体,且带闺阁气息,与孙寒厓的字体不同,即便有人代笔,也非孙氏所代。既然无从比较,不妨看作亲笔。

国家博物馆藏有吴芝瑛为安葬秋瑾事宜写给徐寄尘的十几张明信片,时间在1907至1912年之间,字体接近董体。实际上与廉泉书法一比对便知,这些都是廉泉的字,而不是吴芝瑛的。不过,这些书信也不好说是廉泉为吴芝瑛代笔,说廉泉以吴芝瑛名义写信庶几近之。在葬秋的整个过程中,吴芝瑛并未出面,事情均由廉泉代劳,与徐寄尘的往来联络也由他一并包办。从信的内容看,廉泉是一个富有社会和官场经验的人,他提出的各种做法均切实可行,但不幸全被徐寄尘等人否决,导致后来墓被平毁、人陷险境的最坏结果。

作于1907至1910年的《南湖诗意》册,由吴观岱绘图十二叶,吴芝瑛对题十二叶,每幅图上还有吴芝瑛的题跋。

哀山陰

羞書滴·寃民血 用天骭遠
君門死永恩今 盍棺論未
空軒亭誰與賦 招魂 浙人對
天地蒼茫百感身 為君收骨
淚露中秋風秋雨山陰道太
息難為洩死人
時將赴山陰為秋女士瑾營墓
故作此詩 丁未十月芷瑛

《南湖诗意》册中的《哀山阴》诗

《哀山阴》诗和《戊申花朝西泠吊鉴湖》诗中"宝盖头"的写法

《南湖诗意》册中《庚戌九月廿二日与云阶宫保子固中丞同游杭州南高峰》诗中"宝盖头"的写法

孙寒厓书《张奚两先生合传》中的"宝盖头"写法

细审这些题字，明显分属两种字体，一种是典型的"吴氏瘦金书"，另一种则是混杂苏、董笔意又笔画加长、加细的字体。具体到每个字，写法也有不同，有些书写习惯非常顽强，如对"宝盖头"左边"点"的写法，一种是从右上落笔，向下拉，与横画相连；一种是左下落笔，向上挑，并与横画断开。这些特征让两种字体很容易区分开来，也说明吴芝瑛书法确有代笔。

前些年蒙孙寒厓的外孙阮祖望先生赠送家藏寒厓手书《张奚两先生合传》的清晰图片。这件作品写于宣统二年（1910），与《南湖诗意》册年代相当，又是精心结构之作，正可用来对照他的其他字迹，包括代笔字迹。

在《张奚两先生合传》的前两页，就找到好几个带"宝盖头"的字，它们的左"点"是左下落笔向上挑，并与长横断开的。这种写法是孙寒厓书法非常个人化的特征，正好可以建立一个简明的鉴定标准。下面的事情就简单了，按图索骥，看看哪些作品是孙寒厓代笔，哪些是吴芝瑛亲笔。

在《南湖诗意》册的十二叶对题诗文中，有《题空谷团年图》、《庚戌九月廿二日与云阶宫保子固中丞同游杭州南高峰》和《拂云楼秋兴八首》三叶的"宝盖头"与孙寒厓的写法相同，可确定为孙氏代笔，画幅上的题跋也是代笔。其馀九叶应为吴芝瑛亲笔。其实吴芝瑛的亲笔书法比起代笔更见苍劲，特别是悼念秋瑾诸作，至情流溢，尤为杰出，并非虚得其名。

《大佛顶首楞严经》十卷，是最为廉吴夫妇看重的第一巨作，曾意欲在北高峰"建塔藏之，以俟夫五百年后知者"。经放大比对，知前两卷为吴芝瑛亲笔，后八卷为孙寒厓代笔，属于两个人的合作，但只署了一个人的名字。郑逸梅说"乃汪兰皋代笔"，不确。

《鉴湖女侠秋瑾墓表》是吴芝瑛影响最大、写入书法史册的作品，被看作吴芝瑛书法的代表作。自清末到民国，其影本印量多得无法统计。吴芝瑛在给徐寄尘的信中说："昨又拜读大著《秋君墓表》，纵横矫悍，如见其人，一结尤得史法。今日扶病写之，书迹蹇劣，嫌与高文不称，是否可用，乞酌之。"也说是自己的作品，但通过对比，可知它确是孙寒厓的代笔，让人不免叹息。

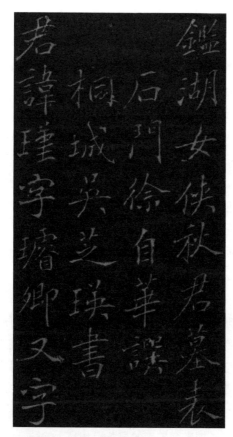

鉴湖女侠秋瑾墓表（局部）

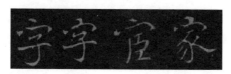

《鉴湖女侠秋瑾墓表》中的"宝盖头"写法

《帆影楼纪事》和《小万柳堂王翚画目》，以及《澄清堂帖》的十二次题跋，均为代笔。文明书局及小万柳堂自印书的各种题签、题跋，绝大多数也为代笔。那种典型的"万柳夫人瘦金书"，其实并不是万柳夫人的书法。

无论亲笔还是代笔，吴芝瑛的重要作品一直在廉家珍藏。民国十八年（1929）4月14日，廉泉邀请男女宾客二十四人，到位于北京西城翊教寺内的良弼祠看海棠，同时展览吴芝瑛墨迹二十一种，上述各种除《澄清堂帖》题跋外均在其列。当时沪杭两座小万柳堂已经易主，廉吴晚境凄凉，展览这些作品意在能以善价卖出，以弥补负累，后来是否如愿，不得而知。当时李蹇庐（名作宾）抄得目录，编为《万柳夫人墨迹总目》，由京华书局影印出版，仍是一本巾箱小册。

《万柳夫人墨迹总目》中著录的作品，如今仍存世间的，有浙江博物馆藏秦宝瓒绘《西泠悲秋图》卷，内装有秋瑾亲书兰谱及吴芝瑛抄写秋瑾遗稿，不知是否亲笔。另有秦宝瓒绘《潭柘养疴图》，前数年经北京歌德拍卖公司卖出，有吴芝瑛署首及跋尾，观其署首系寒厓代笔，跋尾大概也难出其外。近年来各拍卖会拍卖的吴芝瑛作品十馀幅，无一亲笔。迄今笔者所见吴芝瑛后期亲笔墨迹，唯有国家图书馆藏致端方一札，真可谓墨林星凤了。

吴芝瑛后期书法大多数为孙寒厓代笔，已无疑义。自光绪三十年后，二人"同习崔敬邕墓志"，书法风格互相接近，不能排除是有意的安排，但《哀山阴》诗等吴芝瑛亲笔书法，并没有明显的《崔敬邕墓志》特征，所以"同习"云云也可能只是掩饰的托词。从传世数量看，吴芝瑛的应酬之作不多，寒厓代笔题写的多是文明书局各种出版物的题签、题跋，也许可以看作是一份工作。

顾颉刚说孙寒厓"馆于家，而为吴作字，吴遂得名而孙君晦，及吴氏没，乃得解放出廉家，卖字自活而标出其真名也"，未免言过其实。孙寒厓的母亲侯氏与廉泉的继母侯氏是同族姐妹，廉泉三岁丧母，由继母抚养成人，三个弟弟皆侯氏所生，孙、廉二人是亲近的表兄弟，又是同年举人，一生踪迹颇为紧密，用廉泉的话说，"四卷《寒厓集》，与有关系者十之七八"，孙寒厓代笔自有其道理。编辑《李文忠公全书》时，廉泉与孙寒厓共事数年，廉领局事，孙任编纂，看似孙馆于廉家，实际均受雇于李家。也就是在这个时候，孙寒厓为吴芝瑛的几项重要作品代笔。宣统以后，孙寒厓四出游幕，入民国后廉泉久居日本，二人并不存在雇佣关系，"解放"一说无从谈起。至于陈定山说后来"孙廉失欢"，更无其事。南湖晚年穷困衰病，得到寒厓精神与经济上的支持。他与吴芝瑛的身后事，也得寒厓相助，至今北京潭柘寺外的廉泉墓前，尚立有孙寒厓书写的墓碣。若言孙寒厓因两家失和而自暴代笔，只能说是厚诬古人了。

从廉庄到蒋庄

——再谈西湖小万柳堂始末

在《掌故》第二集中，我写过一篇《小万柳堂纪事》，考察了上海、杭州两处小万柳堂的建造、出售过程。此后一年来，我又获读一些资料，其中《廉泉致盛宣怀手札》(上海图书馆藏，邓昉整理，《历史文献》第二十辑。感谢梁颖先生赐书）的很多内容涉及西湖小万柳堂的建造，蒋国榜《苏盦类稿》中则有若干与小万柳堂让渡有关的诗文。

这些文字，是西湖小万柳堂前后两位主人亲笔写下的一手材料，我却在尚未读到的情况下率尔操觚，做所谓"考证"，思之汗颜，所幸结论与实情大致相合。惭愧之馀，今将新见史料略加排比，以见西湖小万柳堂从廉庄到蒋庄的更多细节。

一、廉庄营造

光绪三十年（1904）冬，廉泉辞去户部郎中一职，南下上海，一面应李经迈之聘，设局编刻《李文忠公全书》，一面在他发起创办的文明书局任事。这两项工作均与盛宣怀有关：李鸿章文集每卷编成后，需要盛宣怀定稿；文明书局扩股，需要盛宣怀倡导，并且盛宣怀还是持有二百股的大股东。因此数年内廉泉与盛宣怀书信往来频密，上海图书馆收藏的盛档内有廉泉书信三十三通，所言除公事外，也有很多私人事务，其中就包含建造小万柳堂、安葬秋瑾以及背负巨债等情况。

廉泉的一号信（整理本编号，非编年）首次谈及置办房产之事：

> 近在曹家渡买一小花园，名曰小万柳堂，为侄妇养病避暑之所，即贮藏小万柳堂拙书。借债二万金，可谓不自量者矣。

这里说的，是上海小万柳堂。"借债二万金"，主要借自李经迈的庆丰成洋货庄，与李氏《自反录》所言相合。这封信当写于光绪三十二年（1906）的六月六日。

在第十四号信中，廉泉对盛宣怀说：

> 初三日奉电谕，承于西湖让地一块，感悚莫名。侄痛愤时事，抱入山必深之想。侄妇一病经年，小万柳堂行将抵归债主，不能自保，故有前日之请。生圹营成，拟即结茅，移家其中，《北山移文》可不作矣。公

在西湖所购地，佺所知者有在钱塘门外、孤山、宝叔塔、茅家埠、丁家山五处，除公自营别墅外，乞随意指给一处，以便往观。惟地势须略高，异日盖茅一把，皆公之赐也。

可见廉泉最初计划从盛宣怀处购买西湖周边地块，修建生圹和别墅，并已得到盛宣怀同意。廉家在西湖边修建生圹，本是为安葬秋瑾想出的掩人耳目之计。吴芝瑛与徐自华商议葬秋，是在光绪三十三年（1907）十月，买地、造墓随后进行，故此信中"初三日"应为十一月初三。

虽然盛宣怀同意让地，但廉泉考虑到用此地安葬秋瑾，事后会让盛宣怀不安，遂于十一月二十日来到杭州，另行觅地。十二月初三日，他给盛宣怀写信说：

佺前月来杭州，已在南湖之滨得地数亩，更筑小万柳堂，又在云栖山中自营生圹。从此植茶养鱼，不闻尘事。前承让地一块，敬谢高谊，现时已无庸矣。（十六号信）

"南湖之滨"这块地，就是后来西湖小万柳堂的所在。因为徐自华不同意将秋瑾葬于吴芝瑛生圹之旁，于十一月二十七日风雪渡江，同人集资在西泠桥边买到墓地，吴芝瑛遂按照二人约定，承担起茔葬事宜。

十二月十一日，廉泉告诉盛宣怀，"泉由沪带工匠来杭，建筑小万柳堂别墅，仍寓刘庄"，并说"泉得南湖足以自豪"（十七号信）。此番他带领工匠来杭，建筑别墅之外，还为秋瑾修墓。工程进展很快，到二十二日，秋瑾入土为安。

至光绪三十四年（1908）二月，小万柳堂已基本建成。八月，廉氏一家迁入新居，廉泉自号南湖。这一年，秋瑾生前友好举行了大规模的祭奠活动，葬秋一事广为社会所知。廉泉去信向盛宣怀说明，并赠送西泠十字碑的拓片。信中说：

> 岫云生平好为不平事，芝瑛亦有同情。去腊为此事不啻倾家为之，衣饰罄尽，几至无以卒岁，所云自营生圹者，实系此事也。今则通国皆知，不妨发表矣。匋帅处事后亦有详函告之。此狱全由官场捏造，窃谓天如可问，此狱日后必当昭雪也。芝瑛誓为终身祭扫，故决计移家湖上，至此狱昭雪而心始安，其苦心公当闵之……恐承让地发表后意有未合，故自到西湖，即另行购地为之。（八号信）

安葬秋瑾一事，虽由吴芝瑛出面，主其事者实为廉泉。这封信夫子自道，可算一个佐证。

二、湖庄让渡

据廉泉致盛宣怀第三十三号手札，到光绪三十四年正月，他共欠外债五万元。不过他估算上海小万柳堂南北园共有土地十二亩，连房产可值六万元，故计划全家移居西湖，将上海住宅出售便足以还债。但其最急迫的债务即借自祝兰舫（名大椿）的一万五千两，债主追索甚急，意欲借此据有上海小万柳堂。这次危机后来由盛宣怀主持的通商银行通融周转而化解，但廉家的债务问题始终存在，到宣统元年（1909），刚建起不久的西湖小万柳堂也被纳入变现还债的议程。

从宣统元年九月初三（1909年10月16日）起，上海《时报》以"小万柳堂账房"名义，接连发布"名园待主"广告，内云：

> 主人奉讳里居，拟将上海、杭州小万柳堂别墅两所，定价出售，有合意者，请自往游览，不须介绍，看定某所，向上海甘肃路文明书局账房面议可也。至两堂占地之胜，海内皆知，兹不复赘。价目如后：一、上海小万柳堂，坐落在曹家渡苏州河滨，有道契基地十二亩，定价规元陆万两，议定后先付半价，以一个月为限交屋。交屋之日，全价付清。一、杭州小万柳堂，坐落在南湖之滨，跨湖为桥，开门于苏堤第一桥畔，共计地十亩零，定价规元三万两，议定后须付全价，即日交屋。一、两堂定价不能减议。

当月21日，《时报》还发布了一则"西湖小万柳堂加价广告"，以西湖即将辟为公园和小万柳堂续有增建为由，将售价提高到三万六千两。但在整个宣统年间，两处房产并无买主。

1912年，两处小万柳堂终于寻到了买主，交易在即，没想到却功败垂成。说起来，这还牵连当年另一个著名"掌故"。

1912年3月24日，上海中国银行经理宋汉章应英国海峡殖民地华侨富商梁建臣、邓廷栋之邀，前往曹家渡小万柳堂赴宴。下午二时，宋汉章来到小万柳堂，正寒暄间，忽被从苏州河上乘船而来的十二名士兵带走，原来是上海都督陈其美派兵将他逮捕。据宋汉章自述，梁、邓二人宴请他，是商量筹办银行的事，那么为何要选在小万柳堂请客？另一位当事人廉泉道出原故。

29日，廉泉在给同乡钱基厚（号孙庵）的信中说：

三月廿四号吾堂发现之怪事，详《时报》廿六号"另一访函云"一则……至宴客之原因，以内子曩接麦美德女士书，今年暑假中当回美国，欲泉挈眷往游，将书画售去，即为儿女留学之计，因将杭、沪两别墅托张叔和、刘滇生介绍，售与华侨梁建臣、邓廷栋。杭宅已议定三万三千元，沪宅邓君正来看屋，意亦欣然，索价六万两。两处即日可议定，款交信成银行，以偿前欠，与周舜卿亦说明，订三日内同梁君赴杭交屋。叔和为原中，亦同去。正谈论之际，忽军队多人直入客堂，将宋汉章及主人梁君逮捕而去。泉奔驰两日营救，梁君始得释回，而吾已成之局，因之中变。朋好闻者，皆代抱不平。（据钱基厚原存信札，承上海刘恕先生见示，谨致谢忱）

梁建臣、邓廷栋原来是趁买卖房屋之便，邀请宋汉章前来小万柳堂商谈事情的，结果被陈其美利用。这一事件掀起轩然大波，社会各界纷纷营救，宋汉章被关押二十多天后于4月15日释放，案件不了了之。廉泉的房屋交易却由此作罢，成为真正的受害者。此后，他只能继续刊登广告，寻找机会。

江宁蒋国榜是较早知道小万柳堂出让消息的人，中间经历世变，最终在近十年后购得此堂。

蒋国榜（1893–1970）号苏盦，世居江宁。蒋家为江南巨富，国榜四岁丧父，与弟国平由母亲教养长大。蒋国榜喜作诗文，自乙卯（民国四年，1915）年起，将每年撰作文字集为《苏盦类稿》。民国六年（丁巳，1917）是西湖小万柳堂的交易之年，《丁巳稿》中有不少与此相关的内容。

蒋国榜买到小万柳堂之后所作《兰陔别墅记》，记事较详，略云：

西湖遵定香桥以西，有地百数十弓，九曜当其前，南湖周其外，灵峰天竺玉岑诸岭峙其后，远矗雷峰，界以苏堤，筑馆建亭其上，一丘具擅数美，世所称小万柳

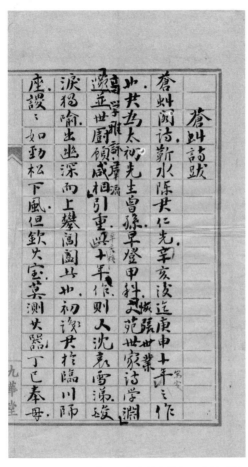

蒼虬詩跋

蒼虬阁诗·蕲水陈其仁先生·辛亥没近庚申十年之作

此共为太初先生曾孙·早登甲科·册蹑世业·苑世家诗学渊

学雅诗摹渊·迤亚世厨颇咸相引重兴十年作·则人沈克雪满破

邀羽喻出坐深而上攀阁闾此也·初识其招临川师

座谈·如劲松下风但欲失宝窠测失器·丁巳奉母

九华堂

蒋国榜购得小万柳堂后，与陈曾寿结邻，为其刊刻《苍虬阁诗》并作跋

堂，无锡廉君惠卿与妇偕隐处也。岁庚戌，国榜与弟平，奉母游湖上，来憩此间，神驰意往。廉氏顾欲舍去，吾母审顾，语曰："吾向只乐清静，更耽林樾。尔曹偾于此结屋，俾予终老西泠，魂梦亦适。"兄弟心私识之，而未敢与廉氏平章其事，寄之吟咏而已。明年世变猝起，金陵瓦解，仓皇避居海上，家难纷乘，猝丧我弟。国榜玄发未燥，历兹艰屯，不乐人事，更不知所以慰母，远慨家园，几历兵火，又焉计及赁屋湖壖耶？廉君自日本投诗订交，顾有居夷之志，坚以湖居见让。自惟少小既遭坎坷，踽踽无助，焉获高蹈，况鄙吝之萌时梗胸次，不得其人，予又焉合居此。天或念怜吾母，悯其艰贞，虽处富厚，不改寒素，迄未自逸于万一，故于湖山之美，有所不吝，使得保其慈颜，怡神养志，悠游延其岁月，国榜其敢有异议。深惟广微补亡之诗，遂取名吾墅，即致东野之报，比于寸草……

文中所言湖庄让渡之事甚详，而庚戌（1910）初见、丁巳（1917）议购二事，均有其他记载可以补充。

宣统二年（庚戌）春，蒋国榜兄弟与母亲、叔父同游苏杭，第二年（辛亥）蒋国榜补写纪游诗二百馀首，蒋国平唱和一卷。至民国四年（1915），同游的弟弟与叔父皆已病逝经年，蒋国榜哀痛之馀，将苏杭纪游诗编成二卷，题作《苏杭梦馀诗录》。蒋国平的和诗，后来题作《平叔诗存》，由蒋国榜刊入《金陵丛书》。《苏杭梦馀诗录》只有稿本流传，于小万柳堂得诗三首：

> 如此幽居绝世无，居停问讯识南湖。他时购得双弓
> 地，来结芳邻兴未孤。（游小万柳堂，主人为廉南湖。）
>
> 素心偕隐乐天真，吐纳烟霞供此身。更上南高峰
> 顶望，写经造像寿千春。（南湖夫人吴芝瑛，写有《楞
> 严经》，拟造石塔南高峰。）
>
> 南屏山色自年年，万柳堂前暂息肩。阿母湖船为
> 儿道，千金多买近湖田。（小万柳堂主人有脱售意，雅
> 欲得之。）

蒋国平也和诗一首：

> 湖流尽处上堤游，万柳堂前独倚楼。载得南屏好
> 风景，写经人寿共千秋。

游西湖时，蒋国榜年方十八岁，蒋国平十七岁，虽然其
母对小万柳堂一见倾心，"雅欲得之"，毕竟兄弟年纪尚小，
不足以成此大事。至辛亥年武昌变起，蒋氏一家匆匆赴沪避
难，蒋国平不久夭逝，蒋母思子心伤，国榜安慰无计。至民
国六年（1917），廉泉与蒋国榜订文字交，于是有让渡小万
柳堂之议。

从廉蒋二人往来文字透露的信息看，这次交易也很有意
思，廉家坚持不谈价钱，要把湖庄送给蒋家，这大概是不首

先出价的谈判技巧。而蒋家面对这样大额的交易，也难以首先出价。蒋国榜有《忆南湖廉氏湖居》诗，可见其情：

南湖一角数峰青，寂照端宜夕照亭。风月无边难作价，湖山管领孰居停。结邻处士呼篱落，逸境游人谢户庭。倘为北堂留供养，梦回堤上是初醒。

既难以割舍，又颇费踌躇。后来还是由蒋国榜的老师冯恕出面，居中议价，这才成交。四月十一日，廉泉给蒋国榜写信说：

日内拟趋候兴居，以小疾不果，至为怅惘。蒿公来札，以"从宜从俗"为言。山荆则仍申前请，谓必如是，方足见汝我之交情，一取一与，不同俗子也。乞禀明堂上，一言诺之，助款无论几何，无不如命。山人已易今名，其愿舍去别墅，不复黏着之苦心，贤者当怜悯之，必使有以成其志也。（《申报》1931年12月5日）

廉泉改易的新名是"岫云"。最终，按照慧剑《西湖印象记（三）》的说法，小万柳堂以三万元的价格易手（《申报》1930年11月9日）。

双方在四月达成交易，至六月，蒋国榜经过简单修葺，迁入小万柳堂，并改堂名为兰陔别墅。从此，西湖廉庄变成了蒋庄。

蒋国榜（左）与马一浮在蒋庄。因马一浮长期在此借居，蒋庄今被辟作马一浮纪念馆

三、南湖新咏

廉泉在西湖建小万柳堂，本为居家之用，并不以风雅为重，所以斋室名只有吴芝瑛写经室、纪念秋瑾的悲秋阁。室外景物见于吟咏的，则有塔影楼、十丈桥、夕照亭，均为实用建筑，据实得名。蒋国榜买来之后，除更名兰陔别墅，又在别墅内外命名七处景物，连"兰陔别墅"共成八景，于民国六年八月作《南湖新咏》诗八首，并有序云：

丁巳六月吉日，余以逭暑来湖上，入我新居。念予薄弱，幸主南湖。时在季夏，园果未落，湖广菡萏，遥山如沐，北窗高卧，起弄孤艇，近接高邻，远来旧识，月榭风亭，一设文宴，亦足以闲居奉养、遗荣遁世矣。栖迟既久，良多冥会，触景成咏，用志吾壁。匪标声誉，贵摅积愫云尔。

这八首诗对应的八景，分别为：兰陔别墅、真赏楼（原塔影楼）、孔怀盒、香严阁（原写经室）、夕照亭、同梦寮、渡鹤桥（原十丈桥）、养素庐。蒋国榜把这一组诗寄给廉泉求序，廉泉时在上海，很快写了回来：

丁巳秋，余与芝瑛病暑帆影楼，一日凭阑远瞩，见白云缕缕出林表，如飞龙蜿蜒，弥漫一天，少焉为风吹散，若断若续，倒映水中，觉襟怀潇洒，与天光云影相忘而为一。于时芝瑛病有间，玩佛顶暂止之文，遽然有觉曰：世界一旅亭，谁为主客者？俯瞰川原，尘想都尽。会吾友江宁蒋苏盒寄《南湖新咏》，或缘胜发奇，或因事纪实，凡爱日之忱、戒旦之美、哀时伤逝之感，悉于诗寓焉。风景不殊，湖山有发，以芝瑛当日写经之所，今名其室曰香严，且为之诗，以致慨叹，又申之以书曰"得闲来往，即是主人"。有是哉！苏盒振迹宽心，直与造化为徒，彼王谢争墩者，视此能毋愧死。余又闻之京叔曰：世之人皆驱驰智力，以金帛车骑相夸豪，而

託誰送彼狡童中婦怨幾曾解悟用情癡

南湖新詠八首并序

丁巳六月吉日余以遁暑來湖上入我新居念子蕩

弱章主南湖時在季夏圓果未落湖廣萬蓉運山如

沐北窗高臥起弄孤艇近接高隅遠來鷗識月榭風

亭一設文宴亦足以閒居奉養遺榮遁世矢稜遮既

久良多冥會鬮景成詠用誌吾壁匪標聲與賣臆積

懍云爾

蘭陔別墅

蒋国榜作《南湖新咏八首并序》

吾侪独玩心泉石，放浪于寂寞之境。要之各有乐，未可以为彼是此非。至于后世，又不知其孰得孰失。则苏盦推其同乐之量，必有大异于世之人者。他日者，过定香桥畔见有白云缕缕，如飞龙蜿蜒于亲舍之上者，循采处之什，吾当为苏盦歌之，玩心泉石云乎哉！无锡廉泉。（《大公报》1917年10月16日）

面对当日"足以自豪"、如今改换门庭的小万柳堂，廉泉表现出一派非主非客、顾左右而言他的态度。

蒋国榜邀请廉泉"得闲来往"，廉泉迟迟没有行动。后来蒋氏又作《招岫云》长诗，内云"我闻心出家，焉用迹象求。但坐无忧林，点茶从赵州。请聆布指声，行云莫淹留。碧山三十六，写经更层楼"，再次邀请廉吴夫妇故地重游。

这次廉泉是否前往？从他去世后蒋国榜送的挽联约略可知。联语云："名士是何物？剧怜檀柘禅心，扶桑绮绪，诗卷写簪花，至性奇情空绝代；幽居容养志，相约西楼话雨，东道倾樽，斜阳难问柳，山残水剩枉招魂。"可见这个约会始终停留在邀请状态，廉泉自西湖小万柳堂脱手，再未回顾。

小万柳堂书画收藏钩沉

　　在清末民初的上海，廉泉和吴芝瑛夫妇的小万柳堂是令人忘归的所在。这里不仅有风雅好客的主人，更有极具规模和特色的书画珍藏，足供好古之士竟日流连。

　　在当时收藏界，小万柳堂算得上异军突起，先后出版《小万柳堂剧迹》、《扇面大观》、《名人书画扇集》等藏品图册，影响深远，至今还有很多旧藏书画出现在拍卖会上。只是小万柳堂藏品在十年间散失殆尽，全貌模糊不清，聚散略显神秘，说来未免是一件憾事。

　　近年，与小万柳堂收藏有关的资料时有披露，可据以钩沉往事，稍补缺憾。不过，小万柳堂所藏书画没有留下完整目录，并且随时买卖，很多藏品的来龙去脉难以考查，真要逐一追究起来，会是一个庞大工程，本文现在只能说说其大宗藏品的聚和散。

上海曹家渡小万柳堂之帆影楼　　　　上湖居士廉

廉泉与小万柳堂（明信片）

一、廉、宫两家世谊

直到今天，人们对小万柳堂书画收藏的了解主要来自端方《廉氏小万柳堂藏画记》。此文作于宣统三年（1911）五月，随《小万柳堂明清两朝书画扇存目录》行世。对廉氏藏画的来历，端方说：

> 南湖之高祖驭亨公，以商业起家而癖好古，金石书画，凡古之遗，靡不集之。至南湖，绰有祖风，而尤嗜宋元画，不吝重价购求，先世遗产，赤手立尽。其戚宫先生子行，精鉴赏，与廉有同好，为海内收藏大家，

尝汇集名人扇面凡千馀叶，编为《书画扇存》六集，上自前明王孟端、张懿简、王文成，以迄国初乾嘉诸老，得名人八百辈，为册六十，洵生平之乐事，亦宇宙之奇观矣。宦先生病革时，遗嘱将扇册归廉氏，语其妻孙夫人琬如曰：余自弱冠无所好，惟古书画是娱，每遇名贤真迹，辄赏玩徘徊不能去，吾弟玉甫亦爱慕之。五十年来，两人宦游所历，并力搜罗，裒然遂成此集，盖吾兄弟精神所寄，悉在于是。我死，为我致扇册于廉氏，藏之小万柳堂，庶几不负我兄弟毕生搜集之苦心耳。语次指挥家人，将书画扇面册子键十二箧，手自封识，谓非廉君至，不得启封云。先生殁后，南湖如约购归，即《明清两朝名人书画扇存》六集，凡一千零五十三叶也。宦先生，泰州人，名本昂，山东知县；弟玉甫，名昱，直隶知州。玉甫工诗画，词致清朗，山水行笔苍郁，全法宋人，著有《念雨草堂集》（原注：明宦紫元有春雨草堂，王建章为之图，玉甫名其集曰"念雨草堂"，亦同"小万柳堂"之示不忘本也。川按：宦本昂先祖宦伟镠字紫玄，端方以避讳书为"紫元"）。宦氏自明紫元太史即精鉴古，所藏书画，世世子孙保守勿失，有"泰州宦氏珍藏印"，知其流传有自。子行兄弟所最欣赏之件，所钤小印有二，曰"宦子行同弟玉甫宝之"，曰"宦子行玉甫共欣赏"，志此以备考证。宦氏兄弟相继殁，箧中精品强半归小万柳堂矣。

小万柳堂宋元真迹，固多希世之珍，其王建章画尤为南湖一家之秘笈，为余第一次所见者。案王为明遗老，福建泉州人，字仲初，别号砚田庄居士，山水宗北苑，其雄深之气得力于唐宋大家而能淹有众长，不自袭其面目，人物写生皆入能品。小万柳堂藏有大幅二、卷子五、扇面廿四，卷子中有自作《砚田山庄图》，吴夫人引以自豪，在南湖之滨特辟新庄，庋此名迹，如王谢争墩故事。

廉泉藏画主要来自姻戚宫本昂、宫昱兄弟旧藏，授受过程颇为生动。

据光绪十九年修《廉氏宗谱》，廉泉胞弟廉锷，字寿卿，娶宫昱之女为妻。廉锷年寿不永，光绪十年（1888）辞世，年仅二十岁。与他同龄的宫氏在民国十六年（1927）去世，廉泉得信后，作《宫氏弟妇凶问至哭以诗》，内有"三月夫妻成永诀，柏舟秉志独坚完"之句。宫氏结婚三个月即丧夫，守节四十年，命运实属坎坷。

廉、宫两家亲事，应为同在山东担任地方官的廉泉之父廉凤沼与宫氏兄弟所缔结。长久以来，人们对宫氏兄弟了解不多，直到2018年，钱城等在《中国美术研究》当年第3期发表《清扇面收藏"海内第一"宫本昂、宫昱兄弟考》，始据光绪《泰州宫氏族谱》考出宫本昂生于道光二十年（1840），宫昱生于道光二十四年（1844）。他们还根据推测的藏品交易时间（光绪三十年，1904），认为宫本昂卒于1904年之前，宫昱卒于1902年之前。现在看，这个交易时间有误，宫氏兄弟的卒年尚可细考，特别是端方述宫子行临终遗言，有"余自弱冠……五十年来"之语，知其享年七十左右，当卒于宣统元年（1909）或稍前。

宫、廉两家本为至亲，廉泉又有经济能力，所以宫子行临终前安排将家藏书画出售给廉泉。

二、廉泉收藏前传

无锡廉氏是元中书右丞廉希宪的后裔。廉希宪在大都郊外筑万柳堂，与同朝文士觞咏其中，故廉泉不忘祖德，命名自己的住所为小万柳堂。

廉氏家族的收藏爱好，始于廉泉高祖廉驭亨，他遗留的藏品，据廉泉所言，有王建章画金笺大幅《庐山观瀑图》，后来赠送给东京美术学校，其他不得而知。

廉泉自己的早期收藏以碑帖法书为主。在《自反录索隐》中，他自述在光绪三十年（1904）曾出售书画：

> 泉浮沉郎署者十年，一旦携眷出京，谈何容易。迨负累累，将及万金，乃出书画碑版，由陶杏南先生绍介，售与同官户部之张笃孙，得数千金。芝瑛又悉售其珠饰，使得了债成行，不负公子之委托。

"公子"乃李鸿章次子李经迈。此时廉泉受李氏之聘南下，在江宁设局主持李鸿章文集即《李文忠公全书》的刊刻出版。

廉泉在光绪间的收藏，今知有一册宋拓《云麾将军碑》。此帖后来抵押给《老残游记》作者刘鹗（铁云），再后来引出一番风波。

事件大致原委是，廉泉在庚子（1900）乱中得到一本李北海《云麾将军碑》，由吴汝纶题签定为宋拓。第二年，廉泉为给五弟廉隅筹措留日经费，用此帖向刘鹗押银一百两。后来廉、刘均移家海上，廉泉前去取赎，刘鹗却不同意，认为当年已将碑帖卖断。到光绪三十四年二月底（1908年4月），廉家听闻刘鹗正在出售《云麾将军碑》，遂以吴芝瑛名义登报发表两封公开信，一封写给刘鹗，表示碑帖确为质押，并非卖断，坚持赎回，"芝瑛酷好此碑，视同生命，绝不轻弃"；一封写给可能的买主，表示物权有争议，警告不要购买。

随后，刘鹗也给廉泉发了一封公开信，除说明当年碑帖交易细节外，还提出一个说法："阁下此帖系庚子年得诸福山王氏空宅中，亦非尊府旧藏也。推复本之谊，请代还王氏，以息纷争。何如？"福山王氏即王懿荣，在庚子事变中自尽殉节，刘鹗此言等于指责廉泉趁火打劫、情同盗窃，自然激怒了廉家。于是他们夫妇又连写几封信，要求刘鹗和各方人士前来对质，辨明是非。事情喧闹几个月，直到七月刘鹗被捕流放新疆，廉家仍没能争回碑帖，但其事"哄传于艺林报界，彼时士绅无人不知"，成为一桩公案。(参郭长海《刘铁云和廉泉、吴芝瑛夫妇的一段文字公案》)

廉泉早年藏品，还有董其昌楷书《史记》八册。在小万柳堂掌故中，这部《史记》也是鼎鼎大名。多个故事讲到，吴芝瑛为给诗妓李苹香脱籍，不惜出售珍藏的董书《史记》，惟有人说成功售出"得数千金"，有人说"无过问者"。从实情看，这部《史记》未能卖掉。光绪三十四年（1908）七月，廉家遭逢债务危机，廉泉致信盛宣怀，希望他能以五千元收购董书《史记》，盛宣怀并未购买。民国六年（1917）廉泉拟办"芝瑛美术馆"，设宝董室"陈列香光小楷《史记》一部、《庚辰日钞》一部及香光书画卷册屏幅"，可知它仍藏小万柳堂。

从《云麾将军碑》和董书《史记》看，在收购宫氏兄弟藏画前，廉家并没有大宗可以变卖的藏品。

三、宫氏藏品购入

廉泉与宫家书画交易的时间，《廉氏小万柳堂书画记》只说在宫本昂身后，钱成等认为"宫本昂与廉泉以书画收藏结交应在1897年以后，宫氏兄弟编藏的《明清两朝书画扇存》归于廉泉，应发生在1902—1904年间"。实则不然，因为交易发生在宣统二年（1910）春夏之际，史有明证。

邢侗旧藏《澄清堂帖》残卷，被廉家誉为"四宝"之首，南湖夫妇前后题跋十馀次（均署吴芝瑛书，实为孙寒厓代笔）。此帖没有宫氏兄弟收藏印记，但据费龙丁《题淳化阁帖庆历覆刻赐吕端本》诗"墨缘自有德邻助，泰山残卷来相

《澄清堂帖》残卷，小万柳堂藏

将"句下自注,"泰州宫子行所藏澄清堂残帖,已归廉南湖小万柳堂。时南湖同客神户,得假校证",可知原为宫氏旧藏。廉泉得帖后第一跋,作于"庚戌仲冬月既望",说"余搜访数年,今日始得之",庚戌即宣统二年。

《张元济书信集》此年三月初八日致孙毓修信下,附有四月十六日孙氏回信。孙毓修在信中"摘录近事"说:"近廉惠卿以购宫子行古画,自山东归,言海源阁主人杨瓞庵已卒,遗书悉为山东提学使售去。"

杨瓞庵即杨保彝,卒于宣统元年十二月二十三日。他病中自知不起,以存书及字画等禀官立案,愿永世保守(见柯劭忞撰墓志)。杨保彝九月具呈,十月至次年四月递由东昌府和山东提学使咨部备案。其时提学使为罗正钧,虽参与海源阁藏书保护事宜,但未强售藏书。孙毓修从廉泉那里听来的传闻不实,却说明廉泉购画之时,约在宣统二年三、四月间。

廉泉购买宫氏藏画的花费,也曾有人道及。黄曾樾《慈竹居丛谈·乙集》"廉南湖藏扇面"一则说:"廉南湖所藏之扇面,乃得之山东宫子行。宫易箦时,举以归廉,许偿值五万金。廉后亦无力践诺,竟将扇面售诸日人。子行嗜阿芙蓉,常以四丽婢轮流侍侧,所用烟具精美得未曾有。"(《荫亭遗稿》,人民出版社2019年版,第500页)

黄曾樾生于1899年,并非交易的见证人,"五万元"之说当得自听闻,"无力践诺"或有可能。廉泉后来求售书画时,数次说卖画收入将用来接济宫氏后人,也许包含他此前未能给付全部价款的信息。从经济情况看,宣统二年正是他窘迫异常的时候，难能支付如此大额的一笔银钱。

小万柳堂晚期的重要藏品，也有来自其他故家的旧藏。如宋高宗书《徽宗文集序》，鲜于枢、赵孟頫合书《千字文》，赵孟頫书《度人经》，都算得上稀世奇珍，流传至今，未见宫氏题跋或藏印。合书《千字文》本清宫旧藏，据云庚子乱后流入日本，廉泉花费八千元购归；《度人经》钤有"万中立印"，知为汉阳万氏石经龛藏品。归入小万柳堂的石经龛旧藏，还有王翚画作六幅、钱沣绘《五马图》和金农绘《佛像》等。万中立卒于光绪三十三年（1907），藏品散失应在随后几年。

四、以画抵债

购得宫氏藏画后，廉泉将其中"三王恽吴"精品作价二万元，抵偿拖欠李经迈的债务，同时给书画扇编制目录——《小万柳堂藏明清两朝扇存目录》，请端方作《廉氏小万柳堂藏画记》弁于卷首，于次年出版。

这里还是得说一下廉家的债务问题。光绪三十年，廉泉受李经迈之聘编辑《李文忠公全书》。他辞去户部郎中一职，定居上海，一边主持在江宁进行的李集编刊，一边经营文明书局业务。三十二年，廉泉在上海曹家渡购地十二亩，修建小万柳堂，前后用银约五万元，其中银元一万六千元借自李经迈开设的庆丰成洋货庄，白银三千两借自《李文忠公全书》售书款。上海小万柳堂建成后，廉泉又将其抵押，贷款建造杭州小万柳堂。就这样，到光绪三十四年，廉家债务已达五万元，不能按时还本付息，债主纷纷上门催讨，最后多亏盛宣怀出手通融，助他渡过难关。

到宣统二年（1910），原来稍得喘息的债务再次到期，庆丰成在九月清账歇业，廉泉欠李经迈的二万元债务也需偿还。再加上购买字画玉器又欠下一大笔债，廉泉需偿还的债务总数增加到十几万两，可称债台高筑。此时廉泉重病在身，无奈之下在报纸刊登广告，出售沪杭两处小万柳堂房产，一时难有主顾。于是他提出用家藏三王恽吴名画三十幅抵债，函电往来，得到李经迈许可。

小万柳堂得到的宫氏藏画没有总目录，但除了扇面，也有很多卷轴册页，其中不乏宋元之品。南湖喜爱的"四宝"中，澄清堂残帖和姚广孝为中山王徐达所作山水卷原藏宫家；《小万柳堂剧迹》中的倪瓒、王蒙画卷，沈曾植等人鉴赏过的"荆浩山水巨障"，都是宫氏旧藏。廉泉用来抵债的"三王恽吴"画作也是如此。

吴芝瑛为抵债书画编写的《小万柳堂藏王恽画目（吴画附）》，记录了王鉴（四种）、王原祁（四种）、王翚（三种）、恽寿平（十五种）、恽冰（一种）和吴历（三种）共三十件画作的题目和题跋，其中王原祁《皆山园图》卷、王翚《仿董北苑山水》卷皆有匡源为宫子行题写的跋语，王原祁《仿倪黄卷》有匡源为宫玉甫题写的跋语，恽寿平《山水》册则有"千里"跋，千里乃是宫本昂的别号。

又恽寿平《石庵图》卷后有戊午正月汪昉跋文，内云

"小琢仁弟获此于维扬兵燹之后，丰城剑气遇雷焕乃发，神物会合，良非偶然"。戊午为咸丰八年（1858），"小琢"为胡春华之号。张景栻《济南书肆记》谓：

　　胡小琢，名春华，济南人，以收藏金石书画名于

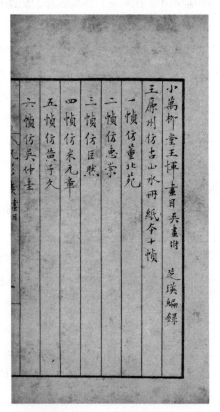

吴芝瑛编录《小万柳堂王恽画目（吴画附）》

时。身后所遗书画多归泰州官子行本昂，子行殁后又归廉南湖泉。南湖之妻吴芝瑛手书《帆影楼纪事》，其中著录之"四王恽吴"绘画精品数十件，几全属胡小琢家旧物。（《藏书家》第2辑）

这数十件画作是否如张氏所言，绝大部分旧属胡小琢，难以断言，但来自官家应无疑问。

宣统二年十二月，李经迈派人点收了这三十幅画，中旬运到北京，"到京之夕，季公张灯置酒，遍邀李木斋及某某诸公展观，群叹为得未曾有"，这笔债抵得皆大欢喜。

不过，这只是廉家债务的一小部分，就在抵画的当月，廉泉给盛宣怀写信说：

恽王名迹卅种，不过抵去宿债二万。急景凋年，非再筹足十四万金不得过去。现拟以小万柳堂（共道契十二亩，曾登告白售价六万两）及书画扇存十二箱售价十万两，此外以宋元书画、钧窑碗碟及楞严墨迹十卷再抵四万之债。（香港中文大学藏盛宣怀档案sxh58-0094）

由此可见廉家的债负之重。他估出的书画瓷器卖价八万两，加上已变现二万两，总共十万，若按三四成利润来算，黄曾樾说他买画，"偿值五万金"，大致还是相近的。

廉泉以画抵债，中间另有点故事，顺便说说。

在《小万柳堂藏王恽画目》卷后，吴芝瑛说：

右画三十种，南湖于上年病中以一电诒季公，偿庆丰成银号欠款。时季在京邸得电，专使来取，由江君趋丹拾付。已首途矣，为盛杏老所闻，午夜约江君过斜桥密谈，曰：小万柳堂王恽剧迹，我曾评价二万金乞让，南湖不能割爱。今闻归季皋，季皋于此道非所好，君能为我谋乎？南湖欠季皋之款，我如数代偿之可也。江答曰：专使昨夜已发，由京汉路北上矣。成事不说，予实无能为力云云。到京之夕，季公张灯置酒，遍邀李木斋及某某诸公展观，群叹为得未曾有。嗣盛乃电商季公如语江君者，季不之许。杏老居常鞅鞅，每忆此事，辄怨江君曰：趋丹忠于季皋，不为我谋，使我身入宝山而仍失之交臂。

"盛杏老"即盛宣怀。他看中这些画而李经迈不肯放手一事，上海图书馆藏盛档中李经迈的两封信可为佐证。

第一封信作于十一月十九日，略云：

　　惠卿恽王吴画，据江趋丹电，有缓日捡交之语。刻已函属趋丹俟该件交到，复就近呈阅，尚希一为鉴别，俾资考证，曷任感祷。

对盛宣怀希望看画的要求，李经迈表示同意，并请盛氏鉴定真伪。所谓"缓日捡交"，是因廉泉将其中数幅送去装裱，尚未取回，由此也可见"以画抵债"方案确实出于仓促。

第二封信作于十二月十五日，信中说：

> 月前邮寄一函，计邀察览。旋因有便人北来，电促惠卿交割，昨已载运到京。日来遍延方家鉴别真赝。顷接沪函，以该件久为公所心赏，此次交割□遽，趋丹未及送阅，闻公颇引为憾事等语。无端有此误会，其过实在鄙人。盖公收藏之富，实海内所共知。前奉电时，以为公之索观此物，必出于爱弟情深，欲一证其是否赝鼎，免弟巨款落空耳。乃有此误会，微特趋丹开罪旧主，皇恐万分，即弟因此区区，而使数十年至交疑弟豪夺巧取，亦觉心有不安。经迈不才，然窃慕古人肥马轻裘之义，如此物果蒙鉴赏，计台从来京在迩，届时奉献何如？惠卿实藏多年，今于病亟之时以此相让，古谊可感。若弟转赠识者，尚可有以自解，倘贪利求售，深恐负惠卿雅意，副都统虽穷，亦不甘出此也。区区鄙忱，尚乞赐察。（李经迈二函承上海刘恕先生录示，谨致谢忱）

李经迈未如约将画作拿给盛宣怀赏鉴，而是匆忙运京，对盛氏加价购买意向则一口回绝，并说此画系廉泉多年珍藏，殊不知廉家也是刚刚得到。盛宣怀一番举动，让这批画凭空多出一个竞争者，也让廉、李的交易稳稳成功。数年后，廉、李二人因李光明庄欠款一事反目，相互攻讦，李经迈谓抵画事"牵涉人甚夥，暂不揭出"，又谓"当日抵画之时，有弦外之音"，暗中所指，不知是否包括盛宣怀参与在内。

五、日本行记

抵债之外，小万柳堂的大量藏画特别是书画扇面哪里去了？过去人们根据廉泉在日本举办展览、开设扇庄等信息，推测或在日本售出，但未得其详。廉泉首次携带藏品前往日本，是1914年4月至8月参加东京大正博览会，他此行写有日记，现存后人手中。博览会期间，他与东京美术学校教授大村西崖结为好友，随后十年致信数十封，现存东京艺术大学美术学部。2017年，《历史文献》第二十辑刊发廉仲先生整理的廉泉《东游日记》；2018年，日本《美术研究》第四百二十五号发表战晓梅教授的《廉泉与大村西崖的交友——以〈廉泉致大村西崖书简〉〈南湖东游日记〉为主要线索》及经过整理的《廉泉致大村西崖书简》（原题《廉泉と大村西崖の交友——〈大村西崖宛廉泉書簡〉〈南湖東遊日記〉を主な手掛かりに》和《大村西崖宛廉泉書簡翻刻》），对三十四封书简特别是其中的藏品售让信息作了深入研究。这两项资料承廉先生和战教授分别惠赠，现以它们为基础，以其他记载作补充，考察一下小万柳堂藏画特别是书画扇面的下落。

大正三年（1914），也是民国三年。为纪念天皇即位，日本在3月至7月举行东京大正博览会，日驻华公使座山圆次郎邀请廉泉携带家藏书画前往展览。廉泉于4月初抵达东京，随身携带的书画，主要是吴芝瑛书法作品和部分得自宫氏的藏品。在日期间，廉泉除了在博览会第二会场日华贸易馆的贵宾室展出以吴芝瑛和王建章作品为主的书画，还在东京美术学校和京都大学举办两次公开展示，由东京美术学校编纂、审美书院出版《小万柳堂剧迹》画册。

廉氏藏画在博览会开展后，5月3日，大村西崖前来参观，并请廉泉将藏画在东京美术学校展览一次，嘉惠学子。在随后筹办展览和出版画册过程中，廉泉与大村交往频密，引为知己。7月6日，他写给大村西崖一封长信，表明心迹，略云：

> 此次携来珍品，承宫氏之遗嘱，得之春雨草堂传授。革命之际，又赖麦美德女士之保存，得幸免劫灰。此古人之英灵之不泯有以致之，非人力也。宫氏之遗孤，经此世变，穷无以自存。麦君保存之盛心，至今三年，不知所以为报。泉与芝瑛往复商量，颇表同情，将此古物另求贤主人，使吾得价，以了未竟之志。除捐助巨款于北京公理会教堂为协和女书院建筑费外，悉以周恤宫氏之遗孤，泉只取少数，备儿女之学费，使得成立而已。近藤男爵有意留吾书画，一再敦嘱，使开明价值。此事类骨董商之所为，非泉所愿。男爵不得已，拟请正木校长公断价值，为两方面信托之人，成就此事。泉已许可，惟稀世珍品如王建章扇面、澄清堂祖帖、黄鹤、云林两卷（此等在敝国已无第二件），皆系无价之

《小万柳堂剧迹》

宝，不比寻常流行之赝本，有时价可估也。公于南画有真识，此次展览之事，公对于鄙人热诚达极点，则此定价一事，尚望公与正木校长协同办理，赞成泉与芝瑛之志愿，并以慰近藤男爵好古之心，一举而数善备，想公与校长必乐成人之美，决不辞此烦渎也。往年麦女士介绍该国博物院，欲出重金尽收吾所有，当时鄙意，只许出典而不愿绝卖，以此未能定议。今感同文之雅谊，又因欲办公益，不得已而弃此，非投诸域外可比，则价值一层，只望公与校长一言决定，泉决不计较多寡。近藤、正木两君前，泉皆有书自明意见，必能谅察泉非营利之徒，与罗叔蕴、李平书诸君同观也。舍珍品而尽友道，公其许我乎？敢布腹心，望始终为先民遗泽尽力，至幸至幸。

此信说明了小万柳堂藏画的来历及出售意愿、卖画收入的用途，并透露已与近藤男爵等买主接洽，并请东京美术学校校长正木直彦和大村西崖为藏品定价。

7月9日，廉泉与大村又作笔谈，大村称他已说服正木校长同意为藏品估价，并与近藤男爵长谈两小时，男爵"如有所决"、"更有所议"，相约11日再来看画评估。廉泉表示，他卖画筹款，出于公益，因此不计较价格多寡，而"恬斋（即近藤）解事人，以有限之金钱，购此难得之瑰宝，又使仆夫妇得藉以办公益之事，不以入私囊，恬斋亦何不乐为此义举"，对交易充满期待。

不过，从《东游日记》看，后来伊藤男爵"好古热度不高"，无意收购全部藏品。7月26日记："恬斋购留书画数事，愿与我结为好友。我亦半送半卖，不与计较价值。"

近藤男爵名近藤廉平，号恬斋，是著名实业家。他去世后，上野镠三郎编辑《飞鸿片影》小册以为纪念，著录他收藏的中国书画，内有九幅来自廉泉，为王建章立轴《琵琶行图》、扇画《清溪觅句图》、《渔乐图》、《雪溪骑驴图》、《柳溪春泛图》、《江头孤亭图》和文徵明画扇二幅、张瑞图书扇一幅。(见战晓梅文)

这次访日期间，廉泉还将藏画卖给其他人。著名学者内藤湖南曾作王建章《砚田庄图》扇画题跋说：

> 有明季世，书画皆以奇邪放恣见长，虽多逸韵，竟非正涂。惟王仲初在于其间，精熟六法，下笔矜重，动饶古意，以奄有众长，不名一家，又其生平不喜应酬之作，故其名字不甚著。泰州有官紫玄者，与仲初至交，获其画迹独多于天下，其后人尽以归常熟廉南湖，南湖往往出售于人，自此仲初之画遂噪于世，收藏之家兼金争获矣。此金扇山水亦实出于廉氏，乃仲初自画其所构砚田庄图，缜密高华，师赵千里，在仲初画迹中自属别格，尤可宝重。乙卯重三，湖南内藤虎题。

此刻廉泉已回中国。

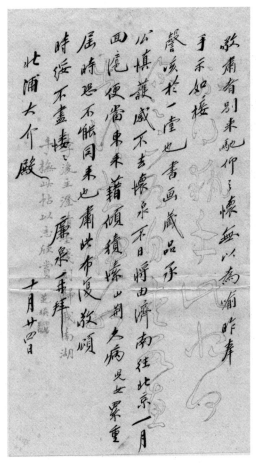

东京大正博览会结束后，廉泉将所携书画寄存在东京
美术学校，与图书馆负责人北浦大介订交。图为廉泉
致北浦大介书信

六、扇画让渡

廉泉第一次带到日本的画，虽多名迹，但只在百幅左右，最大宗的藏品书画扇不多。此后通信中，他继续请求大村西崖帮助出售包括扇面在内的全部藏画。1915年3月6日，他由上海致函说：

> 明清两朝名人书画扇面目录寄奉数册，乞分送好古而有力者，为之介绍。能得高价（价格在十万金以上）不妨割爱。泉与芝瑛皆欲得钱办公益事（凡书画古玩，皆欲及身散尽。因儿女从事新学，皆不好此），幸先生赞成之。

这是他首次给全部扇画开出售价，为日金十万元。5月29日，他再次致函大村：

> 敬启者：大病不死，仍当来游。山荆病未全愈，尚在医院。凡书画古玩，皆拟舍去，办公益事。前存贵校之物，有相当之贤主人，乞介绍售去，该价由先生酌定可也。
>
> 再启者：仆候山荆能出医院，即携书画扇面全部及书画剧迹数枚来游。凡此身外之物，皆可割爱，求先生为我奔走运动，将所藏全部售去。拟以五分用费为酬劳之敬（如售价一万圆，酬金五百圆也）。专此密约，望

尽力为幸。

这时他开出中介佣金，为百分之五。当年6月，廉泉再到日本，暂居京都并开画展。此时大村西崖发起"获古会"，拟众筹十万元购买廉氏藏画，捐赠东京美术学校。8月21日，廉泉写信表达意见：

> 拙荆来书，欲速了书画付托之事，其意极赞成贵校之计划，谓能得十万金，扇面以外之剧迹，如王建章全部、南唐《澄清堂帖》、明清之挂幅、董其昌小楷《史记》等，愿捐赠于贵校，不另取价（扇面全部必须作价十万金，其馀送赠，一钱不受）。拙荆之意如此，用特直陈，乞转商正木校长，可否照办，赐示为幸。

将全部藏品以十万元出售给东京美术学校的计划，后来也未实现。廉泉在8月22日致信大村，坚持整体出售：

> 阿部房次郎欲购扇面五十三枚，谓尚有一千枚，于全部无伤云云。仆以"扇面目录既流传于世，一枚不得分割"拒之。

在第二天的信中，他又说到此节：

> 书画若零星出售，箧中精品不难一散而尽。泉不

敢轻弃国宝，故有问价者，辄以不能分售拒之。区区苦心，惟先生与正木校长能知之也。

阿部房次郎是收藏中国书画的重要藏家，其倪瓒、石涛、恽寿平、高凤翰的画作即来自廉氏旧藏，但这次选购扇画未能成功。

在寻找日本买家的同时，廉泉也在寻找其他买家。9月4日，他写信给吴芝瑛的老友、华北协和女子大学校长麦美德（S. Luella Miner），表示不满袁世凯复辟帝制，他将携眷移居纽约，欲将藏品捐给纽约公共博物馆，而由博物馆酌给家用，请麦美德转告美国大使、介绍此事。这一提议不知下文。

1915年10月，廉泉定居神户，开办扇面美术馆，并出版《扇面大观》四册，开馆声明中说扇面馆作为华侨美术俱乐部，每星期轮换展品六十幅，供人参观。

1917年1月，廉泉第三次从日本回国，声明拟办芝瑛美术馆。"今拟将所藏历代剧迹及明清两朝名人书画扇面千馀页，择相当之地点，设馆陈列，公诸同好，以芝瑛所写《楞严经》附焉，为唤起中央开办美术学校之先声。"表明千页扇面等重要藏品仍在廉家。

1917年，廉泉第四次东渡，这次居住时间较长，从当年11月住到次年9月，并把扇面美术馆开在东京。1918年7月，廉泉终于等到大主顾——当时的日本众议院议员、后来的神户市长小寺谦吉，他愿用十万元购买小万柳堂藏扇，交易在即，廉泉却又反悔，写信给大村西崖求助：

> 林文昭君本日欲送扇面全部往神户，应小寺谦吉
> 君之约。十万金之代价，弃此国宝，心终不甘。且金钱
> 犹小事，仆意欲得有真识、有真好之名士而让渡之，以
> 免他日或有全部分裂之虞，不独计较价值之多寡也……
> 本日仆嘱林君电告小寺君，且缓两三日行期。不审先生
> 能为我从长计议、使此物得相当之贤主人否？专此密
> 商，不尽缕缕。

这次他提出，货卖识家，而小寺谦吉并非真正识货之人，故
请求大村为他另寻"贤主人"。不过，小寺谦吉与廉泉也算
是老交情，并非贸然闯入的暴发户。1918年春，小寺曾请
廉泉为其藏画题跋，廉泉作《为小寺谦吉题香光画卷》二首：

> 小桥流水自成春，门柳毵毵落涨痕。曳杖欲寻沽
> 酒处，喷山晴雪冷诗魂。
> 溪山沈寂雨初收，尽日南塘忆胜游。乘兴莫辞留
> 旧本，画禅词味一扁舟。

足见同为风雅中人。交易失败后，二人仍有往来，1919年
夏秋间，廉泉参加小寺宴会并获赠王右军铜像，谢诗有"庭
阴如水扶残醉"句，宾主把酒言欢，心无芥蒂。

廉泉致大村西崖信函中与藏扇让渡相关的信息，到此为

小万柳堂旧藏唐寅《江亭谈古图》，2013年回流中国

止，因为藏扇终于在1918年或1919年售出。留学东京美术学校、后来成为名画家的汪亚尘，当时在廉泉的扇面美术馆帮忙接待观众并研究书画。1933年，汪亚尘作《四十自述》回忆说：

> 到民国七年春天，沈泊尘随新闻记者考察团来游日本，从泊尘介绍相识廉南湖先生。南湖携古画甚多，尤其他收藏的一千另五十页明清两代名家的扇面真迹，引起了日本人的注意。他从神户开过扇面馆，七年夏天，又在东京赁屋陈列扇面，我时常下午去为他招待，一面倒使我有研究中国画的机会。过了半年，南湖的扇面，全部让给日本人收藏。得价共十万金，那时日金便宜，合来只国币七万左右，经手人还要拿两成。（《文艺茶话》第二卷第三期）

汪亚尘当时与廉泉来往密切，受到廉泉照拂，又是大村西崖的学生，所述应有根据，而且他的说法与廉泉从此不再求售藏扇的做法相契合。卖画的时间，若从1918年夏天东京扇面馆开业算起，"过了半年"是冬天。但廉泉于9月回国，再来日本时已是次年4月，那年冬天并不在东京。也许汪亚尘说的"半年"，是指扇面馆因主人回国停业的半年，那么扇画交易就是1919年4月廉泉重返日本后达成的。这个细节还需要进一步查考。关于扇画新主人，商务印书馆1928年出版的大村西崖著、陈彬龢译《中国美术史》第十七章略云：

> 小万柳堂旧藏之明清书画扇一千五十三页，为宫本昂与其弟昱一生蒐集之物。子行殁后，此物入于吾友廉南湖之手，转归长崎富室桥本辰次郎，其清之六家画扇，藏于日本之学校。

最后一句，日文本原为"その清朝六家の畫扇は、我が學校に保管していろ"，"日本之学校"应即东京美术学校。桥本辰次郎购买扇画，并将部分画作赠由东京美术学校保存，其中隐约可见大村西崖的身影。据战晓梅研究，桥本辰次郎其人不知名，有可能是"桥本辰二郎"的误植。桥本辰二郎是长崎桥本商会的第二代社长。

从宣统二年（1910）初购得，到民国七、八年售出，这批著名的书画扇由小万柳堂收藏，大致十年。

小万柳堂藏傅山《寒林图》，2013年回流中国

七、馀声

藏扇出手后，小万柳堂还有"四宝"等其他藏品。1918年时列为"四宝"的，是南唐拓本王右军《澄清堂帖》二卷，宋赵大年绘《雪渔图》卷，元鲜于枢、赵孟頫合书《千字文》卷，明姚广孝（道衍）《山水图》卷。1919年4月，廉泉又一次东渡，抵达东京后给大村西崖寄了一张明信片，内云：

> 昨日到此，生平所爱之四宝及一切身外之物，有人劝我入札，合离情想，不能自决。不审公百忙中得与世外闲云一谈风月否？

再次流露出售卖书画的意向。

1920年8月，他致信吴佩孚，表示要携带四宝前往拜访，一谈风月；12月，致信靳云鹏，说"生平所爱之书画，为先哲精神所寄，一时难得相当之贤主人，此最可忧。文六拟为设法筹款，归之公家，事未及行，以忧去浙。而东瀛鉴藏家，近复来书重金乞让，了债则得矣，如国宝何？以此踌躇，不能自决"，也在考虑藏品出路。

此后，即难见到廉泉在诗文书信中谈论所藏书画。当时廉泉发起、参与多起金融投资项目并亏耗累累，资金较前十年更为困难，其收藏当在20年代前期基本售尽。

1931年10月15日，廉泉在北平翊教寺去世，遗言由美国友人福开森管理遗产，保障家人的生活和教育支出。翌年冬，亲友在北平举行追悼会，吴芝瑛借此机缘，倡议出售南湖遗藏，并亲撰《征求接受小万柳堂书画启》，内列古物书画二十六项，其中书画七项，目录如下：

王建章金笺山水扇面四张、《溪声云气图》一幅、《仿文衡山》一幅、《墨竹》一幅；王石谷《松荫论古图》一幅；刘石庵《山水册》；宋拓海内孤本欧阳率更单书《千字文》一册；宋拓《九成官醴泉铭》一册；朱素人画马湘兰《西泠春泛图》扇面一幅，附马湘兰印章。(据《世界画报》1932年第362期《廉南湖居士周年纪念专刊》，刘恕先生录示)

相比盛时，可谓孑遗。震铄一时的小万柳堂收藏，至此烟消云散。

新见王国维书札中的两项文献史资料

　　2019年7月17日，《澎湃新闻·上海书评》刊发高田时雄先生《新发现的王国维致罗振玉信札》一文，披露了日本大阪外国语大学石滨文库所藏王国维致罗振玉的三通手札，随后又刊发蔡渊迪先生《石滨文库藏王国维致罗振玉手札三通考证》一文，对信札内容进行考释，并编年系日。这一发现为罗王之学研究增添了新资料。

　　罗振玉和王国维友情深挚，书信往来不绝，但现存罗致王札近七百通，王致罗札仅三百通，可见大量王国维书札已经散佚。新发现的三通信札，谈学论政，涉及广泛，更重要的是补上了已知书信中相关环节的缺失，令人对一些事物的认知更加全面。今试举札中所涉文献收藏出版二事，以见其义。

一、罗王与朱熹《论语集注》残稿的交集

新见王国维书札，有两通提到朱熹《论语集注》手稿，二者相关，却非一事。它们牵涉文献史和书法史上一件著名作品的流传聚散，值得详细说明。

十一月十五日第（三）札云：

> 寐叟处前日以送密教史往，欢语如昔，一览此书目录，甚为得意，云足消遣一月。是日观其所藏朱子书《论语集注》手迹，自"司马牛问君子章"至"先进篇"末止，共百八十行。其前四十馀行在张菊笙处，今已由商务馆合印。此老所藏，以此为最矣。是日以印本见赠，盖意在一泯前日痕迹也。

这里说的是王国维在沈曾植家欣赏朱熹《论语集注》稿本手迹并获赠影印本一事。

沈曾植收藏的《论语集注》稿本，在明代先归王鏊所有，当时有《先进》和《颜渊》两篇，分装上下册，后来《先进》篇不知所踪，《颜渊》篇在清代又分成两部分，分别流传，沈氏所藏是后一部分。1918年，张元济经手将前后两部分合并照相，题为《朱子论语注稿墨迹》，由商务印书馆用珂罗版印行。(参见赵文友《日本京都国立博物馆藏朱熹〈论语集注〉残稿考释》,《文津学志》第八辑，国家图书馆出版社2016年版)

得到《朱子论语注稿墨迹》影印本后，王国维即在书的末页题记："朱子《论语集注·颜渊》篇手稿，前册八行藏武原张氏，后百八十二行藏嘉兴沈氏。戊午仲冬，东轩尚书出示真迹并赠此影印本。忆甲寅岁曾在日本长尾氏观《子罕》篇残稿数十行，惜不能与此合并也。国维记。"与札中所言略同。

王国维旧藏《朱子论语注稿墨迹》，现归国家图书馆。高令印《朱熹事迹考》（上海人民出版社1987年版）曾著录王国维题记，但将"武原张氏"误为"武进原张氏"，后来的研究多沿此误。《日本京都国立博物馆藏朱熹〈论语集注〉残稿考释》复转引为"武进张氏"，去真相愈远。今承高山杉兄据手迹校正。

"武原张氏"指第（三）札中的张菊笙，即张元济，他是海盐武原镇人。检《张元济日记》（商务印书馆2018年版），1918年1月3日，记"向沈子培处借到朱子《论语集注》手稿，本日由叔通送编译所"；16日，记"向沈子培借印朱子《论语集注》手稿一册，本日当面交还"，未见他收藏前"四十八行"的记录。

"前四十八行藏武原张氏"，当是王国维从沈曾植处听来的说法。同年十一月二十五日沈曾植《与谢凤孙》札云："朱子《四书注》手稿，近商务印书馆借去印出，寄上一册，以助道味。齐氏跋前是张菊生所得，以后鄙所藏，公曾见者，合之，《颜渊》一篇恰全，甚奇事也。"（许全胜《沈曾植年谱长编》引，中华书局2007年版）也说前册归张元济收藏，实则不然，因为它刚被原主人卖给罗振玉。

在知悉王国维关于《论语集注》稿本的见闻后，罗振玉于十一月二十七日复信说："来书所云朱文公《论语注》即四十餘行者，弟已托丁辅之得之，幸亦勿与他人道及。"（本文所引罗、王二人书信，除注明者外，皆见《罗振玉王国维往来书信》，东方出版社2000年版。以下简称《罗王书信》）这又引出新见第（一）札通报的另一件事：

> 丁辅之来，出示尊函，已将《论语注》交之，请其双挂号径寄，想昨当寄出矣。

二信之间尚缺一环，即罗振玉请丁辅之将他买到的《论语集注》四十二行手稿送交王国维鉴赏，然后再寄往日本。此或是罗信有所散失，或是罗振玉直接致函丁辅之，总之，第（一）札透露出朱熹墨迹曾在王国维书斋停留数日。王国维在《朱子论语注稿墨迹》上加题的一段话则与之呼应：

> 此前册八行，本石门吴氏物，戊午季冬由吴氏归上虞罗氏。留斋头十日，并志眼福。

朱子墨迹是石门吴氏即吴云的后人卖给罗振玉的，王国维在此对"武原张氏收藏"说法做了更正。从收到罗振玉告知函，再到丁辅之取走书册，中间只有几天时间，"留斋头十日"云云，取其整数而已。

罗、王围绕《论语集注》四十二行手稿还有若干对话。十二月五日罗振玉说："朱子手稿若尚未寄出，即存尊处，明春走领可也。"不知此时已经寄出。十日王国维问："丁辅之所寄《论语注》，不知收到否？甚念。"十八日罗振玉答："《论语注》未到也。"二十四日罗告知："朱文书册已收到矣。"(《罗王书信》及萧文立《永丰乡人书札释文》将此札系于十二月三十日〔1919年1月31日〕，不确。)

当时存世的朱熹《论语集注》稿本，除《颜渊》篇二册外，尚有《子罕》篇十六行一册，甲寅年（1914）日人长尾甲（字雨山）在北京书肆购得，曾给居住在日本的罗振玉和王国维鉴赏。1918年秋，长尾甲影印此册，复请罗振玉题跋，罗遂于九月六日作跋语，略云：

> 此《论语集注》手稿，为新安程莼江先生旧藏，今归老友长尾雨山。程氏以盐策起家，风雅好客，寓居淮安，与其宗人鱼门先生齐名，鉴藏尤精。此册于四十年前，父执鲍少安醼使曾挟以示先大夫，玉时以童子侍侧，窃得窥见。鲍丈既作古人，此册遂不知消息，乃雨山游燕市得之，重得拜观。自愧平生学业不进、老至无成，而于大贤馀泽幸有宿缘。往在吴中曾见吴氏两罍轩所藏文公《易注》稿，又于沈子培尚书许观《论语》残注，今于此册四十年中两次敬观，不得不谓非厚幸。

罗跋谓曾见沈曾植藏《论语集注》稿及吴氏两罍轩藏《易注》

稿，未及同为吴氏收藏的《论语集注》四十八行稿，当是不知吴氏藏有此稿，未料两个多月后，此稿竟归他所有。

第二年，尾山甲将影印本赠给王国维，后者遂在商务印本《朱子论语注稿墨迹》上再次题记：

> 己未三月，日本长尾雨山君复以所藏《子罕》篇残稿十六行景本见赠。《集注》手迹，殆尽于此矣。

读过这些书信和题跋，可见罗振玉、王国维与朱熹《论语集注》手稿信有因缘，他们属于当时有机会摩挲鉴赏全部三册墨迹的极少数人，罗氏还曾购藏其中一册。新发现的王国维书札，是将这些事件串联起来的纽带。后来罗振玉、沈曾植藏本均流落日本，现与长尾甲藏本一起保存在京都国立博物馆，也算多少弥补了王国维"惜不能合并"的遗憾。

二、王国维在影印《昭代经师手简》中的贡献

在新见第（一）札中，王国维向罗振玉通报了另一个消息：

> 辅之言，高邮王氏诸家尺牍由李梅庵手向其押三百元，渠尚未定。维劝其允之，云兄如不要，留明年转押于公亦可。此押款条件，辅之亦未询及，大约名为押，实则售耳。

"高邮王氏诸家尺牍"，是1918年夏秋罗振玉在日本影印出版的《昭代经师手简》及《二编》的原简墨迹。这批乾嘉学者致王念孙、王引之父子的尺牍，经罗、王二人通力合作得以出版，此札道出尺牍后来的去向。

　　罗振玉《昭代经师手简》序云：

　　　古人尺牍吊丧问疾为多，其千里移书，从容问学，求之古昔，未尝遘也……此十二家尺牍，都廿有六通，皆高邮王石臞先生同志所贻书也，其人皆儒林之彦，其事皆商量学术，言皆驯雅，有裨来学……此诸简牍，石臞先生后人丹铭太守藏之有年，吾友王静安征君见之，移书见告，乃假而付诸影印，传之艺林。

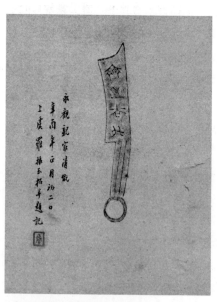

罗振玉拓赠王国维的刀币拓片

　　现在通过罗、王通信，可大致勾勒出《昭代经师手简》从发现到出版的全过程，也可见王国维发挥的作用，远非"移书见告"这样简单。

丁巳年十二月十五日（1918年1月27日），王国维在爱俪园看到王氏家藏尺牍，当即写信告知罗振玉：

> 前书作成，即赴哈园古物陈列会。有高邮王丹铭者，乃文简公之曾孙，已易道士服，携来乾嘉诸老致怀祖先生父子书札共五六十通……大抵论学之文，极有价值，维皆一一读之。姬君拟为之印行，维极力怂恿之，然欲陆续登入其所谓杂志中，则印如未印耳……王君丹铭作道士装，其所题字亦极大方，殆不愧名人之后，惟于学问则无所知耳。言文简公有遗文四卷已刻版，已不全云云。（《王国维全集》第十五卷，浙江教育出版社等2009年版）

罗振玉遂于二十二日回信："王文简后人竟于哈园邂逅，此事奇快。千祈公与商，文简公文集虽不全，亦请代印百廿部，今日不可不为流传也。"他甚为关注王引之文集，计划代为印行，但对尺牍的价值也深有会心，立即致函张元济，建议商务印书馆出版。在转年正月十三日致王国维的信中，罗振玉说："乾嘉诸老致王尚书函札，弟劝菊笙速印之，因渠印涉陈簠斋尺牍而遂及此。渠复书言已托公，不知可即假付影印否？"

随后王国维复信："前十五日，哈园古物研究会中晤高邮王丹铭君……其诸家手札仍在哈园，须询其果印与否，再行索还。除夕张菊笙有书来问此事，云公有函致彼，劝其印行，欲一观此物，俟其鉴定，然后印行。维意哈园如不印则公可印之。其册共八十馀开，每开八行书，多者四纸，大约印费不多，不必烦彼等鉴定矣。但既入哈园手，却甚为难耳。"

此信未署日期，应写在戊午正月望后数日。罗、张、王三人书信往来事，未见于《张元济日记》。

得到王国维建议，罗振玉于二十七日回复："诸家书札由弟印，亦深惬鄙怀。此本虽尚在哈园，弟意径向王太守商之，当可允行。弟谨作一函，求公持与商，何如？"

二月初九日，王国维回信："乾嘉诸老尺牍，询之景叔，哈园大抵不印，日内可以决议（景预算此种印千部价四百元，如预算之帐却下，则此事即取销）。如此，王太守亦可有辞索回矣。"

十九日又发一函："王氏所藏乾嘉诸贤手札，哈园已决定付印，现在影照，或云下月可以印成，则未必耳……如哈园一时不能印成，则仍须向王君借原信抄之，王亦面允。"

在两个月里，王国维推动哈同花园、罗振玉建议商务印书馆从速出版这些尺牍，并得到王丹铭首肯，做好了由罗振玉影印的准备。最终哈同决定出版，让二人的讨论暂告一段落。

此后罗振玉回国赈灾，与王国维几次晤面，必对影印尺牍一事有所议定，因为二人再就此通信时，哈同已放弃影印，转由罗振玉进行，拍摄好的照片也寄到日本，出版进入具体操作阶段。

五月十一日，罗振玉致函王国维："高邮王氏藏尺牍已一一读过，乃无萧山王中丞书，何也？祈向景叔兄一询。"萧山王中丞指王绍兰，嘉庆时官至福建巡抚。经王国维询问邹景叔，乃知王绍兰信札原系红纸，照相字迹不清，遂从王丹铭处借来寄到日本拍照。二人围绕此札往还邮寄又有若干通信，不赘。

影印工作进展很快，六月初五日，罗振玉致函王国维："此项拟分二次印之，第一次印诸家致石臞先生札，（甲乙共八十纸矣），第二次乃印致文简札。现致石臞先生札已付印矣。"七月初一日再函："此稿以诸家致石臞先生者为一编，已印成大半，又致文简者为一编，尚未付印。大约下月末或八月上旬可印竣也。"从初、二编罗序分署戊午七月、九月看，二书当印成于这两个月。

书印成后，王丹铭通过王国维，请罗振玉加印一百册，十月廿四日，罗振玉回信说："《昭代经师手简》二册，此次印百部，计印照等费计日币五百廿馀元，合中币三百廿元左右。若王太守欲附印五十部（此刻已不及补印百部矣），即于前印百部中分半与之，价一百六十元（中币），祈转达为荷。"此信透露了《昭代经师手简》的印量、成本等出版细节。王丹铭后来是否买书不得而知，但他不久就将原札典押出售的消息，却从王国维第（一）札传递出来。

高邮王氏家藏尺牍，是乾嘉顶尖学者的论学之作，王国维一见即判定"极有价值"，建议并促成罗振玉影印出版，在得知原主人有意转让时，又考虑为罗振玉买下，这是他极高学术判断力的体现。不过，罗振玉并未买到这些尺牍，据罗继祖说，它们后归于省吾所有，新中国成立后捐归国家，不详现存何处。罗振玉的影印本则成为研究乾嘉学术的重要资料。

至于王丹铭，王国维信中说他是王引之的曾孙，但《王国维全集》注释却说他是"王引之孙"。按戊午二月二日王札："今日高邮王君又过访，出其姑贞孝事略，索公及永题咏，始知文简之子名寿同者，官湖北汉黄德道，于咸丰间殉粤匪之难，赐谥忠介，贞孝即忠介之女。"可见丹铭确为引之曾孙，《全集》注释应予改正。

三、对罗王相关书信的再系日

蔡渊迪除了给新发现的三通书信编年系日外，还利用它们"比定其他罗王间的往来书信"并系定月日，不过所论偶有疏失，爰为补考。

蔡文考订第（二）札"今日接廿三、廿五二书"句中的"廿三日"罗信为《罗王书信》的526号；"廿五日"罗信为516号，并认为"《罗王书信》将第516号系之戊午六月，显然不对，当改系至戊午七月"。

对于改系月份的理由，蔡文说：此王氏第（二）札中"丁辅之处前已告以公款已付纬君处，想已去取。《雪堂叙录》亦已于前日函致纬公，照公所属装钉矣"诸语，实乃答复第516号罗致王中"丁君印书款已汇纬君处百馀番"、"拙著上卷印成，祈先寄草订二部"诸语。第516号所署时间适为"廿五日"。

罗振玉给范纬君汇款，是为支付丁辅之代印《雪堂校刊群书叙录》的印刷费。《叙录》于旧历五月底开印，至六月下旬已近完成，双方均考虑付款之事。六月二十三日王国维第514号信说："辅之处书，第二卷已排成五十页，据云月内可成，否则下月上旬必可告竣……渠欲付百元，嘱致函先生寄沪。昨已函致纬公，请其酌付。公如有函致纬，可请其付之，因公书到沪时，《叙录》必已印成。"与此同时，二十四日罗振玉写515号信说："丁君处若须付款，祈示知。"二十五日，未等王国维收到信，他已将印费汇出，并在第516号信中告知："丁君印书款已汇纬君处百馀番，到时乞先付与。"

汇款之后，恰逢日本米贵引发骚乱，中日之间班船减少，邮递失期，罗振玉多日未收到中国来信，于是屡向王国维询问范纬君是否支付了印费。如七月初一518号信说"不知纬君款已付否，至念至念"；十六日521信说"印书款纬已汇否？念念"；十八日523号信说"托纬付款，不知已付否？念甚念甚"；二十三日526号信说"丁君书价，纬已付否？彼无书来，尊书未及"，均甚为焦虑。第（二）札"丁辅之处，前已告以公款已付纬君处，想已去取"云云，是对罗振玉一个月来多次关切的回应。

罗振玉七月二十一日信中说："此书不要封面签条，即祈属丁君交钉作封面装线，即照范纬君所印之书可也，不必包角。《学术丛编》亦可，但线略细耳。书皮恐不坚，天地后脑不可过多切，要紧！"对书册装订提出详细要求。第（二）札"《雪堂叙录》亦已于前日函致纬公，照公所属装钉矣"一句，则是对此信的回应。

可见，真正与第（二）札衔接得"若合符契"的，是罗氏七月十八日、二十一日等札。第516号罗信原系于六月廿五日不误；末署"廿五晨"的第528号罗信，才是作于七月廿五日的那一封。

蔡渊迪重新系日的另一封信，是《罗王书信》第553号罗信，原系于戊午十一月十三日，蔡文改系于十日，并指出萧文立《永丰乡人书札释文》"改定为十一月初八日，不知何据"。

按蔡文考辨甚是，第553号信不会作于十一月十三日，也不可能作于初八日。

第553号信说："小女亦胃与神经俱病，且加风痒，现浴（浴十日）后风痒、胃病已愈，而神经痛未痊，但有加意调养一法。"罗振玉带女儿至城崎洗浴治病，原计划住一个月，到十一月五日初见疗效，决定改为两星期，最终在那里只洗浴十天，便返回京都了。十一月五日罗信云"弟到城崎七日"，据此，如果这七日每天洗浴，洗浴的第十当为初八日。此信作于罗振玉从城崎回到京都的第二天，若八日当天返程，信写于初九；次日返程，信则写于初十，总之不会写于初八。

朱悟园、朱羲胄和朱心佛

　　2010年冬，我在考释林纾致臧荫松信札的时候，准备写一下朱羲胄，不免在网上搜来搜去，做点功课。

　　我以朱羲胄用过的名字向四周搜寻。首先是朱悟园，从结果看，与齐白石无关的只有寥寥数条，相关的则有几百条，来源只有一个：根据白石老人自述，民国九年（庚申，1920）他在北京结识了几个朋友，其中有林琴南、徐悲鸿，还有一位朱悟园。网搜中的朱悟园基本上只作为齐白石的一个朋友出现，没有自己的面目。

　　然后是朱羲胄。结果依然让人疑惑，如果没有林纾，基本就无人知道朱羲胄。这个名字在大多时候作为林纾的弟子和传记作者身份出现。人们提及朱羲胄，多是因为引用了他编写的林纾四种谱记中的内容。朱羲胄附着于林纾，也没有自己的面目。

　　最后是朱心佛。这次结果有所不同，信息不再那么单一，虽仍多只言片语，但挟网搜之威，各种信息凑到一起，他的面貌还是慢慢清晰起来：朱心佛参加过辛亥革命，做过大学教授，还做过级别不高的官员，在上海办过小报，是《还我青岛》一书的作者，还是一位画家李永禄的岳父。有人给他写了简短的小传：

> 朱心佛，生于清末，原名羲胄，别号梧园，天门张港人。京师大学堂（北京大学）国文系毕业，获文学学士学位。他是我国近代民主革命家、学者章太炎和近代文学家林纾的学生。曾与国画艺术大师齐白石同居京华寺，相互切磋学问，习字作画。

说来说去，在世人眼里，朱氏引人注目的经历，仍是结识了章太炎、林琴南和齐白石这几位文化巨人。

朱悟园与齐白石的交情，是从偶然相遇到文字知己。当年齐白石为避乱，从家乡到北京定居，茫茫人海，除了陈师曾，无人赏识他的艺术，生涯颇为落寞。这时他在自己租住的观音寺认识了朱悟园。朱是旧文化圈中活跃的人物，尤其与林纾关系密切，他把齐白石介绍给林纾，林又对齐的画作有所揄扬，这对齐白石进入北京主流文化圈是有帮助的，所以他念念难忘。齐白石和朱悟园的交往，从现有资料看，主要是诗文往来、赠送画作。朱羲胄还请齐白石给自己的诗集题签，现在看这是朱的荣耀，但当时却未必，这里面包含着对齐的尊重和推崇。我收集的书里有一本《悟园诗存二集》，封面签条即白石所题，不知是不是最早印到纸上的白石墨迹。巧的是它还是林纾的藏书，钤有"畏庐"朱印。近百年前，当朱羲胄将这本集子面呈其师，"白石"二字夺目而入，会不会让迟暮之年的畏庐先生掀髯一笑呢？一本小册子，把几个人的交情完整保存到百年之后，让人享受到聚书的乐趣。

对齐白石的友人朱悟园，能说的只有这么多。本文的重点其实是林纾的弟子朱羲胄。

林纾入京以后，广设教席，及门弟子据他自己估算，有

齐白石为《悟园诗存》题签

朱羲胄赠送给林纾的《悟园诗存二集》

二千七百人之多，与孔门三千士相差无几，而朱羲胄入门是比较晚的。朱氏《贞文先生年谱》记他与林纾的交往始末说：

> 民国二年，六月，先生题吾《悟园文存》，略曰："极力摹古，善转善折。年来古文一道，几绝响矣，不图竟见悟园也。"羲胄于是始觐先生于宣南春觉斋。
>
> 八年，六月，同门以文学讲习会来告，于是羲胄始执业先生之门，受古文法。凡所亲炙者，纂述为通则、明体、籀诵、造作、衡鉴、周秦文平、汉魏文平、唐宋元明清文平、杂平、论诗词之诗篇，署曰《文微》。
>
> 九年，文学讲习会辍讲，自是以后，羲胄常谒门墙，而不复得闻绪论矣。

朱羲胄在民国二年（1913）六月始与林纾交往，八年六月入文学讲习会听讲，得列弟子籍，至九年辍讲，听课的时间也就一年左右，但由此结下的师生情谊不仅持续到林纾去世，还几乎贯穿了朱羲胄一生。朱羲胄将刊刻林纾著作、编辑年谱等资料、维护师门名誉作为己任，其中难得的，是记录、整理、刊刻了林纾的讲录《文微》，编辑了包括《贞文先生年谱》、《春觉斋著述记》、《贞文先生学行记》、《林氏弟子表》在内的《林畏庐先生学行谱记四种》。这四种谱记，朱羲胄自1924年林纾逝世即着手搜集资料，经多年编辑数次增删，于1933年成书，其后遭逢战乱，历尽周折始于1948年由世界书局出版。没有朱羲胄的坚持，今天人们对林纾的了解一定会有很多缺憾。王葆心给年谱写序说"悟园之表襮其师，可谓不囿浇风之弟子，其人当索之古儒林中"，并非简单的敷衍。

1923年，林纾大病几殆，幸得西医救治就愈。其间朱羲胄日来省疾，林纾赠之以诗云：

病就瘳朱生悟园尚日来省余赋此赠之

岳岳朱生肝胆真，颇疑沆瀣属前因。当年早蓄传衣愿，逐日来观隐几身。何取鄙言成语录，大难乱世作文人。遥知萧寺秋风里，铧冷衾单自御贫。（《畏庐诗存》）

诗中已把朱看作自己的衣钵传人。所谓"大难乱世作文人"，另有深意。朱羲胄年轻的时候，并不以作文人为荣。他在《悟园诗存二集》自序中说：

十四五岁独游武昌，入中学堂，教习极重吾之气宇轩穆，堂长乃极称曰文人，吾则书铭室壁，谓文人为可耻。

随后他投笔从戎，参加辛亥革命，二十四岁即担任竹溪县首任知事，结识林纾后又参加过护法战争，直到后来仕途不利，才重回学界。林纾这句诗，应该是对朱有针对性的勉励。

那一年，林纾删定平生为文凡一百七十九首，编为六卷，命名为《畏庐文钞》，付黄冈陶子麟开雕，并委托朱羲胄司校勘。第二年林纾即去世，遗命把这部书的校勘、善后事宜委托给朱羲胄，并请他为书作跋。古文是林纾晚年最看重的事业，《文钞》又是对自己古文的盖棺论定，林纾把它托付给朱羲胄，真有些传衣钵的意味。

在1923年林纾大病前后，朱羲胄也因足疾卧病五十馀日，林纾数次遣人前来探望并致赠药费。朱羲胄极感温暖，作诗记之：

> 福莫大健康，贫病弥兹信。药石未可迟，离乱滞幽困。岂不识贷质，衣尽交亦仅。仰屋且达观，百年依转瞬。夫子念我穷，闻病数援赈。遗书欲盈尺，慰语每谆谆。恩鬻若慈母，感思及亡亲。昔病亲消瘦，病去犹忧心。今师爱如此，复谁同其深。亲师事如一，古人情理真。荡荡罔有极，铭髓曷有已。（《悟园诗存二集》）

1924年，林纾病重，朱羲胄朝夕即榻侍疾；逝世后，他又佐治丧礼。这时他听到林氏家人转达的老师对他的评价：

> 杨宜人即公子珪、琮皆曰，先生病笃，数数语家人，以羲胄性情诚笃，必不忘先生，当善与交，勿慢也。又命以家藏遗画一帧及居恒所用端砚一方颁给，羲胄谨顿首以承，益为大恸，廑此三年心丧，胡足报知己

之恩耶？誓终身不敢忘先生之教。(《贞文先生年谱》)

朱氏毕其一生精力维护、宣扬老师林纾，正是在感念教泽，履行誓言。陈衍是林纾的同乡老友，曾对朱羲胄说："足下笃念师门，风谊至厚，在畏庐门人往往叛去中，殆如朝阳鸣凤矣。"(《文微》附录) 确实，暮年的林纾其实已经很落寞了，他在古文与白话的争斗中大败，不仅中小学教科书废除古文，自己也颜面尽失，成为世人奚落、嘲讽的对象；他的政治盟友皖系战败垮台；古文家老友相继去世；年老多病不得不辞去所有教席。在白话文时代，古文渐归无用，众多弟子"叛去"也是可以理解的。此时门下出了一位朱羲胄，应算是他晚年的一项成就，差足告慰老怀。虽然他寄予重望的古文并没能因此发扬光大，甚至朱氏此后也未创作过有分量的古文作品。

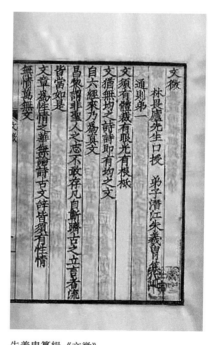

朱羲胄纂辑《文微》

从网搜结果看，朱羲胄至少在30年代已用朱心佛作为常用名，即以字行。1948年出版的《畏庐谱录四种》仍署朱羲胄，当是对林纾执弟子礼。

与齐白石来往的朱悟园是诗人，拜林纾为师的朱羲胄是文人，又怎样用一个词说明朱心佛的身份？这有点难。如果单看朱心佛在政界的交游，很难将他与那个尊林纾、作古文的朱羲胄合为一人。

北伐时，朱心佛再弃"文人"而从武行，担任过总政治部办公厅秘书处文书股的股长，其时郭沫若为办公厅副主任。随后他在湖北省政府任职数年。30年代又转向文化界，任各大学教授。解放后朱最后的工作是武汉师范学院中文系教授，1959年被天门县作为反革命犯逮捕，同年检察院决定不予起诉。释放后老病侵寻，于1961年底去世于武汉。

网上有一篇《虎啸客李永禄传》，是朱的女婿画家李永禄的传记，其子李远咨所作，里面说到外公朱心佛的凄凉晚景：

　　朱心佛教授的遭遇更是出乎人们的意外。他老人家受人诬告，1959年1月30日被天门县公安局以反革命案逮捕；武汉师范学院2月4日将其开除公职；"1959年天门县人民检查院将其免予起诉，释放后，未予复职。"这场飞来之祸完全抹煞了他结交中国近代史上知名的革命志士和进步人士董必武、李书城、李汉俊、邓演达、于右任、杨杏佛、郭沫若、齐白石等人的历史事实，完全抹煞了他曾参加辛亥革命，参加反袁斗争，参加大革命及反蒋斗争，曾在解放前积极支持、掩护、救援共产党地下组织和学生运动的历史功绩……1961年（农历辛丑年）12月，贫病交加的七十三高龄的老人挤公共汽车去就医，不幸跌倒在马路上，他老人家在这个月的8日病逝在汉口汉正街五彩二巷一号一位姓黄的亲戚家中。

我曾在孔夫子旧书网买过一宗档案（现由朱心佛的哲孙朱加林先生珍藏），包括办理朱心佛一案前后，天门县公安局的逮捕手续、检察院的处理决定、学校的开除布告、朱心佛的申诉信、各部门为其解决工作生活问题的往来信函及处理结果等，分量不大，但都是一手材料，可以了解到朱案的梗概。

1955年肃反时，朱心佛已因历史问题被搜查、调查，后因查无实据，未做结论，继续在武汉师范学院任教。至1958年，天门县有人检举朱心佛在1933年参加过清乡，负有血债，于是1959年1月30日，天门县公安局到武汉师范学院逮捕了他，随后学院在2月4日布告开除其教

朱心佛

职。案件转到检察院后，仍不足以定罪，遂于7月27日作出不予起诉决定，当庭释放。免予起诉书的结语说：

> 上列犯罪事实，本应依法惩处，但是被告在任清乡委员会付主任时，尚未〈欠下〉直接血债，且当时对革命事业尚有一定的认识，对革命人员尚不忍硬性的一律杀戮。曾促使伪县长发出布告，号召红军自新自首，发给粮（川按：原文如此）民证，开脱红军当时之所谓"罪"责，减少了红军的伤亡，减少了革命力量的削弱，作出了一定的贡献。三二年以后，尚未发现其他罪恶。被告在解放后，在工作上一段表现尚好，对错误也有一定认识。因此，经本院研究，决定对被告免予起诉。（卷宗）

朱心佛出狱后，既无工作，又无户口，遂给武汉市委统战部副部长李伯刚写信，希望解决生活问题。统战部即函商武汉师范学院，请其研究复职。后学校认为应由统战部安排，统战部则表示朱不符合文史馆员条件，无法安插，再请宣传部和师范学院研究解决。公函往来，此时已到1960年5月。

武汉师范学院接函后，于7月10日开会研究这一问题，结果却出人意料——他们认为天门县检察院免予起诉的决定是错误的。学校为此专门写了一个报告，逐条批驳检察院免予起诉的理由，要求重新研究对朱进行惩处，并上报到湖北省检察院。在上级的压力下，天门县检察院10月10日就此案作出检讨，但在认错之馀，仍坚持原决定，对朱心佛免予起诉：

> 由于领导的官僚、承办人的粗糙，在免予起诉书中存在着严重的错误，我们应该做深刻的检查。但是就整个情况来看，我们在认定还扣着了他是反革命，有罪恶。对他免予起诉也基本是适当的，因为年龄大，罪恶在远年。现在我们依然维持原来的免予起诉，如果今后他敢于继续无理取闹违法犯罪，应重新呈报研究处理。（卷宗）

一番申诉，并没能让他境遇好转，反倒险些逆转。这个卷宗中最后可知的日期，是1961年7月26日，离朱心佛出狱恰好两周年。这一天武汉师范学院把朱心佛的档案转给统战部。又过了三个多月，就像他的外孙告诉读者的那样，朱心佛死于贫病交加之中，享年七十三岁。

档案转到统战部，也许表明统战部在给朱心佛解决生活困难，果真这样，即使来得晚了些，也值得替朱心佛高兴——他毕竟没死在绝望中。但愿如此。

周作人批阅过的新诗习作

　　周作人日记中常有批改学生作业的记录，想来几十年在大学教书，批改的作业无数，可惜一直未见只字片语留存。

　　2005年3月，我在北京报国寺的旧书摊上，买到一本民国女大学生的诗作稿本。诗写在红格本子上，封面左上角残破，正好损去书名上部，仅馀下"诗稿二"三字，右下部写"十三年学于女高"七字。本子还有个内封，左上题"诗选笔记"，右下题"十三年十一月学于女高"，中下写"叔昭"。显然，这是一位名叫"叔昭"的北京女子高等师范学校学生的笔记本，里面写的全是她的新诗作品，共有六十多首。

　　这些诗多有写作时间，集中作于民国十三年（1924）七月至十月。另有两组诗作于二十四年，一首诗作于二十六年。以上诗作抄写的笔迹和墨色相同。最后两首诗作于民国三十七年，字迹有所区别。从书法看，这本诗集应是作者利用民国十三年"诗选"课的笔记本，于民国二十六年或稍后誊抄的。封面"诗稿"下注"二"，想系还有第一本，可惜散佚了。

诗稿基本情况如此。当时我不知道"叔昭"是谁，就在布衣书局论坛发帖请教，幸得友人肖彤兄相助。他是"网搜学"高手，牛刀小试，轻松破解了诗稿的作者之谜。

据肖彤考证，叔昭是孙尧姑的字。她于1925年9月6日上午拜访过鲁迅，被鲁迅记入日记，《鲁迅全集》人物注释说："孙尧姑，字叔贻，贵州贵阳人，

稿本内封

1925年北京女子师范大学毕业。""叔贻"乃是"叔昭"之误。又据民国二十五年（1936）版《北平市市立师范学校同学职教员录》，该校国文教员孙尧姑字叔昭，年三十八岁，居住在西城辟才胡同高华里七号。这个住址恰与诗稿中民国二十四年诗作"两日的西风"跋语所记吻合，证明诗稿作者确为孙尧姑。根据封面题名，诗集或可拟名为《叔昭诗稿》。

孙尧姑是贵州第一位考上女高师的学生，其升学在贵州教育史上是一件大事。《贵阳市志》有文记"孙尧姑求学"，略云：

1921年秋，贵阳籍女生孙尧姑被北京女子高等师

范学校录取，入文科班，为鲁迅授业学生之一。此事非同小可，贵阳全城轰动。在那个时代，封建科举考试废除不久，考取北京女子高等师范学校，虽不是中状元，也相当于中进士。为此，省长公署下文通令全省知晓，并在孙尧姑启程之时，发给护照，赠送路费，好不荣耀。孙尧姑毕业后在北平中小学兼课……抗日战争开始，孙尧姑回贵阳任女中国文教师，在家乡一直从教，解放后仍在贵阳一中教书，于七十年代逝世。（《贵阳市志·社会志》，贵州人民出版社2002年版，第350页）

孙尧姑那一届的国文科，只有两个学生，她们就跟随前后届的学生听课。当时正是新文学勃兴期，北高师又从北大聘请多位教师来此兼课，如胡适、周作人都是新诗开山之人，因此学生中多有写作新诗者，著名的有石评梅、陆晶清等。《叔昭诗稿》中那种简短清新的小诗，正是当时流行的风格。如民国十三年8月12日作《沉寂的夜里》：

> 沉寂的夜里，
> 清风送来几阵的花香，
> 月光照在我的床前，
> 这时——
> 我和平的心弦上，
> 奏出了细微的声音，
> 不禁嫣然一笑。

9月24日作《疯人》：

> 你心里想说的话，
> 都说了么？
> 疯人呀！
> 我深深的羡慕你呵！

同日又作《画工》：

> 画工呵！
> 你能描尽宇宙间百千万幅的图画么？
> 只这黄昏时的变幻，
> 尽够人们的欣赏领略了。

现在读来，这些诗难免稚嫩，却正是当时刚刚挣脱束缚的年轻女性或欣喜或惆怅的心声。

就在9月24日这两首诗的后面，有从另一个本子上剪裁黏贴过来的两行评语："有几首颇佳，大抵自然而不平凡，美丽而不繁缛，便能成为好句。"评语书法纤秀，很像当时在女高师任教的周作人的笔迹。从周氏日记辑出若干字比对，字形笔顺全同，可以确定是他的亲笔（见下图）。

周作人1920年9月就开始在女高师兼课，后因病中辍，病愈后于1922年9月再次受聘，直到1927年，其间经历了女高师改为女师大以及那场有名的风潮。孙尧姑1921年入

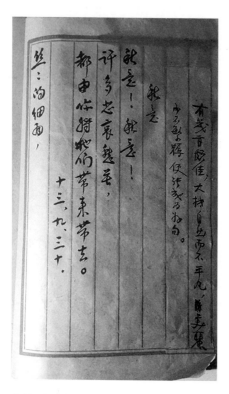

右侧两行小字为诗稿批语

诗稿批语与周作人
日记笔迹对比

学，1925年毕业，正好赶上听周作人的课，由他来批改习
作也就顺理成章了。

在女高师，周作人每周讲授两小时欧洲文学史，似并未
直接教授诗歌写作，但那段时间正是他新诗创作的高峰期，
同时他也在倡导小诗，发表了《日本的小诗》、《希腊的小

诗》等多篇文章，无疑会带动学生的写诗热情。他还在女高师做过几次以诗歌和文学为主题的演讲：1922年5月30日，到女高师自治会演讲，题目为《女子与文学》，提出"今后的女子应当利用自由的文艺，表现自己的真实的情思，解除几千年来的误会与疑惑"；1923年3月11日，到女高师为诗学研究会演讲；5月11日，又到女高师文艺会演讲，这个文艺会就是国文系组织的。女高师学生中多有诗人，与她们有周作人这样的老师是分不开的。

翻检《周作人日记》，常有"看习作本"、"改习作"的记录，如1923年1月17日下午，就曾"阅女高师学生诗文四件"，不知其中是否有孙尧姑一件。从《诗稿》这条批语黏贴的位置看，批阅时间当在9月底，但日记未记，想必批改作业是日常工作，并非每次都要记下来。

《周作人日记》中也没有与孙尧姑交往的记录。与那些风云一时的同学相比，孙尧姑默默无名，人们知道她主要因为鲁迅。除了无意中进入《鲁迅日记》外，她还写过一篇纪念鲁迅的文章——《回忆北京时期的鲁迅先生——三十四年前的印象》(《山花》1957年1月创刊号)，偶尔会有研究者引用。实际上在校期间，孙尧姑也是活跃的学生，在女师大风潮中，属于冲锋陷阵人群中的一位。

1925年春天风潮初起时，担任学生自治会文书的孙尧姑，就起草、抄写了要求罢免校长杨荫榆的呈文，并赴部递交(《回忆北京时期的鲁迅先生——三十四年前的印象》)。8月22日，发生了校方强拉学生出校的事件，第二天，即"本月二十三日下午四时馀，北京教育会现有女师大学生假该会址招待各团体代表在彼开会……主席人名孙尧姞，系女师大学女生，由伊登台报告日昨该校同学被教育当局驱逐始末情形，请求援助"（《有关女师大风潮史料续补》，《北京档案史料》1997年第5期），足见她也是一位"干练坚决"的"勇毅"女子。

学生时代的孙尧姞勤于写作，除了《叔昭诗稿》，出版于1924年的《北京女子高等师范文艺会刊》第六期，发表了她多种题材的多篇作品，如"论说"中的《说党》，"讨论"中的《婚姻问题的我见》，"杂著"中的《本校十五周年纪念会颂并序》，"诗词"中的《赏雪》，"语体诗"中的《雨》等。涉猎广而思索深，恰能展现出这位早期女诗人在文心诗思之外的创作风貌。

不过，毕业后的孙尧姞境遇不佳，她先后在北平和贵阳做中学国文教师，工作不稳定，生活寄人篱下，诗风也由沉重取代了轻松。1938年2月一次搬家后的感怀之作，就显得低徊悲凉：

> 仰视高阔明朗的天空，
> 俯怯坎坷不平的道路，
> 这正是我过去的希望，
> 未来的前途！

《叔昭诗稿》最后两首诗，写于1948年。第一首诗有长序，说：

卅七年二月四日，二哥令谢名溢来向我说，要我移出另住。经我亲自去问他是否有其事，他握紧拳头怒目而对我说："三妹！我告诉你！就是父亲母亲在，我都不能要住在一起！"我说："那么从前叫我来就是错了罢？"于是不言而退。从此每夜悲伤，写了下面三句诗。题目是：五宵伤心泪——铸成三句诗：

　　　　将我满腔的悲愤泪，
　　　　化作燎原的火，
　　　　烧尽人间的不平！

　　语云"愤怒出诗人"，这三句诗，则爆发出诗人的愤怒。

　　再后来，孙尧姑的道路依然坎坷，从能找到的零碎资料看，解放后她在贵阳一中做语文老师，独身一人，又被划为右派，最后于上世纪70年代辞世，留下的除了读书时发表的几篇文章，就只有这半本诗稿了。1936年她三十八岁，按旧法算来，应出生于1899年（清光绪二十五年），那么她去世在哪一年呢？70年代去今不远，但愿还会有人记得。

贵阳一中任教时的孙尧姑

是谁介绍钱锺书与卢弼相识？

在钱锺书交往的老辈中，《三国志集解》作者、晚号慎园的卢弼令人印象深刻。卢弼与钱氏父子均未谋面而有深交，与钱锺书通信时年已八旬，却对这位"后学"很是服膺，除了多次叠韵和诗，还排除异议，坚持让他为《慎园诗选》作序，堪称韵事。

对二人的交往，卞孝萱曾作《〈慎园诗选〉中所见之钱基博、钱锺书》，文末归纳出"三点体会"，第一点即"20世纪50年代，在武昌执教的钱基博，在北京工作的钱锺书，与在天津闲居的卢弼，闻声相思，诗文酬酢。但不是基博介绍锺书与卢弼通信的，也不是锺书介绍基博与卢弼通信的"（《卞孝萱文集》第五卷，凤凰出版社2010年版，第865页）。那么究竟是谁介绍的呢？卞先生似乎欲言又止。

前几年，卢弼旧藏友朋书札散出，匡时国际拍卖公司2017年春拍的《见字如面》专场上拍钱氏父子书信多通，其中钱锺书信札八通、序言一首。将它们与卢弼《慎园启事》、《慎园诗选》及他人信函中的相关材料合观，足以了解卢、钱交往始末，并对钱锺书研究中的一些具体问题提出新认识。

卢弼与钱氏父子本不相识。据1951年8月7日钱基博来函和《慎园启事》8月24日《复钱子泉》函，卢弼在1950年获读钱著《中国近代文学史》，内心倾服，遂在次年通过卞孝萱将自己的诗作抄寄钱基博。钱氏收到后致信卢弼，说"卞君孝萱书奉大集四页，跋语累十行，垂意于愚父子者甚至，诵之感悚"（《见字如面》1167号），二人由此订交。随后卢弼复信仍由卞孝萱转寄，再后来才直接通信。说起来，介绍钱基博与卢弼通信的不是别人，正是卞孝萱先生，不知他为何不直接说明，而要留下一个哑谜。

从一开始，卢弼就有同时结识钱氏父子的愿望，在写给钱基博的信中屡屡称赞钱锺书和杨绛，钱基博只是逊谢，未肯多言，直到1955年，才向钱锺书转寄了卢弼的信件。

这年5月，由钱基博作序的《木斋先生遗稿》刻成，卢弼寄书三册，指明一册赠给钱锺书，并附书一通。钱基博于26日回信说：

> 见赐书儿乙册，即转寄，并致长者眷顾。书儿从前初解读书，而今为时代所迫，案头稿件山积，不得不遵令审阅。去冬准假来省病，留三日匆匆而去，见告苦不得读书。此次承奖借，或者知勉耳。（《见字如面》1165号）

钱基博说儿子无暇读书，似在为他挡驾以节应酬。钱锺书收到父亲转寄的卢弼来信，当即回复：

> 慎之老前辈先生道席：二十年前阅《湖北先正丛书》，即向往高门，中心藏之。顷奉家君转示手教，乃知灵光鲁殿，岿然人间，不胜欣抃。拙作妄事挦摭，难逃刘季绪之讥，时移世异，更宜覆瓿扬灰。步曾丈不惜齿牙，公亦过听而奖饰之，弥增愧汗。《人·兽·鬼》一书亦已绝版，不才手边竟无存本，遂得便于藏拙，一笑。倘来沪上，必抠衣造谒也。近作一律，录纸尾呈教。专此，即颂暑安，不一。后学钱锺书再拜。二十九日。（《见字如面》1172号）

信中说"妄事挦摭"的著作为《谈艺录》，"步曾丈"为胡先骕。卢弼读过胡先骕推荐的《谈艺录》，赞赏不已，又向钱锺书索借《人·兽·鬼》，但钱锺书手边无书，难以应之。信写于"二十九日"并"颂暑安"，与5月底的时令及钱基博转信时间皆相吻合，即1955年5月29日，这是二人交往的开端。

几天后，钱锺书又收到《木斋先生遗稿》和卢弼直接寄来的两封信，于"二日"即6月2日再给卢弼写信，卢弼4日复信，希望钱锺书能与他唱和（《慎园启事》），随后二人开始密集通信。钱基博转寄的信和书应是分别寄出的，书籍挂号，沿途登记，故邮程稍慢，晚两天才收到。这种情况以前也曾遇到：前一年，钱基博将《木斋先生遗稿》的稿本寄还卢弼，也是先邮后到，故在4月26日信中说："《木斋遗稿》先信一日付邮挂号，续得大片知已到，想以挂号郑重转迟也。"（《见字如面》1166号）

卢弼此时为何急着与钱锺书通信？这就要说到他们的共同友人、对钱锺书"不惜齿牙"的胡先骕了。卢弼写了诗，一边向钱基博请教，一边胡先骕请教。胡先骕于1954年11月18日回信（末署"十一月十八日"，寄信所用邮票发行于1954年4月，故知作于该年。《见字如面》1192号），信中说：

> 钱子泉好著书，然于诗为门外汉。至其少君锺书，则博闻强记，淹贯中西，不惟高视当世，即古代亦所罕见，跨灶出蓝，尚其小者。其所著《谈艺录》（开明书局出版）乃诗话之精英，《石遗室诗话》视之有逊色，则以其西学根柢湛深，融会贯通，取精用弘，遂尔陵铄一代。公喜为诗（可设法谋取一读），细玩之当获益匪浅也。

为推崇儿子，不惜贬低父亲，胡先骕献的也算"殛鲧用禹"之策了。卢弼读完《谈艺录》，对钱锺书更加佩服，于是借赠书建立联系。从明处看，是钱基博把卢弼介绍给钱锺书的；而从暗处看，钱基博介绍得不太情愿，并且出大力者另有其人，卞孝萱或许知道内情，所以才会说"不是基博介绍锺书与卢弼通信的"。

钱锺书八封书信中的七封，可确定为 1955 年 5 月至 8 月间所作，只有拒绝卢弼修改序文建议的"十一日"信稍晚一些。卢弼在通信中屡求唱和，工作忙碌的钱锺书庄谐杂出，予以婉拒，最终在 1955 年旧历七月撰成《慎园诗选》跋文，后被卢弼用为序言，随诗集油印行世。

钱锺书信中录赠给卢弼的几首诗作（除下引二首外，尚有海王村拍卖公司 2017 年秋季拍卖会拍卖的《置水仙种于瓦盆中覆之以泥花放后赋此赏之》二首，《槐聚诗存》系于 1956 年），为观察《槐聚诗存》提供了新视点。

初次通信，钱锺书即抄赠"近作一律"，卢弼读后诗兴遄发，叠韵九首，均见《慎园诗选》卷十。钱诗云：

闻叔子多病予亦有患苦赋怀却寄

大患徒参五蕴空，相怜那问病相同。眼如安障长看雾，心亦悬旌不假风。因疾得闲争似健，以身试药恐将穷。与君人世推排倦，白发何须叹未公。

这首诗在《槐聚诗存》中系于 1966 年，题为"叔子书来自叹衰病迟暮余亦老形渐具寄慰"，诗句也有较大变动，颈联改作"委地落花羡飞絮，栖洲眠鹭梦征鸿"，有学者将此诗境与"文革"联系起来（蔡文锦《钱锺书先生 1966–1974 年的诗歌注释》），今天看并不准确。近有学者据《吴宓日记》1956 年 11 月 8 日记"眼如安障长看雾，心亦悬旌不待风"一联，指出诗作于 1955 或 1956 年，被误置于 1966 年（"或有意如此"。毕天普《钱锺书〈槐聚诗存〉笺说》158，360doc.com个人图书馆），现在知道实作于1955年5月之前。

这能否说明《槐聚诗存》的编年并非完全准确？孤证不立，钱锺书致卢弼书信还提供了另一个例子。"六日"信中说"近作一律，别纸呈粲正"，诗云：

寻诗答冒叔子

寻诗争似诗寻我，仓兴追逋事不同。巫峡猿声山吐月，灞桥驴背雪因风。药通得处宜三上，酒熟钩来复一中。五合可参虞礼谱，偶然欲作最能工。（《见字如面》1175）

此诗收入《槐聚诗存》时题目改为"寻诗"，系于1949年，而"近作"之"近"，则是1955年的年中。这是《槐聚诗存》系年再次失误，还是所谓"近作"仅为敷衍之辞？若是前者，《槐聚诗存》的编年问题值得进一步探究。

后　记

这本小书，收集了我近年撰写的与历史人物有关的二十馀篇文章。世文兄审读初稿，认为书名可题作《E考据故事集：从清初到民国》，实获我心，欣然从命。

庄子谓"吾生也有涯，而知也无涯"，东坡居士谓"书富如入海，百货皆有，人之精力不能兼收尽取，但得其所欲求者耳"，都说人的时间精力与求知欲望是一对天然矛盾。过去只有天资非凡的人才能突破这一困境，现在数字化与互联网给普通人带来机会。

本书在写作时，无论是钩沉史实，还是释读文献，或多或少都使用了E考据工具，力图更好地求真求实，解决问题，对知人论世有所裨益。

感谢中华书局出版这本书。感谢李世文兄是正讹谬，锡以嘉名。各文多在报刊上发表过，这次略有修订。借此机会，也要感谢陆灏、任思蕴、严晓星、郑诗亮、卫纯、孟繁之等众多师友多年来的支持和帮助。

书中所涉人事，起自清初，迄于民国，只有考证卢弼与钱锺书交往的一篇，事在民国之后数年，谨附列于卷末。少数文章原刊于学术杂志，有较详细的脚注，现插入文中并稍作简省，以保持全书体例一致。对书中讹误，尚祈读者诸君不吝指正。

艾俊川

2022年10月3日